·全球政治经济学丛书·

主 编·白云真

副主编·罗文静/江 涛

全球化与全球治理

Globalization and Global Governance

江 涛 耿喜梅 张云雷 辛 平 等◎著

时事出版社

图书在版编目（CIP）数据

全球化与全球治理/江涛等著．—北京：时事出版社，2017.11
ISBN 978-7-5195-0132-7

Ⅰ.①全…　Ⅱ.①江…　Ⅲ.①全球化—研究②国际政治—研究
Ⅳ.①C913②D5

中国版本图书馆 CIP 数据核字（2017）第 183152 号

出 版 发 行：时事出版社
地　　　址：北京市海淀区万寿寺甲 2 号
邮　　　编：100081
发 行 热 线：（010）88547590　88547591
读者服务部：（010）88547595
传　　　真：（010）88547592
电 子 邮 箱：shishichubanshe@sina.com
网　　　址：www.shishishe.com
印　　　刷：北京朝阳印刷厂有限责任公司

开本：787×1092　1/16　印张：15　字数：273 千字
2017 年 11 月第 1 版　2017 年 11 月第 1 次印刷
定价：80.00 元
（如有印装质量问题，请与本社发行部联系调换）

本研究成果得到中央财经大学“专业提升计划暨专业综合改革”的资助

CONTENTS

目　录

第一章

全球化与全球治理*

全球化是我们所处的时代最重要的标志之一，全球化进程是伴随资本主义世界市场体系形成而不断发展的。全球化具有两重性，正面全球化和负面全球化是同时存在的，是全球化的一个整体的两股力量。全球化带来了一系列全球化性的问题，而解决全球性的问题，一个重要的思路就是全球治理，全球化、全球性问题以及全球治理之间存在着密切的联系。

一、全球化的含义及其历史演进

（一）全球化的含义及其理论分类

20世纪80年代以来，全球化浪潮在世界范围内不断推进，已经成为当今最重要的时代特征，我们今天所处的时代就是一个全球化的时代。无论人们是支持全球化，迎接它的到来，还是排斥它、厌恶它，全球化依然不可避免地来到我们的身边，无情地影响着世界历史的进程，也影响着中国的历史进程。

1985年，提奥多尔·拉维特（Theodre Levitt）在《市场全球化》一文中首次提出“全球化”这一概念。[①] 这一术语首先在国际经济学、国际政治学、文化学、传播学等相关学科中得到广泛使用，随后迅速占领诸多学术领域，并跨越学术范畴成为社会生活的常用语。

---

* 本章作者：江涛。

① 黄炼：《全球化学术探讨》，载《社会科学动态》，1999年第12期，第4页。

何谓全球化？对这个问题的回答可谓仁者见仁，智者见智。从历史角度看，所谓全球化，是指人类从以往各个领域、民族和国家之间彼此分隔的原始闭关自守状态，走向全球化社会的变迁过程；从经济角度着眼，全球化的一个重要内容就是世界经济一体化。这种经济全球化，是使人类社会超越国家和地区界限在经济领域，继而在政治文化领域互相沟通、互相联系、互相影响、作用和融合的一个世界历史整体化进程以及趋势。从哲学层次来看，全球化指的是随着交通、通信的发展，整个世界的联系日益紧密，各国之间、各地区之间的相互依存。同时，世界各国越来越关注整个地球所面临的也既是全人类共同面临的种种问题，并寻求通过协调和以合作的精神解决这些问题。从科技的角度来说，全球化就是整个世界随着全球通信和信息网络的建立和发展而更加紧密地连为一体，成为一个网络的信息社会；从文化层面介入，全球化是超越本土文化的文化认同以及价值认同的趋势；从全球问题出发，全球化是一些危及人类共同利益的突出问题，需要全人类共同参与解决，并达成共识和形成利益与共的现实；从体制和生产方式进入，全球化是资本主义制度的全球化和资本主义生产方式在全球的扩张；从后全球化的视角来审视，全球化是一个不切实际的构想，世界是多元的，全球化被大大夸大了。

里斯本小组给出的定义是，全球化涉及的是组成今天世界体系的众多国家和社会之间各种联系的多元化。它所描述的是这样一个过程，在这个过程中，世界部分地区所发生的事件、所做出的决策和行动，可以对距离遥远的世界其他地区的个人和团体都能产生具有重大意义的后果。全球化由两种不同的现象构成：作用范围（或横向扩展范围）与作用强度（或纵向深化程度）。①

而戴维·赫尔德等人认为，全球化能够被看成一个（或者一组）体现了社会关系和交易的空间组织变革的过程——可以根据它的广度、强度、速度以及影响加以衡量——产生了跨大陆或者区域的流动以及活动、交

① 里斯本小组著，张世鹏译：《竞争的极限——经济全球化与人类的未来》，北京：中央编译出版社2000年版，第39—40页。

往、权力实施的网络。[①]

这就是说，狭义上的全球化是指从孤立的地域国家走向国际社会的过程。广义的全球化则是指在全球经济、文化日益发展的情况下，世界各国之间的影响、合作、互助日益加强，使其具有共性的政治、经济、文化式样逐渐普及推广成为全球通行标准的状态和趋势。[②]

现在较为一致的看法是："全球化是指当代人类社会生活跨越国家和地区界限，在全球范围内展现的全方位的沟通、联系、相互影响的客观历史进程与趋势。"[③] 总的来看，全球化至少包括五个方面的含义：第一，在许多领域中，世界范围内或全球性的人类活动（尤其是经济活动）不断增加；第二，拉近了世界各地彼此之间的距离；第三，在全世界流行着一种相同或相似的生活方式；第四，随着人们流动性的不断提高，世界变得越来越小；第五，这些变化以某些特定的方式构建了一个新的国际体系。[④]

全球化作为历史的潮流，浩浩荡荡，形成了今天史无前例的全球化现实、趋势和未来。这样的历史潮流，当然引来众多仁人志士的兴趣、爱好、研究和探索，形成了史无前例的全球化理论时代热潮。自从罗马俱乐部在20世纪60年代的研究报告中提出全球化概念，经济合作与发展组织的首席经济学家奥斯特雷在1990年正式确认了全球化，并把全球化定义为经济全球化之后，形成了不同的流派。

孙国强将主要的全球化理论分为九种：第一，全球化科技决定的科学主义，即以信息技术为基础的地球村理论；第二，全球化以西方一元化为中心的极端主义，从本质上是新自由主义，包括各种终结论和帝国论以及文明冲突论等；第三，全球化改革及替代主义，包括了西方左翼及现代性以及后现代性、结构化的东方主义、全球主义等；第四，全球化反对主义，包括了对全球化的怀疑、批判和反对；第五，全球化问题与治理主义，包括罗马俱乐部、里斯本小组和全球治理委员会；第六，全球化指数

① 戴维·赫尔德等著，杨雪冬等译：《全球大变革——全球化时代的政治、经济与文化》，社会科学文献出版社2001年版，第22页。

② 孙国强：《全球学》，北京：人民出版社2014年版，第78—79页。

③ 黄炼：《全球化学术探讨》，载《社会科学动态》，1999年第12期。

④ 初濑龙平：《全球化的历史进程及其对亚洲的影响》，载《世界经济与政治》，2000年第6期，第69页。

体系的统计主义；第七，全球化的历史主义（新的全球化历史观），包括布罗代尔的时段理论和塔斯夫里阿诺斯的全球历史观；第八，全球化三种力量的分析理论，极端全球主义者、怀疑论者以及变革论者；第九，综合分析全球化前景的主要理论，主要以美国国家情报委员会于2003年发表的《大趋势——2020年的世界》的报告为代表。①

这种分法有一定的意义，但是过于庞杂。在英国学者赫尔德看来，现有的全球化理论可以分成三个宽泛的流派：极端全球主义者、怀疑论者以及变革论者。②

对于极端全球主义者来说，全球化标志着人类历史的一个新时代……这种全球化观点一般把经济逻辑奉为圭臬，而且其新自由主义变种把单一全球市场的出现以及全球竞争规则赞美为人类进步的标志。换句话说，他们认为，随着资本主义经济的发展，资本对外扩张的客观发展需求促使贸易、技术、信息等要素冲出国界，而国际化大生产实现了生产要素在世界范围内的最佳组合与配置，形成新的国际分工模式，从而创造利润价值更大化，推动了世界经济的快速增长。③

比较而言，怀疑论者使用的是19世纪以来的世界贸易、投资和劳动力流动的统计数据，他们坚持认为经济相互依存的当代水平绝不是前所未有的。在怀疑论者看来，全球化必然意味着一种世界范围完全整合的经济，在其中"一种价格规律"居于主导地位。因此现在的历史事实并没有表明全球化的出现，充其量只是表明出现了高水平的国际化，也就是主要是国民经济之间的互动。④

在变革论者看来，全球化是推动社会政治以及经济快速变革的中心力量，这些变革正在重新塑造着现代世界和世界秩序。全球化的当代进程在历史上是前所未有的，因此全球范围的政府和社会现在必须调整自己来适应这样一个世界；在其中国际事务与国内事务，外部事务与内部事务不再

---

① 孙国强：《全球学》，北京：人民出版社2014年版，第78—79页

② 戴维·赫尔德等著，杨雪冬等译：《全球大变革——全球化时代的政治、经济与文化》，北京：社会科学文献出版社2001年版，第4页。

③ 董岩：《经济全球化基本问题研究》，吉林大学2013年博士论文，第14页。

④ 戴维·赫尔德等著，杨雪冬等译：《全球大变革——全球化时代的政治、经济与文化》，北京：社会科学文献出版社2001年版，第7页。

有清晰的区分。①

（二）全球化的历史进程

作为一种社会现象和历史进程，全球化有其自身的演变过程。许多全球化专家都从历史范畴的角度对全球化进行了历史分期和分段。

戴维·赫尔德将全球化的进程分为四个阶段：前现代化的全球化（大约始于9000—11000年前）；现代早期的现代化（大约1500—1850年前）；现代的全球化（大约在1850—1945年）和当代的全球化（1945年至今）。②

美国著名学者罗兰·罗伯森（Roland Robertson）认为，全球化进程可以描述为以下五个不同阶段：萌芽阶段（15世纪初延续至18世纪中期，发生于欧洲）；开端阶段（18世纪中期至19世纪70年代，主要在欧洲）；起飞阶段（19世纪70年代延续到20世纪20年代中期）；交锋阶段（20世纪20年代中期到60年代后期）；不确定阶段（20世纪60年代后期开始至今）。③

詹姆逊认为，全球化与资本主义进程发展相重叠，可以分为三个历史阶段：一是市场资本主义阶段，包括民族国家内的市场整合；二是帝国资本主义阶段，资本主义国家建立殖民地，以攫取原料供应者和国际市场；三是跨国资本主义和消费资本主义阶段，为资本主义扩张建立一个新的整合的全球空间，通过扩张个体的欲求来扩张世界。这一阶段也称晚期资本主义。④

全球化进程是伴随资本主义世界市场体系形成而不断发展的，如果以15世纪作为全球化起点的话，全球化的历史演变大致可以分为三个时期：成长期、反复期和变革期。

从15世纪到19世纪70年代可以视为全球化的成长期。地理大发现拓

① 戴维·赫尔德等著，杨雪冬等译：《全球大变革——全球化时代的政治、经济与文化》，北京：社会科学文献出版社2001年版，第10页。

② 戴维·赫尔德等著，杨雪冬等译：《全球大变革——全球化时代的政治、经济与文化》，北京：社会科学文献出版社2001年版，第574—602页。

③ 罗兰·罗伯森著，梁光严译：《全球化：社会理论和全球文化》，上海：上海人民出版社2000年版，第252—264页。

④ 程光泉：《全球化理论谱系》，长沙：湖南人民出版社2002年版，第5—6页。

展了人们的时空视野，新型资本主义生产要求并开辟着世界市场和世界性交往，19 世纪 70 年代欧洲工业革命的完成，为世界经济的诞生夯实了基础。这三大要素把人类推进世界历史时代。其间，移民潮，疾病的传播，不同文化思想的碰撞与扩散，世俗的、宗教的帝国权力的更迭和演变，军事战争，都从不同角度、不同领域展示全球化，使人们对世界的整体性、联系性有了更多的认识。

从 19 世纪 70 年代到 20 世纪 70 年代可以视为全球化的成型与反复期。这 100 年既是全球化大发展并最终成型的阶段，又是经历两次世界大战和经济大萧条的冲击与磨难，导致全球化大反复、大曲折阶段。全球化的成型表现为世界的流动性、网络化、相互依存性已达到空前程度，在金本位制度的基础上，全球生产、全球贸易、全球金融已是基本事实和常态，多边与多层次的管制与治理更加制度化、规范化。超国家、跨国家事务与现象明显增多。全球意识、全球价值、全球观念的影响与渗透显著提高。到 20 世纪 70 年代，人类已经发展到一个新阶段，全球化进入“地球村”阶段。

从 20 世纪 70 年代到现在是全球化的提升与变革期。20 世纪 70 年代，全球化的清晰度、持续性、被感知度都达到了前所未有的高度。与此同时，世界面临的共同问题更加突出，世界的相互依存性和整体性日益鲜明，反思和超越西方中心、国家中心已具有更广泛、更现实的社会基础。①

（三）全球化的本质

在全球化的研究中，一个很有争论而且是不可回避的问题就是全球化的本质是什么？换句话说，全球化姓什么？全球化是意识形态的产物还是客观历史进程？

有学者指出，一方面，经济全球化是社会生产力和现代科技发展推动的必然结果，是一个客观的自然历史过程和发展趋势，这反映了经济全球化的本来意义。另一方面，由于当今经济全球化是在资本主义经济体系及其“游戏规则”主导和控制下进行的，这样，经济全球化进程就受西方发

① 蔡拓：《全球学导论》，北京：北京大学出版社 2015 年版，第 37—38 页。

达国家的控制和支配，这表明，当今经济全球化不断扩展的过程，实际上就是建立在资本主义经济基础之上的、代表资产阶级利益的意识形态在世界范围内不断扩展的过程，即资产阶级国内意识形态阶级性的国际化过程。这就反映出当今全球化的意识形态性。①

也有学者反驳说，新的全球化浪潮，在本质上并不专属于资本主义，更不专属于少数西方发达资本主义国家，而是人类社会生产力发展的内在要求，是人类的普遍交往实践在时间和空间上的进一步展开，是社会进步和人类解放的必由之路。②

显然，对于全球化是否具有客观性的两种不同认识，决定着对全球化的不同态度。当人们不认同全球化客观性时，就会更多地将其视为主观的臆造、意识形态的构建，或者干脆就是西方的意识形态，甚至是美国化；而当人们认同全球化客观性时，则会更多地强调其产生与存在的历史前提、时代的新特征和历史发展的新趋势。③

实际上，要想理清经济全球化的性质，必须对不同时段的经济全球化加以区分。

在全球化成长初期，全球化的发展是伴随着资本主义在全球的经济扩张而不断发展的。经济的全球化是始于资本主义生产和流通所造成的所谓世界市场形成的过程之中。因为正是世界市场的逐步形成，才开启了马克思所说的“历史向世界历史的转变”进程。用马克思的话说：资产阶级由于开拓了世界市场，使一切国家的生产和消费都成为世界性的了。④ 这种普遍性的经济交往又进一步带动了普遍的政治交往、文化交往和其他各方面的交往，从而不仅最终形成了世界市场，形成了一种“世界文学”即世界性的文化，而且使整个人类社会紧密相联，形成了所谓的“地球村”。这样，资产阶级便“按照自己的面貌为自己创造出一个世界”。在这个世界中，“过去那种地方性的和民族性的自给自足和闭关自守状态，被各民

① 王永贵：《全球化的意识形态性：解读全球化性质的重要视角》，载《当代世界与社会主义》，2005 年第 1 期，第 82 页。

② 杨富斌、李怡：《全球化的性质及其发展趋势探讨》，载《社会科学论坛》，2002 年第 3 期，第 33 页。

③ 蔡拓：《全球学导论》，北京：北京大学出版社 2015 年版，第 65 页。

④ 《马克思恩格斯选集》第 1 卷，北京：人民出版社 1995 年版，第 114 页。

族全方位的互相往来和相互依赖所代替了"。[①] 从此，世界历史形成为一个统一的整体，历史转变为世界历史。就这一点来看，经济全球化无疑姓"资"。

20世纪中叶以来，社会主义的兴起和亚非拉民族国家的确立，对资本主义提出了强有力的挑战。二战结束后，人类社会进入了一个相对和平的时代，和平与发展突出成为时代的主题。随着当代世界交通工具的飞速发展，在科技革命的推动下，人类社会进入了现代意义上的全球化。冷战结束后，经济全球化更是当代世界不可阻挡的一种趋势：国际贸易成为各国经济发展不可或缺的组成部分，国际投资特别是发达国家的相互投资越来越频繁，资本流动已经国际化，国际金融活动规模空前，大大超出了全世界生产和商品交易，跨国公司遍布全球，产品的国际化水平越来越高，全球贸易规则日益统一。与此同时，政治、文化和一般社会生活的全球化同样引人注目。整个世界进入了一个有你有我、我中有你的相互依存格局。

在全球化的浪潮中，不可否认的是美国等发达资本主义国家依然起主导作用，但是社会主义国家和发展中国家也可以利用这一浪潮来发展自己，它更反映了当代人类社会一种合理的进程。以信息革命和知识经济为动力的世界现代化进程更是超越了西化的狭隘范畴，具有全人类的意义。这时的全球化很难简单地给其打上姓"资"姓"社"的标签。正如邓小平在20世纪90年代指出的那样，姓"资"还是姓"社"的问题，判断的标准，应该主要看是否有利于发展社会主义社会的生产力，是否有利于增强社会主义国家的综合国力，是否有利于提高人民的生活水平。当前的全球化，资本主义可以用，社会主义也可以用。

值得注意的是，近年来，随着中国与世界的联系越来越紧密，中国在全球化和全球治理中发挥的作用越来越大，有学者指出，存在着西方的全球化和中国为代表的非西方全球化。未来可能是这两个趋势的融合，也可能是两个趋势的冲突。[②]

此外，还要考虑未来的全球化。全球化是一个动态变化的历史过程，

---

① 《马克思恩格斯选集》第1卷，北京：人民出版社1972年版，第254—255页。

② 黄仁伟：《从全球化、逆全球化到有选择的全球化》，载《探索与争鸣》，2017年第3期，第41页。

不是成型的、静态的事物。按照马克思主义的观点，资本主义最终将被社会主义所代替，人类社会最终将过渡到共产主义社会。按照马克思和恩格斯的设想，共产主义社会最基本的特征，就是整个社会占有全部生产资料，亦即整个社会成为一个唯一的经济主体。除整个社会之外，不存在任何其他的经济主体。如果经济全球化使地球上的整个人类社会变成一个经济主体，那么它恰恰就是这样的社会。[①] 罗伯特曾经总结出四种全球形象：全球共同体 1（主张世界应该而且能够由统一系列相对的社会团体组合起来）、全球共同体 2（主张只有在本质上完全是全球范围内的共同体才有世界秩序）、全球社会 1（把全球情景看作由一系列开放的社会组成的彼此之间有着高度的社会文化交流）以及全球社会 2（认为世界秩序只能在正规的计划好的世界组织的基础上获得）。

笔者认为，历史的发展是事物不断自我否定、不断扬弃的过程，随着社会的发展，全球化的西化色彩将越来越淡。未来全球化也将不断克服现有的全球化的不合理因素，形成人人平等、各民族平等、世界大同的局面，而无疑与人类社会化的最高理想——共产主义所勾勒的愿景不谋而合。全球化是一种理想、一个过程，是人类的一个阶段性的归宿。全球化的最高形态与马克思的学说是相吻合的。从这个意义上讲，未来的全球化应该姓“共”。

（四）全球化与反全球化

尽管全球化已经成为当代国际社会的基本发展趋势，但是全球化给不同的国家、不同的群体以及不同的阶层所带来的影响和结果并完全相同。全球化在一定程度上带来全球不公正、不平等加剧，导致环境状况恶化，在很大程度上成为美国及西方国家推行西方模式的工具。这使得一些发展中国家、发达国家的利益受损阶层、一部分左翼势力以及全球环保主义者等集合起来，开展了声势浩大的反全球化浪潮。

那么，什么是反全球化？为什么会出现反全球化？反全球化在多大程度上会影响全球化的进程呢？

---

① 李延明：《共产主义是全球化的必然趋势》，载《当代思潮》，2001 年 5 期，第 33 页。

所谓反全球化是指全球范围内的质疑、反对正统全球化的思潮和行动。反全球化人士认为全球化只会为当地社会及全世界带来恶果。全球范围内的反全球化浪潮始于20世纪的90年代，主要方式为抗议活动。一般认为，1999年11月底12月初发生在美国的“西雅图风暴”，拉开了世界范围的反全球化运动的序幕。此后，与经济问题有关的国际会议开到哪里，反全球化的抗议者就跟到哪里，反全球化浪潮愈演愈烈。2000年4月，美国华盛顿五一劳动节前夕游行，20000名工会、劳工组织和环保人士反对世界银行和国际货币基金会，约有1350人被警方逮捕。2000年9月26日，在捷克首都布拉格，为了反对世界银行和国际货币基金组织开会，连续多天有15000人堵塞会场周围街道，最后政府被迫派出军警镇压。2001年1月27日，在瑞士的达沃斯世界经济论坛，军警以防范暴动为由，阻止来自欧洲各国群众到来示威。2001年7月20日，在意大利，反全球化人士为了抗议八国峰会，约有15万—30万群众聚集在热那亚街头，遭到警方强力镇压，一名青年当场遭警方射杀。

2000年9月23日《经济学人》(*The Economist*) 曾非常形象地描述了反全球化示威活动是如何运作的：“每次的方法都一样。各种定义松散和一些自发的激进团体组织（环境主义者，平等主义者，无政府主义者，新共产主义者，以及各类非结盟的社会不满者等），聚到街头举行示威游行……反全球化运动缺乏层次性，众多示威者没有领导人……尽管如此，各项活动依然组织得很好。可能的活动包括彩色木偶、街头剧场、朗朗上口的口号、大声喧闹，抑或是警戒哨、占用办公室、封锁、停工、充用及销毁奢侈消费品，破坏、拆毁或干扰资本家的基础设施，（甚至）劫资本家的财富救济工人群众。直接目的就是迫使全球精英会议停止或至少严重中断。之后，该项运动便蒸发转入网络。”①

近年来，随着民粹主义的兴起，反全球化或逆全球化力量在急速上升，世界范围内的反全球化思潮汹涌。面对国际上不同国家间的发展不平衡，国内不同阶层、群体间的贫富差距日益加大，越来越多的人们开始反思曾经受到热烈追捧的全球化浪潮，质疑全球化的声音和力量愈来愈强。

① 《反全球化运动面面观》，http：//www.cuhk.edu.hk/hkiaps/pprc/LS/globalization/6_c.htm。

尤其是2016年以来英国的脱欧公投、美国总统特朗普的一系列保护主义政策等，被视为反全球化力量的集中展示。①

反全球化作为一种思潮和一场运动，其出现的背景及原因无非是三个不平衡。

首先，经济全球化造成了南北发展的不平衡。尽管全球化对发达国家有这样、那样的挑战，但由于发达国家经济发达，经济自主能力强并拥有资金、技术经验、产业结构优化、经济结构相对合理等优势，并处于全球化进程的主导地位，他们能够有效避免全球化的挑战。而发展中国家由于处于全球化进程的从属地位，一些国家甚至处于全球化的“边缘”，经济发展水平普遍低下，经济自主能力差，而且在国际贸易、金融、投资、科技开发和创新等各方面都处于劣势。因此，全球化的消极后果主要由发展中国家承担。②

第二，经济全球化造成了发达国家间和发达国家内部经济利益的不平衡。发达国家虽然是全球化进程的主要获益者，但全球化对它们同样存在不利影响。一方面，在缺乏国际有效监控和管理的情况下，资本和商品在全球更加自由地流动，使世界范围内尤其是发达国家的经济发展更趋失衡和不稳定；另一方面，经济全球化加剧了发达国家内部的贫富差距，富者愈富、贫者愈贫的现象更加突出。

最后，经济全球化同样加剧了全球范围内文明和价值观的不平衡。以美国为首的西方发达国家通过全球化输出其民主、自由、人权等价值观，并通过现代信息技术和传媒手段推广西方尤其是美国的生活方式和文化，使许多古老文明国家的传统文化和价值观面临威胁。③

反全球化运动虽然反对全球化，但它反对的并不是作为一般意义上代表历史发展趋势的全球化，而是作为特殊意义上的全球化，即新自由主义的全球化及其消极后果。因而，反全球化运动针对全球化的一系列的消极后果，他们抵制精英政治，倡导全球民主治理；反对贫富分化，要求全球公平分配；批判文化西化，主张文化多样并存；抗议环境危机，提倡持续

① 杜运泉：《全球化受挫与世界格局走向》，载《探索与争鸣》，2017年第3期，第37页。

② 王军：《全球化与“反全球化”的博弈》，载《时事资料手册2016》，第48—51页。

③ 王军：《全球化与“反全球化”的博弈》，载《时事资料手册2016》，第48—51页。

发展之路。其目标是希望实现一个更加全面、公平、民主的全球化。为此，他们以各种方式积极参与全球治理。①

反全球化不会阻挡全球化发展这一反映当代生产力发展水平的客观趋势，不会阻挡或逆转全球化潮流，绝大多数反全球化势力均不否认这一趋势，其根本目的在于争取自身利益。但总的来看，当前的反全球化已经对世界经济与政治的发展产生了重要影响：反全球化对经济全球化的发展方向和利益分配将产生一定的影响；反全球化为发展中国家加强南南合作奠定了新的基础；反全球化使发达国家国内政府、企业和劳动者之间关系出现调整；反全球化更易被发达国家利用，成为其实施贸易保护主义，对发展中国家经济发展施加限制的新借口。②

（五）全球化的可逆性

全球化作为一种理论、政策目标、终极理想、价值观提出来已有多年，从它被提出开始，支持全球化和反对全球化的人们就没有停止过争论。关于全球化，尤其是经济全球化，人们争论的另一个更具有挑战性的问题是，全球化是可逆的吗？

对于这一问题，相当多的政治家和学者认为全球化是历史发展的客观规律，是既往不复的历史进程。但也有学者持不同的看法，认为全球化是可能停滞甚至逆转的过程。

有学者指出，在经济生态系统中存在一个基本矛盾，即矛盾双方为发展—整合力与危机—分化力。正是这两种力的相互作用才推动了经济生态的演化。发展—整合力主导经济生态系统时，全球经济生态表现为全球化，而危机—分化力主导时，则经济生态表现为逆全球化。全球化并不是一个一成不变的趋势，更不是一个终极目标，也不能是一个价值观，它仅仅是经济生态演化过程中的一个环节。因此，全球化是可逆的，而且可逆性是其与生俱来的一个特性。③

---

① 刘颖：《全球治理视角下的反全球化运动》，载《中共济南市委党校学报》，2007 年第 1 期。

② 王军：《全球化与“反全球化”的博弈》，载《时事资料手册 2016》，第 48—51 页。

③ 苏杨、钱俊君：《经济生态演化过程中的全球化及其可逆性》，载《改革》，2009 年第 4 期。

著名的学者波拉尼在其著作《大转变：我们时代的政治经济根源》中曾经提出一个有趣而发人深省的问题：为什么在欧洲，一段延长了的相对和平繁荣的时期——从 1815 年持续到 1914 年——突然让位于一场尾随着经济崩溃的世界大战?[①] 换句话说，19 世纪末和 20 世纪初的近代全球化为什么会出现了逆转?“通过回溯到 19 世纪最初岁月的英国工业革命，波兰尼表明了当时的英国思想家是如何通过发展出市场自由主义理论来对早期工业化困扰作出反应的，这种理论的核心信念在于，认为人类社会应该从属于自发调节的市场。他解释道，作为英国‘世界工厂’式领导地位的一个后果，这些信念成为世界经济的组织原则。”[②]

波拉尼进一步指出，市场自由主义产生出了一种必然的反应——以保护社会免于市场侵害为目的的不约而同的努力。这些努力的存在意味着市场自由主义无法像想象中那样运转，意味着统治全球经济的那些制度，在各国内部和国家之间制造了不断加剧的紧张。波兰尼追溯了导致第一次世界大战的和平崩溃的根源，并且表明，导致大萧条的经济崩溃乃是以市场自由主义为基础组织全球经济这种企图的直接后果。第二次“大转变”——法西斯主义的兴起——是第一次“大转变”——市场自由主义——的一个后果。[③]

波兰尼认为市场社会是由两种相互对立的运动组成的—力图扩展市场范围的自由放任运动，以及由此生发出来的、力图抵制经济脱嵌的保护性反向运动。[④] 在波拉尼看来，即使在市场力量和市场地位的上升时期，市场也无法从社会中分割出来，社会也并不服从于市场，社会有多种方法和途径来保护它的成员和它本身。在低层次，社会可以对全球化给国内的压力设定和建立缓冲；在更高层次上，社会可以阻止和逆转全球的市场化进

① 波兰尼著，冯钢、刘阳译：《大转型：我们时代的政治与经济起源》，杭州：浙江人民出版社 2007 年版，第 13 页。

② 波兰尼著，冯钢、刘阳译：《大转型：我们时代的政治与经济起源》，杭州：浙江人民出版社 2007 年版，第 14 页。

③ 波兰尼著，冯钢、刘阳译：《大转型：我们时代的政治与经济起源》，杭州：浙江人民出版社 2007 年版，第 14 页。

④ 波兰尼著，冯钢，刘阳译：《大转型：我们时代的政治与经济起源》，杭州：浙江人民出版社 2007 年版，第 18 页。

程，正如它在历史上曾经做过的那样。①

波兰尼和其他学者的研究表明，可逆性也是全球化不可忽视和分割的特征之一。学者高柏指出，全球化在发达国家内部造成的紧张关系已经接近爆发的临界点，其标志就是波兰尼所讨论的社会保护已经成为公共政策的重大议题。释放市场力量，推动资本、商品和人的自由流动当然带来了极大的经济福利，但是这些福利的分配却是极为不公平的。精英们获得了更高的工资和投资收入，更丰富的商品选择，以及更国际化的生活方式，而底层民众则不得不因为跨国公司的离岸生产和外包而丧失就业机会和忍受贫困，同时还面对移民带来的日渐激烈的竞争和日益增加的恐怖主义威胁。② 全球化符合历史发展的趋势，但是不合理的制度所引起的不道义的秩序可能造成全球化的中断或者转向。③

二、全球化与全球性问题

如前所述，20 世纪 90 年代以来，随着冷战结束，科学技术日新月异，跨国公司迅猛发展，各国经济相互依存和影响日益加深，全球化进程明显加快。经济全球化是社会生产力和科技发展的客观要求和必然结果，是大势所趋。但是，全球化带来的负面影响也不容忽视。全球化增大了各国经济运行的风险，尤其是处于弱势地位的发展中国家的经济主权和经济安全面临着新的挑战，南北贫富差距进一步拉大。即使在发达国家里，由于采用高新技术形成的经济结构的调整变化，也使相当数量的劳工和民众的利益受到损失，形形色色的贸易保护主义有所抬头。

伴随着全球化的进程，还出现了一系列的全球性问题。各种类型的全球问题，已经超越了以国家为中心的政治社会空间，在全球广度上渗透，影响整个人类的日常生活。同时，由此形成的全球范围内的调整和变化也

---

① 熊炜：《双重运动：全球化并非不可逆转》，载《外交评论》，2007 年第 5 期，第 108—112 页。

② 高柏等：《为什么全球化会发生逆转——逆全球化现象的因果机制分析》，载《文化纵横》，2016 年 12 月刊，第 22 页、33 页。

③ 张宇燕：《全球化与中国发展战略》，北京：社会科学文献出版社 2008 年版，第 77 页。

不容忽视与回避。

（一）全球性问题的含义与表现

全球性问题这个概念，是由欧美学术界、企业界、政界人士组成的一个未来学研究机构——罗马俱乐部于20世纪60年代末首先提出的。罗马俱乐部早期的一系列会议决定开创对人类困境的研究计划。这个研究计划的目的是要考察给人类和所有国家造成不安的复杂问题：富足中的贫困，环境的退化，对制度丧失信心，就业无保障，青年的异化，遗弃传统价值，通货膨胀，以及金融和经济混乱。罗马俱乐部把这些问题称为世界性的问题。这些多种多样的问题有着三个共同的特征：这些问题某种程度上在一切社会里都出现了；这些问题包含技术的、社会的、经济的和政治的因素；最重要的是它们相互作用着。①

一般说来，全球性问题是人类在世界发展过程中不能忽视且客观存在的、不仅涉及单个人的利益而且涉及全人类利益和命运的、并且需要地球上大多数人共同一致去努力解决的一个系统性的问题，全球性问题之间有着不可分割的联系，其中一个问题的解决必须同时考虑对其他问题的影响。

全球性问题的特征概括为如下几点：第一，全球问题作为与各种全球性联系相关的现象，它们的发生是没有国家边界的限制。第二，由于全球问题是跨越国家边界的问题，会涉及多个国家甚至会影响整个地球，因此全球问题不是一个国家能够解决的问题。第三，全球性问题是持久存在的问题，或者说经过很长时间才形成的问题。第四，全球性是相互联系的，一个方面发生变化都会导致其他方面的变化。第五，全球问题不等于具体事件，它们是居于事件背后的驱动力量。全球性问题影响到不同国家的不同人群，每一个全球性问题都直接或者间接的对全球大多数国家所关切。通常由联合国举办全球性的会议来统筹。全球性的问题无法由一国政府来解决，市场本身的力量也解决不了。②

---

① 丹尼斯·米都斯等著，李宝恒译：《增长的极限——罗马俱乐部关于人类困境的报告》，长春：吉林人民出版社1997年版，第3页。

② 李少军：《当代全球问题》，杭州：浙江人民出版社2006年版，第13—14页。

关于全球性问题的具体内容，罗马俱乐部的发起者和首任主席，意大利著名企业家和社会活动家奥雷利奥·佩西（Aurolio Peccei）曾经将全球性问题概括为“衰退的十点表现”，即人口爆炸；完全缺乏计划和规划，用以满足世界各国广大群众的生活必需并保证他们的一般生活；生物界受到劫掠和退化；世界经济危机；军备竞赛；根深蒂固的和被人忽视的社会邪恶；无政府状态的技术——科学的发展；陈旧和不适合现状的制度；东西方对抗和南北分歧；缺乏道德和政治上的领导。①

全球性问题的内容涉及全人类生产、生活的诸多方面，通过对全球性问题的系统考察，我们大致可以将全球性问题分为五组。

第一组是全球经济问题，主要涉及国际贸易、金融稳定，贫困与不平等、对外援助、债务危机、国际移民、粮食安全和知识产权等问题。

第二组涉及人类发展问题，包括教育的普及、传染病、人道主义危机、饥饿和营养不良和难民。

第三组是环境和自然资源，包括气候变化、森林砍伐、安全水源的获取、生物多样性、土地退化、可持续能源和渔业枯竭等问题。

第四组是世界和平与安全，包括武器的扩散、武装冲突、恐怖主义、地雷的清除、毒品走私和其他犯罪、裁军以及种族灭绝等问题

第五组涉及全球治理，包括国际法、多边条约、冲突预防、联合国系统的改革、国际金融改革、金融腐败等问题。

这五个方面的问题实际上涉及的是人类命运问题、人类社会发展的问题以及人类发展与自然环境协调的问题。

在这三组全球性问题中，当前乃至在未来相当长的时期，值得关注的具体全球性问题有以下几个：

首先是人口以及全球粮食安全问题。人口问题已成为一个日益严重的全球性问题。它不仅加重了环境和资源问题，也带来严重的社会问题，而且与资源和环境问题交织在一起，对世界可持续安全与可持续发展均产生巨大影响。从世界人口的发展趋势来看，自从20世纪50年代以来一直呈现快速增长的态势。1950年全球人口只有25.2亿，2016年则达到74亿，

---

① 奥雷利奥·佩西著，汪帼君译：《未来一百页》，北京：中国展望出版社1984年版，第49—51页。

而预计到2050年，世界人口将超过90亿。① 更为严重的是全球人口老龄化严重，联合国的报告指出，全球人口中有5亿多人年龄在60岁或以上。人口的过快增长，首先带来的是对粮食的需求迅速增加。联合国已经将结束饥饿、保证粮食安全列为2030年实现可持续发展目标之一。但是由于人口的增长，饮食习惯的变化、气候变化、水资源短缺以及国际游资炒作等原因，全球粮食安全问题的前景并不乐观。联合国粮食及农业组织发布的报告曾经指出，世界上大约有8.42亿人得不到维持健康生活所需要的基本食物。同时，粮食价格波动对粮食安全和人类发展的威胁越来越大。由于越来越频繁的极端天气事件、农产品市场的金融化和汇率波动等因素，未来粮价可能会更不稳定。

第二是全球环境及其治理问题。20世纪70年代以来，环境问题日益受到了世界各国的关注。随着经济的发展，具有全球性影响的环境问题日益突出。最令人焦虑的是，地球作为一个完整的生态系统，正在遭到巨大的破坏。到目前为止，已经威胁到人类生存并已被人类认识到的环境问题主要有：全球变暖、臭氧层破坏、酸雨、淡水资源危机、能源短缺、森林资源锐减、土地荒漠化、物种加速灭绝、垃圾成灾、有毒化学品污染等众多方面。进入21世纪以来，气候变化问题愈发突出。受气候变化影响，全球极端天气灾害频发，给有关国家经济和人民的生命财产造成巨大损失。气候变化导致海平面持续上升，一些小岛屿国家的生存和发展面临直接威胁。气候变化还可能通过影响粮食、水资源等战略资源的供应与再分配，引发社会动荡甚至国际冲突。

第三是大规模杀伤性武器扩散与全球核安全问题。大规模杀伤性武器的破坏性十分巨大，不仅可以造成人员大量伤亡，而且还会造成大片地区乃至全球环境的长期恶化，使得人类无法生存。由于这类武器产生后一直不能真正被禁止和彻底销毁，而且还存在不断扩散的威胁，因此，大规模杀伤性武器的扩散是当代一个不可忽视的问题。当前，传统安全领域的核战争威胁与军备控制问题以及非传统安全领域的"核安全"与"核安保"问题是大规模杀伤性武器扩散问题的一个焦点问题。总体来看，核武器的

① 梁建章、李建新：《中国人太多了吗》，北京：社会科学文献出版社2012年版，第5—6页。

扩散趋势难以遏制，呈现扩散趋势，加之国际恐怖主义活动加剧，消除核武器的威胁并没有绝对可靠的保障。核技术、核材料、核武器、弹道导弹及技术向某些国家和非国家行为体的扩散可能加速。“核安全”和“核安保”问题凸显。①

第四是全球性的新恐怖主义问题。冷战结束后，美苏对抗消失了，原先的战略平衡与秩序被打破，以前被大矛盾所掩盖的小矛盾和地方冲突就凸显出来，恐怖主义就抬头了，恐怖主义成为全球局势不稳定的一个重要根源。尽管国际社会在反恐领域不断加大投入，但是，恐怖主义滋生的土壤并未铲除，国际社会面临的恐怖威胁远未消除，国际反恐形势仍然十分严峻。2001 年“9·11”事件后，“基地”组织成为全球反恐斗争的重点对象。2014 年以来，随着基地组织的衰落，极端组织“伊斯兰国”“异军突起”，成为全球恐怖主义的领军人物。2015 年，该组织制造了多起骇人听闻的恐怖袭击，其四处出击的危险程度已然超越“基地”组织，成为全世界众多国家的“头号公敌”。“伊斯兰国”将“无国界性”发挥到极致，主要依靠互联网散播恐怖主义思想，价值体系超越“基地”组织。伊斯兰国要的就是营造一种世界末日大决战的气氛，并用这种气氛在全世界范围内制造穆斯林与非穆斯林的冲突，以及穆斯林内部各派别之间的冲突。②而从 2016—2017 年，从马德里、伦敦，到巴黎、布鲁塞尔、柏林、曼彻斯特，再回到伦敦，欧洲大城市频繁成为恐怖分子的主要袭击目标。这表明，伊斯兰国在中东和北非地区虽然频频受挫，但是远未消亡。恐怖主义病毒依然持续在欧洲和世界其他地区蔓延。

第五是全球金融安全问题。金融安全指货币资金融通的安全和整个金融体系的稳定。金融安全是金融经济学研究的基本问题，在经济全球化加速发展的今天，金融安全在国家经济安全中的地位和作用日益加强。2008—2009 年由于美国次贷危机引发的全球性金融危机给世界经济带来严重影响。全球性以市场为基础的金融经济的出现，给那些处于经济改革和自由化前沿的中等收入国家（尤其是新兴市场经济体）带来了相当大的利

---

① 陈须隆：《当今世界面临的主要全球性问题》，载《瞭望》，2015 年第 39 期。

② 《面对新恐怖主义，谁都难以独善其身》，载《国际先驱导报》，2015 年 12 月 30 日。http：//news. xinhuanet. com/ttgg/2015—12/30/c_ 1117622173. htm。

益。但是，金融市场的全球化也是一把双刃剑。即使在那些自由化、经济持续增长的国家，也存在着金融危机的风险。金融经济的过度扩张是金融全球化过程中一个引人瞩目的现象。自美元与黄金脱钩，布雷顿森林体系崩溃以来的20多年里，金融经济出现了前所未有的繁荣景象，其增长速度远远超过了真实经济的增长速度。在金融全球化进程中，金融经济过度扩张所带来的大量的纯粹虚拟的金融资产近年来无节制地增长，结合整个世界真正物质生产的停滞和下降，已使金字塔严重变形、失真，为全球性的金融崩溃创造了必要的条件。同时，金融经济过度发展也造成了投机活动的普遍化。在金融全球化的背景下，当一个国家的经济体受到恐慌自我正名机制的攻击而爆发金融危机时，危机产生的破坏性影响不会局限于该国，而会通过一定的途径扩散到其它的一些国家。自从20世纪90年代以来，多次出现区域性和全球性的经济和金融危机都充分证明，对全球金融安全必须高度重视，小心应对。

（二）全球性问题的本质与产生的根源

我们可以从多个角度来认识全球性问题的本质及其产生的原因。但是，从哲学的的角度来看，所谓全球性问题，其本质就是人与自然界、人与人的关系的不和谐，是“人类中心主义”的价值取向。

在长期的进化过程中，自然界通过其自身的内在调节机制保持一个相对的平衡。而随着人类的出现，自然界的自身平衡逐渐被打破。不过，由于长期以来，人类社会的生产力处于较低的水平，因此，人和自然关系保持了某种程度上的和谐。而在工业革命后，随着现代科技的发展，人类征服自然和改造自然的能力呈现出几何级数的提高，这必然造成了人与自然关系的紧张。这是全球性问题本质的第一个层次。

当人类从自然界中分化出来的时候，也就形成了人类社会并产生了人与人之间的社会关系。全球性问题的实质不仅存在于人与自然界的相互关系之中，而且还存在于人与人之间的社会关系中。地理大发现和工业革命以来，资本主义在全球范围内迅速扩张。而资本主义的扩张往往伴随的是殖民主义，是欧洲和美洲列强对亚洲、非洲和拉丁美洲的掠夺，这种殖民主义和掠夺不仅给当地带来了残酷的剥削和压迫，也带来了对生态环境的严重破坏。而随着资本主义发展到帝国主义阶段，欧美列强又为了争夺市场和重新划分势力范围发动了两次世界大战，使战争成为世界性的问题。而冷战和后冷战时期，主要超级大国之间的竞争和对抗，又使得大规模杀伤性武器及其扩散成为重大全球性问题。当前，传统的国际政治经济秩序还没有根本性的改变，南北关系依然紧张。这是全球性问题本质的第二个层次。

全球性问题的实质不仅存在于人与自然界、人与人的关系中，还存在于人类中心主义的价值观中。人类中心主义有着悠久的历史。古代希腊就提出了“人是万物的尺度”的思想。这可以说是人类中心主义的最早表达。这种思想一直延续到现代，其间也经历了不同形态的历史变化。① 人类中心论认为，在人与自然的价值关系中，只有拥有意识的人类才是主体，自然是客体；在人与自然的伦理关系中，应当贯彻人是目的的思想；人类的一切活动都是为了满足自己的生存和发展的需要，如果不能达到这一目的的活动就是没有任何意义的，因此一切应当以人类的利益为出发点和归宿。这种人类中心主义实际上把人与自然界对立起来，不仅片面地强调征服和改造自然，而且助长了人们对物欲的过分追求。这是全球性问题本质的第三个层次。

全球性问题深刻地反映了人类自身文化的危机，应建立人与自然、人与人、人与其自身的超越之间关系的新的价值观念系统。人类没有处理好人与自然界的主客体关系，这是全球性问题产生的认识论根源；人类没有真正理解和处理好人与人之间的关系，认识到人类本身的生存意义，这是全球性问题产生的重要价值根源；社会制度和生产关系的不合理是全球性问题产生的重要社会根源。②

（三）全球性问题的解决途径

如前所述，全球性问题涉及面广，解决难度大。尽管解决这一问题可以从多个层面和角度入手，但是最根本的方法依然是实现人与自然关系的再平衡，使得人与人之间的社会关系合理化，放弃片面追求人类中心主义

① 孙显元：《关于人类中心主义的争论》，载《安徽大学学报（哲学社会科学版）》，1998 年第 5 期，第 42 页。

② 吴德平：《全球性问题的哲学思考》，武汉理工大学 2001 硕士论文，第 18—24 页。

的思想。

要想实现人与自然关系的再平衡，首先必须尊重自然生态规律。地球上的自然生态环境经过亿年的进化，已经形成了自身的的生态规律，该生态规律在自然界各个领域普遍存在并发生作用的规律。自然生态规律是自然现象固有的、本质的、必然的、稳定的联系，它具有不以人的主观意志为转移的客观性，体现为强烈的不可抗拒性，不论什么力量都不能使规律的必然趋势改变方向。因此，人类只能尊重它。在尊重自然的基础上，人类可以依靠科技的力量来改造自然。科学技术发展的潜力是无穷的，人类依靠科学技术战胜各种灾难，摆脱困境，求取发展的能力也是无穷的。久远的历史或短近的过去都证明，任何困难和问题的出现，都未能使人类束手无策或停滞不前，而是变成了人类科学技术与生产手段发展、更新的推动力。

要想实现人与人之间的社会关系的合理化，重要的手段是处理好东西南北的问题。邓小平同志早在20世纪80年代就指出，“现在世界上真正大的问题，带全球性约战略问题，一个是和平问题，一个是经济问题。和平问题是东西问题，经济问题是南北问题。概括起来，就是东西南北四个字。南北问题是核心问题。”① 当前，邓小平同志指出的两大问题，一个都没有解决，尤其是南北问题。为此，必须逐步建立国际政治新秩序和国际经济新秩序，逐步解决涉及人与人之间社会关系的全球性问题问题。

最后，要放弃片面追求人类中心主义的思想。坚持尊重自然生态规律的“物的尺度”，并不意味着人在规律面前无所作为、束手就擒。满足人的内在需求是构建人与自然和谐关系的另一个尺度。问题的关键在于，不能片面地强调人类中心主义，必须抑制人类过度的物欲追求。为此，必须重新审视人类中心主义，树立环境意识、生态意识与全球意识，控制人口数量增长，提高人类自身素质。②

---

① 《邓小平文选》第3卷，北京：人民出版社2001年版，第105页。

② 吴德平：《全球性问题的哲学思考》，武汉理工大学2001硕士论文，第25—32页。

三、全球化与全球治理

如前所述，全球化是一把双刃剑。随着全球化的不断发展和在世界范围内的推进，全球性的问题也日益凸显。那么，如何应对这些全球性问题呢？由于全球化所带来的全球问题已经超出了单个民族国家治理能力的范围，因此任何政府都会感到难于对付全球化给安全、经济稳定、生态环境保护带来的种种问题。同时，由于各国相互依存的不断增长，国家间边界的作用正在发生变化，在全球化进程中，任何国家和社会都不可能不受到外界的影响，国家主权的地位、作用在发生变化，国家在处置全球问题上的能力在减弱，有必要建立一个全球治理体制。

在如何解决全球政治中的全球问题上，国际社会提出了许多不同的看法。在这许多看法中，全球治理理论逐渐显现出来。全球治理理论的提出具有自身的时代背景，一方面全球化不断扩展的现实客观上要求进行全球性的合作，另一方面人类从主观上深思当前全球发展问题的根源于解决方案。全球治理理论正好顺势迎合了二者的需要，也能够得到各学科领域的广泛认可。①

一般认为，全球治理理论最初由社会党国际前主席、国际发展委员会主席勃兰特于 1990 年在德国提出。1992 年，28 位国际知名人士发起成立了“全球治理委员会”，并由卡尔松和兰法尔任主席，该委员会于 1995 年发表了《天涯成比邻——全球治理委员会的报告》，较为系统地阐述了全球治理的概念、价值以及全球治理同全球安全、经济全球化、改革联合国和加强全世界法治的关系。②

（一）治理的概念与特征

在界定全球治理之前，首先要明确治理的概念与含义。“治理”一词

① 蔡拓等：《全球治理概论》，北京：北京大学出版社 2016 年版，第 1 页。

② 英瓦尔·卡尔松等著，赵仲强等译：《天涯成比邻——全球治理委员会的报告》，北京：中国对外翻译出版公司 1995 年版。

在古拉丁文中的意思是指导、管理和统治，是指国家机器的某些职能部门管理国家的公共事务的活动。20 世纪 90 年代以来，西方学者赋予了治理以新的含义。1989 年，“治理危机”的概念被世界银行在描述当时非洲的情形时首次提出。①

治理理论的主要创始人之一罗西瑙认为，治理虽然可能没有得到官方授权，但它在一系列活动领域里发挥着运营管理作用的机制，能有效地维持活动有秩序地进行下去。治理指的是一种为了实现某种共同目标而实施的管理活动，治理行为的主体一般包括各类社会以及政府组织，基本上依靠组织自己设置的规则来进行管理，不会借助执法机构等国家机器来强制执行。②

治理理论的另一位重要人物罗伯特·罗茨认为，治理意味着“一种新的统治过程，意味着有序统治的条件已经不同于前，或是以新的方法来统治社会”。他列举了六种不同定义：作为最小化国家的管理活动的治理（小政府）；作为公司管理的治理，是指导、控制和监督企业运行的组织体制；作为新公共管理的治理（企业化政府）；作为善治的治理，是强调效率、法治、责任的公共服务体系；作为社会控制体系的治理（参与式管理）；作为自组织网络的治理，是建立在信任与互利基础上的社会协调网络。③

研究治理理论的另一位权威格里·斯托克则概括了对于治理的五种观点：治理是一系列来自政府，但又不限于政府的社会公共机构和行为者对传统国家和政府权威提出的挑战；治理是国家把独自承担的责任转移给公民社会，三者之间的界限和责任变得模糊不清；治理是在涉及集体行为的各个社会公共机构之间存在着权力依赖。集体行动的组织相互依靠、交换资源和谈判共同的目标，结果不仅取决于参与者的资源，也取决于游戏规则及交换环境；治理意味着参与者最终将形成一个自主的网络，并在某个特定的领域中拥有权威，分担政府的行政管理责任；治理意味着办好事情

---

① 沈荣华、金海龙：《地方政府治理》，北京：社会科学文献出版社 2006 年版，第 34 页。

② 罗西瑙著，张胜军、刘小林等译：《没有政府的治理》，南昌：江西人民出版社 2001 年版，第 4—8 页。

③ 罗伯特·罗茨：《新的治理：没有政府的统治》，俞可平主编：《治理与善治》，北京：社会科学文献出版社 2000 年版，第 87—96 页。

的能力并不仅限于政府的权力，还存在着其他的管理方法和技术。①

在关于治理的各种定义中，全球治理委员会的定义具有很大的代表性和权威性。该委员会认为，治理是各种公共的或私人的个人和机构管理其共同事务的诸多方式的总和。它是使相互冲突的或不同的利益得以调和并且采取联合行动的持续的过程。它既包括有权迫使人们服从的正式制度和规则，也包括各种人们同意或认为符合其利益的非正式的制度安排。它有四个特征：治理不是一整套规则，也不是一种活动，而是一个过程；治理过程的基础不是控制，而是协调；治理既涉及公共部门，或包括私人部门；治理不是一种正式的制度，而是持续的互动。②

在此基础上，俞可平提出了一种对治理的定义，被国内学界广为接受："官方的或民间的公共管理组织在一个特定的范围内运用公共权威维持秩序满足公众的需要。治理的目的是在各种不同的制度关系中运用权力去引导、控制和规范公民的各种活动，以最大限度地增进公共利益。所以，治理是一种公共管理活动和公共管理过程，它包括必要的公共权威、管理规则、治理机制和治理方式。"③

俞可平总结认为，治理与传统的政府统治和政府管理的概念不同。治理的特点表现在：第一，治理的主体既可以是政府等公共机构，也可以是私人机构，还可以是两者的合作。而统治的主体则必定是政府以及相应的社会公共机构。第二，统治的权力运行方向总是自上而下的单一向度的管理，政府通过发号施令、制定政策；治理则是一个上下互动的管理过程，它主要通过合作、协商、伙伴关系、确立认同和共同的目标等方式实施对公共事务的管理。第三，统治所涉及的范围是以领土为界的民族国家；治理的范围既可以是特定领土界限内的民族国家，也可以是超越国家领土界限的国际领域。第四，统治的权威主要源于政府的法规命令，治理的权威

---

① 格里·斯托克：《作为理论的治理：五个论点》，载《国际社会科学》（中文版），1999年2月。

② 全球治理委员会：《我们的全球伙伴关系》，天津：天津大学出版社1995年版，第23页

③ 俞可平：《全球治理引论》，载杨雪冬、王浩主编：《全球治理》，北京：中央编译出版社2015年版，第31页。

则主要源于公民的认同和共识。①

（二）全球治理的概念与要义

与治理的概念一样，全球治理也存在这一不同的定义，到目前为止，学术界对于全球治理的定义尚未达成共识。按照联合国全球治理委员会的定义来看，全球治理是“各种各样的个人、团体处理其共同事务的总和。它是一个持续的过程，通过这一过程，各种相互冲突和不同的利益可望得到调和，并采取合作行动”。

当然，不同的学者对全球治理的解释也各有侧重，就目前来看主要分为三大理论范式。第一，国家中心主义范式强调主权国家仍然是全球治理的核心主体，有效应对全球问题也仍然依赖于主权国家之间的合作。国家利益至上以及价值认同的统一是其基本价值选择，在政策选择方面主张对内强化国家统治能力，对外强调权力政治；理想的国际社会形态是民族国家能力的强化，并以实际有效的地缘政治维持世界秩序。第二，全球主义范式强调在全球层面建立价值共识的基础上，推动全球具有约束力的法律、条约、宪章等机制的建立，以此推动全球治理的运行。在基本价值选择方面，强调权利与义务的统一、共同责任基础上的价值认同；在政策选择方面，主要包括国际自由贸易、全球治理体制的建构、全球公共产品的提供等；其理想形态是建构民主、多元的全球治理。第三，跨国主义范式在价值上强调平等、自由、公正等，治理主体不仅包括跨国政府部门网络、非政府组织、公民社会以及各种市场力量；该理论范式以改革世界秩序、改造国家中心主义的国际体系为政策选择，实行自下而上的多层次民主治理，并不断培育全球公民社会的发展。尽管上述三种理论范式对全球治理的解释有所区别，但总体而言，其核心是强调人类共同应对全球性的问题，包括和平、安全、发展、人权等各个领域的问题；在此基础上建立一套新秩序，包括处理国际政治经济问题的全球规则和制度。②

---

① 俞可平：《全球治理引论》，载杨雪冬、王浩主编：《全球治理》，北京：中央编译出版社 2015 年版，第 31—32 页

② 石晨霞：《全球治理机制的发展与中国的参与》，载《太平洋学报》，2014 年 1 期，第 18—19 页。

全球治理的结构包括了横向和纵向两个方面，它们共同构成了全球治理的整体轮廓。在纵向上，全球治理并不只是全球性问题上的治理，而是全球范围的治理。也就是说，全球治理包括了从全球治理到地方的各个层次。就目前的实际发展来看，这些层次包括：全球层次、区域层次、地方层次。如果把范围再扩大的话，公司层次、家庭层次以及其他各种组织团体内部的治理也可以包括进来。在横向上，全球治理包括以下几个要素：文化价值、制度以及行动。全球治理理论的提出实际上在很大程度上是建立在这样一个假定上，即存在着实现全球治理的共识性文化价值基础，否则就无法产生全球各个层次上多元行为者之间的认同、协调和合作。不过，要想实现治理的有效性，还必须要回答谁来治理，治理什么，用什么来治理，如何治理，治理的效果等问题。换句话说，全球治理主要包括主体、客体（或者对象）、方式（或者途径）以及目标（或者价值）等方面的内容。①

全球治理的主体，也就是全球治理的主要行为者主要包括国家、国际组织、全球市民社会、个人等。国家仍旧是全球治理的主要成员。在相互依存全球体系之下，国家要通过合作解决国际冲突，国家面临的全球问题越多，就越需要建立国际组织，并通过国际组织来建构国际关系。全球治理离不开非政府组织，非政府组织可以直接参与解决各种问题。在特定情况下，个人也可以成为全球治理的主体。②

全球治理的对象主要是已经影响或者将要影响全人类的跨国性问题。这些问题主要有这样几类：（1）全球安全，包括国家间或区域性的武装冲突、核武器的生产与扩散，大规模杀伤性武器的生产和交易、非防务性军事力量的兴起等；（2）生态的保护；（3）国际经济，包括全球金融市场、贫富两极分化、债务危机等；（4）跨国犯罪，例如走私、非法移民、国际

---

① 邵鹏：《全球治理：理论与实践》，长春：吉林出版集团有限责任公司 2010 年版，第 65 页。

② 蔡拓、杨雪冬、吴志成主编：《全球治理概论》，北京：北京大学出版社 2016 年版，第 10 页。

恐怖活动等；（5）基本人权，例如种族灭绝、饥饿与贫困等。[①]

全球治理的价值，就是全球治理的倡导者们在全球范围内所要达到的理想目标。从这些倡导者的眼光看来，这些价值应当是超越国家、种族、宗教、意识形态、经济发展水平之上的全人类的“普世价值”。关于全球治理的价值，全球治理委员会在其《我们的全球之家》中做了比较充分而全面的阐述。该委员会相信：“要提高全球治理的质量，最为需要的，一是可以在全球之家中指导我们行动的全球公民道德，一是具备这种道德的领导阶层。我们呼吁共同信守全体人类都接受的核心价值，包括对生命、自由、正义和公平的尊重，相互的尊重、爱心和正直。”[②]

全球治理的方式既允许实行正式的强制管理，也要求行为体之间的民主协商；既采取正统的法规制度，有时也强调一些非正式措施。“即使全球治理的价值是理想的、普世的，但由于世界各国存在多样的历史文化传统和迥异的政治经济条件，仅采取简单的治理方式一定会适得其反，有效的全球治理一方面追求各国之间达成的治理目标，另一方面更要尊重各国多样性的现实条件，照顾多方利益。”但是，因为全球性问题囊括全人类的问题而非一国自身，如果没有一套能够确保全人类都共同遵守、对全人类都有约束力的普遍的规则，全球治理就不可能真的实现。这其中的张力直接考研全球治理的研究者和实践者。[③]

全球治理的效果涉及到全球治理的绩效评估，主要就集中在全球规则能否真的对全人类都有约束力，以及这种约束力得到落实的程度。总体来说，无论对于全球治理是否持有否定态度，对于全球治理的必要性已经基本有共识，在某些领域全球治理的成果还是得到了普遍的认可。有很多学者提出了评估全球治理绩效的各种指标和数据。但是，在当前全世界逆全

① 蔡拓、杨雪冬、吴志成主编：《全球治理概论》，北京：北京大学出版社 2016 年版，第 11 页。亦参见俞可平：《全球治理引论》，载杨雪冬、王浩主编：《全球治理》，北京：中央编译出版社 2015 年版，第 37—42 页；

② 蔡拓、杨雪冬、吴志成主编：《全球治理概论》，北京：北京大学出版社，2016 年版，第 11 页。亦参见俞可平：《全球治理引论》，载杨雪冬、王浩主编：《全球治理》，北京：中央编译出版社 2015 年版，第 37—42 页；

③ 蔡拓、杨雪冬、吴志成主编：《全球治理概论》，北京：北京大学出版社 2016 年版，第 12 页。亦参见俞可平：《全球治理引论》，载杨雪冬、王浩主编：《全球治理》，北京：中央编译出版社 2015 年版，第 37—42 页。

球化、反全球化浪潮一浪高过一浪的情势之下，全球治理正在艰难地行进。要真正达到全球治理的目标，还有很长的路要走，甚至可能面临全球治理的倒退时期。[①]

（三）全球治理研究的重点领域

全球治理因其自身所具有的理论优势，目前已经广泛用于安全、经济、社会、环境等诸多领域。就当前的全球治理研究而言，特别值得研究的是全球治理的理论流派、全球安全治理、全球投资治理、全球金融治理、全球能源治理、全球环境治理、中国参与全球治理的意愿、能力和行动等问题。

20 世纪 90 年代以来，全球治理日益受到国际社会的关注，关于全球治理的各种理论分析也层出不穷。全球治理理论的思想起源主要包括了廊下派的世界主义思想、延续迄今的自然法理论流派、现代国家理论中的格劳秀斯等国际社会学者、世界帝国论者，而当前今最有影响的全球治理的三大理论流派是自由主义的国际主义、激进的共和主义和世界主义民主。

安全治理是全球治理的重要组成部分，但是由于安全的泛化和治理维度的模糊，安全治理的概念存在着不同的争议。就全球安全治理而言，涉及的安全问题既包括传统安全，也包括非传统安全。我们可以根据不同领域的安全问题将全球安全治理划分为核心安全治理与大安全治理，核心安全问题的治理称为“核心安全治理”，包括核心安全问题在内的所有安全相关问题的治理统称为“大安全治理”。经济、金融、环境、能源、粮食等领域的安全问题是全球安全治理的重要内容，但这类问题一般有相对独立的治理机制和体系，可以将其划归为大安全治理的范畴。就传统安全治理而言，核安全治理是全球安全治理的一个难题，而冲突后治理则是安全治理的一个全新领域。

从冷战结束至今，全球国际直接投资获得了迅猛发展，对国际直接投资的全球治理亦随之不断演变。全球投资治理已形成多元主体多种互动的

---

① 蔡拓、杨雪冬、吴志成主编：《全球治理概论》，北京：北京大学出版社 2016 年版，第 12—13 页。亦参见俞可平：《全球治理引论》，载杨雪冬、王浩主编：《全球治理》，北京：中央编译出版社 2015 年版，第 37—42 页。

立体复杂的治理架构。全球投资治理体制由国际投资体制和企业社责任体制构成，两者都处于快速的动态发展过程中。当前的全球投资治理既有亟待解决的四大问题，也出现与之相关的新趋势。

全球金融治理主要关注规则、制度、机制等对全球金融活动的管理与影响，不仅包括国家间协调建立治理机制的努力，也包括非国家主体对治理规范的制度性参与。未来全球金融治理尚待改革与完善，在国际制度竞争中寻求良治。

当前，全球能源市场与能源合作中的安全风险、市场失灵等挑战不断凸显。以国际能源署为代表的专业性能源治理机制和以二十国集团为代表的一般性能源治理机制为应对上述挑战提供了重要的制度平台。可以预见，未来中国在全球能源治理中的作用将愈发凸显，而全球能源治理也将愈发依赖国际机制与大国合作。

20 世纪 70 年代，随着全球环境问题日益突出，全球环境治理提上国际社会的议程。全球环境治理主要探讨全球环境治理主体、全球环境筹资机制、全球环境争端解决机制，以及全球环境治理面临的挑战和应对措施。

中国是全球治理平台重要行为体，中国有意愿参与全球治理并积极提出“中国方案”，中国积极参与全球安全、全球投资、全球金融、全球能源，以及全球环境等领域治理，并在参与过程中不断提升中国参与全球治理能力。

第二章

全球治理理论*

20 世纪 90 年代以来，全球治理日益受到国际社会的关注，关于全球治理的各种理论分析也层出不穷。全球治理既是一种理论，同时是一种实践，更是一种价值期待。全球治理理论从一开始就与全球化进程和全球治理的现实实践紧密结合在一起，同时又兼具理论理想化的愿景与现实的冲突。这一系列问题都体现在全球治理各种类别的理论流派的争论中，也体现在全球治理实践当下面临的困境之中。

一、全球治理的理论流派

严格来说，全球治理是一个直到 20 世纪 90 年代才开始兴起的新事物，是面对新形势下的全球性问题而出现的一种新方式。但是全球治理理论有着非常丰厚的政治哲学根基和思想渊源，现今出现的无论何种全球治理理论，都或多或少地从中汲取了重要的养料。这部分的阐述包括两个方面：全球治理理论的思想起源，一方面包括了廊下派的世界主义思想、延续迄今的自然法理论流派、现代国家理论中的格劳秀斯等国际社会学者、世界帝国论者；另一方面则包括了现今最有影响的全球治理的三大理论流派，包括了自由主义的国际主义、激进的共和主义和世界主义民主。

---

* 本章作者：张云雷。

（一）全球治理理论的思想起源

全球治理理论与政治哲学史上的廊下派、自然法理论、国际社会学者、世界帝国论者所面临的完全是不一样的时代问题，从某种意义上说，后者所论述的问题基本上都只在理论中和纸面上，是一种对人类社会的设想和理论分析，而全球治理理论则是现实的全球性问题倒逼理论形成，虽然也有理想的成分，但总体是一种与现实紧密贴合的理论形态。但是，全球政治理论和政治哲学中的这些流派分有一个共同的前提，即他们关注的都不是狭隘的一地、一国、一族的利益，而是世界性、全人类的利益。这使得全球政治理论从这些政治哲学思想中汲取了丰富的养料。国内著名的全球治理研究重镇中国政法大学的全球化与全球问题研究所正在组织力量研究“世界主义思想研究”，展示了人类的整体性、共同性和普遍性，夯实了全球治理研究的思想基础。

廊下派的思想，是世界主义最早的思想渊源，他们“认为宇宙由神明统治；人和诸神均是城邦或国家的成员，我们每个人都是这个宇宙的一部分；由此，我们可以得出合乎自然的结论，就是我们选择共同的利益，而不是一己之私……他说，任性可以说是部法典，用以维系个人与人类的关系，遵守这部法典的就公正，偏离它的就不公正”。[①] “将不可能在罗马是一种法律，在雅典是另一种法律，现在是一种法律，将来是一种法律，对于所有民族所有时代，它是唯一的法律，永恒的不变的法律；而且也只有一个对所有的人是共同的、如同教师和统帅的神：它是这一法律的创造者、裁判者、提倡者。”[②] 廊下派的“世界公民”“世界主义者”“世界邦民”是最早的关于世界主义的思想，这种思想混杂了对于神的认知和对于全人类的爱，同时也混杂了哲人超越于一时一地的分歧、偏见、战争的理想，从而神和哲人可以站在一种更为超越的视角来看待世界和具体的城邦及个体，这样的想法在当时有些过于忽视现实政治的权力政治和利益偏见，但仍然表达了人类对于美好社会的向往和理论推演，并且具有极大的诱惑力。

---

① 潘戈著，吴明波译：《苏格拉底式的世界主义——西塞罗对廊下派理想的批评和改造》，载刘小枫、陈少朋主编：《经典与解释·西塞罗的苏格拉底》，北京：华夏出版社 2011 年版。

② 西塞罗著，沈叔平、苏力译：《国家篇·法律篇》，北京：商务印书馆 1999 年版。

自然法理论是更有影响力的世界主义理论（我们不采用已经被霍布斯误导了的自然法说法，而采用在人类历史上更具事实影响力的基督教自然法理论）。古希腊后期最有影响的哲学流派是斯多亚学派（Stoic），他们也是真正最早开始阐述“自然法”的学者。就人的“自然”（或“本性”）而言，在柏拉图、亚里士多德那里，人依据自然是城邦的动物，那么邦内邦外就有着严格的界分。而在斯多亚学派这里，自然法已然统摄全人类，而非一邦一国的民众。人类被作为一个统一的整体来看待，或者说“世界公民”，人类依据自然是社会的动物。原本只有哲人方可接近的“自然正确”，现在被作为一项法律，要求全人类都去遵守。如果仔细考虑，就会发现：作为一种要求的“法”之所以存在和必须，恰恰是承认人们大体上不守法；法越是涉及所有人，就越是在某种程度上暗示“法”设定的根基在于预设所有人都不守法。因此，“自然法”必须要有坚实的根基和维护。斯多亚学者们的解决方式主要是两个：首先，自然法被等同于永恒法、神的意志或者某种永恒的物质的规律；其次，自然法有仲裁者，一旦违背，会有神的制裁。因此，发展到最后，自然法的存在和维系必须依赖一个神，这个神不仅是惩罚性的，也是慈爱的。于是，基督教的上帝几乎是呼之欲出。[①] 自然法因而在整个基督教时期（尤其是未经霍布斯破坏的漫长的时期内）成为统摄全人类的基本规则，是世界主义指导人事的典范。

现代国家初创的时期，基督教的诸多理念遭受挑战，在过渡期间的格劳秀斯、霍布斯都对如何应对现代性的问题提出了自己的方案，霍布斯当然是高扬“现代国家”，作为基督徒的格劳秀斯则选择了另外的方式。格劳秀斯虽然否定世界国家的观念，他坚定地认为全世界变成一个国家是绝对不可能的[②]，这种想法必然会被上帝惩罚，但是，他时不时仍然表现为一个彻底的基督徒，他甚至某种意义上做了后退，认为可以造就一个囊括所有国家在内的“大国际社会”，这种国际社会实际上与世界国家异常接近。通过这样的一个设想，格劳秀斯认定可以借此维系一个不发生血腥、

① 爱比克泰德说：“那么，是谁创造了这一切，设计了这一切呢？/‘没有谁。’有人可能会说。/天啊，【这种说法】简直是愚昧之极、无耻之极！”爱比克泰德著，王文华译：《爱比克泰德论说集》，北京：商务印书馆2009年版，第90页。

② Hugo Grotius, *De Jure Belli ac Pacis Libri Tres Vol. II*: *The Translation*: *On the Law of War and Peace*, F. W. Kelsey etc. (trans.), Oxford: Clarendon Press, 1925, 2. 22. 13. 1, 2. 2. 2. 2—2. 2. 2. 3.

野蛮战争的和谐的共同体，维护人类的共同利益。

作为国际关系中的革命主义潮流，世界主义一直是其中重要的内核和表现形态，从但丁的世界帝国、卢梭的欧洲大一统构想、边沁的普遍和平构想，到康德的永久和平论。时殷弘总结："革命主义思想家强调的是人类社会，认为国际关系的实质在于超越国家分野的人和人的关系。世界一分为二，一边是信仰或经启迪必能信仰普天之下皆兄弟的"上帝选民"或好人，另一边是阻碍人类共同体实现的异端或坏人。人有权利，亦有责任推翻邪恶的现状。革命主义者往往把自己当作人类普遍利益的唯一代表者和正义原则的唯一阐释者，并致力于实现被现状所压抑、所扭曲的人类共同体。显然，在革命主义思想家那里，国内与国外并无真正的区别，不存在有真正的独特主体、独特性质和独特规律的国际关系。"①

然而，即便是但丁的世界帝国，也仍然带有重要的欧洲中心论的狭隘，更不用说康帕内拉的所谓"理想的西班牙帝国"更是一种带有马基雅维利主义色彩的现实政治考量。按照迈内克的杰出研究，康帕内拉"作为一个相信其民族的根本优越性的意大利人，他必然期望让它在政府体系内享有一份，以便使西班牙统治经久。不仅如此，他精明地察觉了西班牙政府体系的最弱处，即西班牙民族的人力短缺和过劳、人口的减少和农业的衰退。而且，他最终形成了一个观点：土耳其人以其禁卫军体制发现了将外国鲜血转输到本国体内的办法。……他提出的特定方法大多是激烈和不现实的，在历史上只能同西班牙在腓力二世治下邪恶有害地驱逐摩尔人相比。他大胆地宣称：必须靠武力获取宗教不同、政府形式不同的新征服国家的居民，将其作为奴隶占有；他们的孩子必须受洗礼，并且被迁移到新世界。他给西班牙人的建议是（那对他们来说肯定难以实施），他们应当完全重组自己的殖民体系，他们在新世界聚集的储藏应当是人口而非金银。……总而言之，西班牙的排外倾向必须减轻，西班牙的政府体系必须以所有各种方式较好地使自己容纳民族特殊性。当然，与此同时它必须仔细保护自己，免遭这同一些特殊性损害，办法是一种'分而治之'政策，就此他又一次很大程度上依赖马基雅维利的主张。由于康帕内拉希望将西班牙普遍帝国用作迈向太阳国的一个预备

① 时殷弘、叶凤丽：《现实主义·理性主义·革命主义——国际关系思想传统及其当代典型表现》，载《欧洲研究》，1995 年第 3 期。

步骤，它就必须变得不止是一个单纯的权势组织。在这方面，来自世界历史的许多回声汇合起来，丰富他的政治想象。他有一次给奥地利大公写道：'亚历山大，还有其他一切试图统治全世界的人，同时也着手以非同寻常的新理论和新艺术为手段来赢得世界人心。'因此，西班牙军事国家必须也成为一个文化国家，办法是一种劳动分工，那不仅将服务于'国家理由'利益，还将满足人类精神的文化需要"。①

国际关系中的"帝国"理论谱系一般而言，都带有很强烈的现实政治色彩，少有符合全球治理内蕴的"治理"要义，但它内在地又有冲破一国利益界限的需要。因而它潜在地是全球治理思想的萌芽，也可以成为丰富现今全球治理理论的重要思想来源。

（二）全球治理理论的三大流派

现今最有影响力的对于全球治理理论的流派划分，是麦格鲁（McGrew）在1997年出版的《民主的变迁？——全球化与领土民主》一书中所做的划分。② 国内几乎所有的对全球治理的理论流派划分，均来自该著作中的一个表格。本章大体上也采用这样一种分类和表述。他主要将全球治理理论（事实上也被他称为"关于全球化未来的三种政治设想"）分为三个流派：自由主义的国际主义、激进的共和主义、世界主义民主。

表2.1 关于全球治理的三种政治设想

	自由主义的国际主义	激进的共和主义	世界主义民主
谁应该统治？	人民通过政府、负责的国际组织和国际体制	人民通过自治的共同体	人民通过共同体、社团、国家、国际组织，它们都服从世界主义的民主法律

① 弗里德里希·迈内克著，时殷弘译：《马基雅维里主义——"国家理由"观念及其在现代史上的地位》，北京：商务印书馆2009年版，第186页。

② A. G. McGrew, ed., *The Transformation of Democracy? Globalization and Territorial Democracy*, Cambridge: Policy Press, 1997.

续表

	自由主义的国际主义	激进的共和主义	世界主义民主
全球治理的形式是什么？	多头政治——多元主义的分裂的体系，共同享有主权	民主政治（demarchy）——没有国家主权的功能性民主治理	异质政治（heterarchy）——分割的权威体系，服从世界主义的民主法律
关键能动者/工具、民主化的过程	相互依存不断提高，关键的权力代理人在建立更民主和更合作的全球治理形式时有自我利益	新社会运动、全球生态、安全和经济危机的来临	宪政和制度的重建，全球化和区域化的加强，新社会运动，可能出现全球危机
民主思想的传统	自由主义民主理论——多元主义、保护性民主、社会民主——改良主义	直接民主、参与民主、公民共和主义、社会主义民主	自由主义民主理论、多元主义、发展型民主、参与民主、公民共和主义
全球治理的伦理	“共同的权力和共同的责任”	“人道的治理”	“民主自主”
政治变革方式	全球治理改革	可供选择的全球治理结构	重建全球治理

资料来源：戴维·赫尔德等著，杨雪冬等译：《全球大变革：全球化时代的政治、经济和文化》，北京：社会科学文献出版社2001年版，第19页。

第一种，自由主义的国际主义。这一流派的主要倡导者是联合国框架下的全球治理委员会，在这种思想中隐含着这样一个假设：政治上的必要性将推动全球化的民主化和文明化的前进。因此，要避免生态危机，管理当代全球化进程导致的广泛的社会、经济以及政治错位，需要有合作精神、合作的基础是协商、透明以及负责的原则。自由主义的国际主义承继了自由民主理论的传统，他们试图把一个国内自由民主的形式转化为一个民主的世界秩序模式，他们要求改革现有的全球治理结构。这是一种相对保守和相对有改良主义倾向的全球治理期待。①

第二种，激进的共和主义则强调用某些共和主义原则来替代全球社

① 戴维·赫尔德等著，杨雪冬等译：《全球大变革：全球化时代的政治、经济和文化》，北京：社会科学文献出版社2001年版，第616—618页。

会、经济和政治组织的机制，即公共的善具有显著位置的共同体自治。“激进共和主义设想关注的是建立授权人民控制自己生活所必需的条件，并且创造以平等、共同的善以及与自然环境和谐共存的理念为基础的共同体。对于许多激进共和主义者来说，变革的能动者来自现有的（批判的）社会运动，如环境、妇女以及和平运动，它们不仅挑战着国家和国际机构的权威，而且挑战着正统的‘政治’定义。……要在公民中鼓励和培养一种归属感，具有共同利益和情感的、重叠的（本土与全球）共同体是它们向往的对象。这不仅是新社会运动政治的核心，也是追求新的、符合自我管理的共和主义原则的社会、政治以及经济组织模式和形式的核心。激进共和主义模式是一种‘从下至上’的实现全球秩序民主化和文明化的理论。它代表着一种‘人道治理’的规范理论，这种治理的基础是存在着多种多样的命运共同体和社会运动，而不是自由主义的国际主义主张的那种个人主义和理性地自利。”①

第三种，世界主义民主。这是最为激进的关于全球治理的理论设想：“它试图为那些现在超出了民主控制的权力规定可以使之负责的原则和制度安排。它认为，在下一个千年，每一个国家的公民都将必须学会成为‘世界公民’，即一个能够协调民族传统、命运共同体以及其他生活形式的人。在未来的民主政体中，公民权可能涉及到一个不断协调的角色，它要与其他人的传统和话语对话，目的是扩大自己的意义框架，并且提高相互理解的范围。能够‘从其他人的观点出发进行推理’的政治能动者将更适合解决而且是公平地解决新的、富有挑战性的、创造了重叠的命运共同体的跨边界问题与过程。……如果诸多的当代权力要变得负责，而且如果影响我们所有人的复杂问题——本土的、国家的、区域的以及全球的——要得到民主的管制，那么人民就必须进入各种政治共同体，并且成为其成员。……面对命运共同体的重叠，它们不仅需要成为自己共同体的成员，而且要成为生活于其中的更广泛的地区以及更广的世界秩序中的成员，为了反映各种问题和困难，必然要建立必需的制度，因为这些问题和困难把每一个国家的人民都联系在一起，不论他们生在何处，养在何方。……

---

① 戴维·赫尔德等著，杨雪冬等译：《全球大变革：全球化时代的政治、经济和文化》，北京：社会科学文献出版社 2001 年版，第 618—619 页。

（世界主义民主这个）设想的核心是重新认识合法的政治权威，把它与其在固定边界和明确领土范围内的传统基点分离开。”①

二、全球治理理论的应有起点

从这三种理论流派，我们可以看到无论是哪一个流派，对全球治理中面临全球性的问题和全球性的利益考虑是第一位的，但同时他们对于如何达到全球治理的目的，以及现阶段可能达到什么程度，尤其是对于全球治理的主体认知，存在重大的分歧。由此，可以得出全球治理研究中的三个重要范式：全球主义、国家主义、跨国主义。这其中，全球主义被很多学者视为基点或研究起点，但又出于实现未满的情况；而后两者（尤其是国家主义）被很多人认为是真正的全球治理得以顺利实现的重要观念阻碍。②

（一）全球共同利益与全球治理

卢梭的理论在运用于国家理论时常有争议，但他的理论却特别适用于全球治理领域。现代世界是由各自为政的现代主权国家构成的，国家利益是主权国家行动的首要目标。从这种功利主义角度出发，只要承认全球现在还是以主权国家为主体，那么全球治理的首要前提就必须是全球公意的形成。全球公意就意味着“个人”或者单个的国家或行为体在进行全球治理的过程中，“不可能只是为别人效劳而不是同时也在为自己效劳”③，“公意必须从全体出发，才能对全体都适用；并且，但它倾向于某种个别的、特定的目标时，它就会丧失它的天然公正性，因为这时我们判断的便是对我们陌生的东西，于是便不能有任何真正公平的原则在指导我们了”④，因此“公意只能着眼于公共的利益”⑤。卢梭本质上是在谈论他的现代国家理

① 戴维·赫尔德等著，杨雪冬等译：《全球大变革：全球化时代的政治、经济和文化》，北京：社会科学文献出版社 2001 年版，第 619—623 页。

② 蔡拓、杨雪冬、吴志成主编：《全球治理概论》，北京：北京大学出版社 2016 年版。

③ 卢梭著，何兆武译：《社会契约论》，北京：商务印书馆 2003 年版，第 38 页。

④ 卢梭著，何兆武译：《社会契约论》，北京：商务印书馆 2003 年版，第 39 页。

⑤ 卢梭著，何兆武译：《社会契约论》，北京：商务印书馆 2003 年版，第 35 页。

论，这个国家某种意义上是次优的、更接近于“自然”的政治社会，但他的公意概念尤为适合用来解释全球治理中的困境。换一句话说，全球治理得以形成，首先要求“我为人人、人人为我”，当我在付出的时候，我必须同时也在为我自己进行付出，我在为所有人做出牺牲的时候，同时也在为我自己做出牺牲。这意味着，全球治理要求小“我”做出奉献，那么它的目标中必须是一个包含了小“我”的大“我”。这也就意味着，全球治理首先要求形成“全球共同利益”，这种全球共同利益的要求非常严格，它必须囊括所有的成员，不是一个国家的利益，不是一群国家的利益，甚至也不是大多数国家的利益，在理论上它必须是所有国家和全人类的利益。只有全人类有了利益一致的地方，才会有真正的全球治理的出现。全球化的发展为某些领域共同利益的形成提供了重要的前提，也就是为全球公意的形成提供了必要的基础。

但是，全球公意的要求非常严格，它要求毫无偏私，它要求共同利益之中没有任何个体的利益，这样才能在全球治理的目标中找到自己，否则全球治理就会变成一部分人或者是大部分人利益的工具。这意味着至少两点问题：首先，共同利益的形成困难，这种共同利益必须不存在任何的排他性而囊括全人类，这样的领域非常难以找到，也非常难以真正形成。其次，即便真的找寻到，这样的共同利益一定会与个体的私利有很大的差异，毕竟，越是人人都能兼顾和获益的利益，这样的利益对于私人而言的获益就越不多。分摊得越大，个人的获得自然就越少。这种共同利益的形成过程同时也是共同利益的“稀释”过程，也使得真正的全球利益的培育和生成极为困难。全球化为这种利益的生成提供了某种希望，但这种利益的形成即便是可能的，也有可能是已然被稀释的。这是全球公意形成的内在困境。

这一困境同时导向了一个更大的问题和困境。公意要求不能有任何的偏私，不能有任何不从全体利益出发的情况，公意全然不同于私意或者个体利益的集合，这就意味着：公意与个体利益总是“相反或者至少不同”①，卢梭特别强调公意所代表的的人数必须小，他所建立的政治社会是

① 卢梭著，何兆武译：《社会契约论》，北京：商务印书馆2003年版，第38页。

一个人数不多的社会，人数越多，意味着公意与个体利益的相反或不同的可能性越大。卢梭特别强调："事实上，纵使个别意志与公意在某些点上互相一致并不是不可能的，然而至少这种意志若要经常而持久却是不可能的；因为个别意志由于它的本性就总是倾向于偏私，而公意则总是倾向于平等。人们要想保证这种一致，那就更加不可能了，即使它总该是存在着的。"①

要知道，卢梭的新社会本质上就是依赖于这种公意或者共同利益的，他认为"如果所有这些利益彼此并不具有某些一致之点的话，那末就没有任何社会可以存在了。因此，治理社会就应当完全根据这种共同利益"②，那他为何如此强调公意与私意之间的极难一致？甚至在《社会契约论》这本书中，卢梭从头到尾只做了一件事情，如何解决公意和私意之间的矛盾问题。正是认识到了问题的根本困境，才需要花费如此大的精力去解决它。全球治理的事业跟卢梭的事业一致，正是要在全球公意很难达成、达成之后与个体利益相比又很微弱的地方，形成和找寻全球公意，达成治理全球社会的目的。最终的目的是达到"如果整体所获得的力量等于或者优于全体个人的天然力量的总和，那么我们就可以说，立法已经达到了它可能达到的最高的完美程度了"。③

这是一项很难的工程，这意味着在全球治理的实践中，在共同利益的激励处处弱于个体利益的前提下，使得对共同利益的认知和认同高于个体利益，这需要人们做出艰苦的努力："舍弃自己——这永远是一件苦痛的事情"④，卢梭自己也承认，这是一项改造人类自私天性的努力，换言之，这是一项违背人性的工程："敢于为一国人民进行创制的人，必须自己觉得有把握能够改变人性，能够把每个自身都是一个完整而孤立的整体的个人转化为一个更大的整体的一部分，这个个人就以一定的方式从整体里获得自己的生命与存在"⑤。也就是说，要告诉个体意志，共同利益是更重要

① 卢梭著，何兆武译：《社会契约论》，北京：商务印书馆2003年版，第32页。
② 卢梭著，何兆武译：《社会契约论》，北京：商务印书馆2003年版，第31页。
③ 卢梭著，何兆武译：《社会契约论》，北京：商务印书馆2003年版，第51页。
④ 孟德斯鸠著，张雁深译：《论法的精神》（下册），北京：商务印书馆1963年版，第51页。
⑤ 卢梭著，何兆武译：《社会契约论》，北京：商务印书馆2003年版，第50页。

的，在某种方式下，使得共同利益压过个体利益。①

（二）三种范式与全球治理的应有价值基点

全球治理的三种范式的最早提出者是北京师范大学政府管理学院张胜军教授，国内的现在可见的诸多归纳都来自于他的一篇文章《全球治理的三个特点》。② 这里基本参考了张胜军和蔡拓等人的研究。这三种范式包括了全球主义、国家主义、跨国主义，而这三种范式也在某种意义上对应全球治理理论的三大流派，只是后两者在当下越来越被全球治理的研究者认为是全球治理进程中的阻碍性观念因素。

第一，全球主义范式。全球主义范式的全球治理理论强调全球契约关系，致力于全球层面的价值共识和公共舆论，推动建立自上而下的全球治理机制，并试图通过具有强制力的法律和有约束力的全球宪章、条约实现有效治理的目标。它的理论基点是全球主义，“所谓全球主义，就是一种区别于国家主义的世界整体论和人类中心论的文化意识、社会主张、行为规范。全球主义既是一种思维方式，也是一种付诸行动的主张和构建现实的规范。所以，全球主义包含着全球意识但并不止于全球意识，它指向社会实践，并积极介入社会现实的整合，而无论是指导思想还是行为规范，全球主义都要求摆脱国家中心论的束缚，代之以人类中心论、世界整体论”。③ 全球主义的要求是非常高的，它近乎要求摒弃原有的国家主义观念，按照全人类的利益要求来思考和行动。在当下的国际关系及全球治理现实中，全球主义范式显得过于理想化，尤其是当逆全球化在全球蔓延的今天，追求全球主义变成了一个吃力不讨好的行动。但是，全球主义范式

---

① “猎鹿困境”是解释全球治理困境的重要理论，也由卢梭最早提出。具体内容包括：假定有五个猎人一起去打猎，偶然碰到了一只可以满足五个人饭量的鹿。但在猎鹿的过程中，一个猎人发现了一只野兔，出于理性的计算（满足自己的饥饿、不信任别人一定遵守诺言），他放弃猎鹿而去抓兔子，从而使得其他几个猎人被迫继续忍受饥饿。另外，“集体行动的逻辑”也可以很大程度上解释全球治理的困境：集体行动时，理性的行为体往往拒绝供给公共物品，采取“搭便车”策略，从而导致公共产品供给不足的困境。可参考潘亚玲：《全球治理中的猎鹿困境》，载《国际论坛》，2005 年第 2 期；曼瑟尔·奥尔森著，陈郁等译：《集体行动的逻辑》，上海：上海人民出版社，1995 年版。

② 张胜军：《全球治理的三个特点》，载《学习时报》，2012 年 12 月 3 日，第 2 版。

③ 蔡拓、杨雪冬、吴志成主编：《全球治理概论》，北京：北京大学出版社 2016 年版，第 54 页。

不仅仅是一种理想化的构想，它同时是全球治理的理论基点和思考起点。要在全球公意很难达成、达成之后与个体利益相比又很微弱的地方，形成和找寻全球公意，达成治理全球社会的目的，这迫切地需要各国抛弃原有的国家主义范式，以全人类和全球的角度来思考问题。这对任何人来说都是需要做出艰苦努力和观念上的彻底改变的大事儿。

如果全球治理不以全球主义范式为基点，“如果全球治理丧失了或放弃了全球主义的价值基点，那就不能称之为全球治理。如果因为全球治理出现了低效率甚至失灵的困境，就简单地认为全球治理过于理想，言之过早，试图将其束之高阁而回归于国家治理、国际治理的旧途，那是毫无出路的”。①

第二，国家主义范式。国家主义范式的全球治理理论，其基本主张是强调国家在全球治理中的主导地位。在国家主义范式的全球治理参与者看来，国家和国家之间的合作仍是实现全球治理目标的终极单位和最有效途径。它的理论基点是国家主义，“国家主义是针对两个参照系而言的。其一，以个人为参照系，指的是在主权国家内个人与国家的关系要以国家为中轴；其二，以全球为参照系，强调的是在国际社会中主权国家与人类共同体的关系要以国家为中心。以个人为参照系的国家主义……推崇国家理性，认为国家有独自的利益，为了追求和维护国家的利益，国家（或国家的代表）可以采取任何手段、形式。国家的权威是毋庸置疑的，它拥有全面的、最高的权力。以全球为参照系的国家主义是国际政治意义上的国家主义，这种国家主义是由《威斯特伐利亚和约》所奠定的。威斯特伐利亚体系不仅是近代国际关系史上第一个国际体系，也是国际关系史上第一次以条约的形式肯定国家主义的国际体系，从而使国家主义具有了某种法律的意义”。②

在坚持这一范式的学者和实践者看来，否定国家在全球治理中的主导作用，无异是一种幼稚的、无视现实世界的乌托邦主义幻想。但是，只要

---

① 蔡拓、杨雪冬、吴志成主编：《全球治理概论》，北京：北京大学出版社 2016 年版，第 432 页。

② 蔡拓、杨雪冬、吴志成主编：《全球治理概论》，北京：北京大学出版社 2016 年版，第 59 页。

仍然坚持国家主义的范式和导向，任何全球治理都无从谈起，所有对全球问题的关注和解决都建立在实现自身国家利益为目的之上，这将导致个体利益高于全人类利益，共同利益难以形成和难以实现，“搭便车”行为普遍，全球公共产品供给严重不足，这对全球治理的有效实现是毁灭性的打击。但是，无论如何都不能否认当前全球治理中国家仍然扮演了异常重要的角色，扮演重要角色的国家是可以采用全球主义范式而非国家主义范式来进行思考和行动的。

第三，跨国主义范式。跨国主义范式被认为是全球治理理论的新近发展，其理论基点是跨国的行动主义，“一般而言，跨国的行动主义被认为是一系列的动员过程，这一过程往往涉及跨国或者全球性的议题，通过多国的参与者形成集体目标。并旨在实现多国政府、国际政府间组织或者是其他国际行为体的目标。跨国的行动主义是应对国际权力机构发生的变化和国际规范的新发展而产生的新的全球治理思路”。[①]

“跨国的行动主义”的理论内涵包括了以下几个方面：第一，认定当代国际关系已经远非国家间的关系，必须在全球政治的框架内，研究各种国际关系行为体的交互作用。第二，自觉认同主权的相对性，探究全球化时代主权的要旨和新的表现形态。第三，按照民主化的原则改造国际组织，强化国际机制。逐步淡化国际组织与国际机制中的国家本位主义，赋予地方共同体、社区直至公民个人更多的选择自由，在此基础上重构国际组织与国际机制，强化国际法、国际机构的作用。第四，尊重和认可民族国家在国际体系中的独特地位，同时尊重国际体系中多元化行为体的力量。第五，认识到新形势下的国际合作或者制度形态开始发生深刻的变化，全球治理的合作模式也更加多样化，“意愿者联盟”、非正式制度安排、伙伴关系等不断发展。[②]

跨国主义范式，作为全球主义范式暂时在现实中面临诸多困境前提下的一种替代选择，有效规避了国家主义范式对于全球主义范式的冲击，是

① 蔡拓、杨雪冬、吴志成主编：《全球治理概论》，北京：北京大学出版社 2016 年版，第 62—63 页。

② 蔡拓、杨雪冬、吴志成主编：《全球治理概论》，北京：北京大学出版社 2016 年版，第 63 页。

当前最有吸引力、但发展相对缓慢的全球治理理论，目前来看，影响力十分有限。同时，跨国主义作为一个在全球主义和国家主义之间折中的范式，并没有特别明细的界限，在一定程度上兼具两种范式的缺陷，这也是跨国主义迄今发展十分缓慢的重要原因。同时跨国主义仍然不能代替全球主义作为全球治理的研究起点，区域性的联合一定程度上是全球治理的阻碍，而非推进力量。“全球治理到底立足于国家主义、国际主义还是全球主义，这个尖锐的问题必须厘清，不能含糊，也不能回避。全球治理是时代的产物，是对人类社会面临的新问题、新走向的积极回应。当代人类社会生活的全球相互依存，已经开始把全球现象、全球问题、全球价值等新元素融入世界历史，人类已不可能再局限于领土国家之内应对生存挑战，推动社会进步，实现可持续发展。因此，传统的国家主义、国际主义不可能作为全球治理的价值基点。国家主义和国际主义对国家的崇拜、对中心的崇拜，对权力的崇拜根本无法适应全球化时代所面临的复杂、多元、多层次并相互交织的人类公共事务，而且植根于国家主义价值的各种制度、规范与组织，在全球性的公共事务面前也大都丧失了效用和行动力。毫无疑问，只有全球主义才是全球治理的价值基点。……全球治理的理论精髓正是全球主义在全球治理中的体现，反映了全球主义的价值追求和理念。”① 当然，无论如何都不能否认当前全球治理中国家仍然扮演了异常重要的角色，扮演重要角色的国家是可以采用全球主义范式而非国家主义范式来进行思考和行动的。

因此，全球主义是全球治理的应有价值基点，并不意味着当前需要激进地全然采用全球主义的全球治理方案。全球主义范式带有太多的理想色彩，在当年逆全球化潮流风起云涌的时刻，否认国家在全球治理中的现实作用，优质而可笑。当前比较现实的考虑，一方面需要全球和全人类逐步摒弃国家主义、国际主义的观念，逐步接受全球主义的范式；另一方面要充分认识国家仍然在全球治理中扮演重要的现实角色，需要现实地将全球主义与国家主义相结合，进一步在更大的范围内拓展跨国主义，使得跨国主义在当前成为推进全球治理的重要力量。从这个意义上说，最终真正的

① 蔡拓、杨雪冬、吴志成主编：《全球治理概论》，北京：北京大学出版社 2016 年版，第 431—432 页。

全球治理的实现，实际上有赖于全人类观念的变化，“不过不能跳出现实主义的思维，摆脱国家主义的束缚，始终坚持国家自利性至上的立场，视实现和维护国家利益和权力为第一要义，为参与全球治理的第一原则，那么，和谐的全球治理将永远是一句空话”，全球治理“呼唤一场价值革命、理念革命”。[①]

① 蔡拓、杨雪冬、吴志成主编：《全球治理概论》，北京：北京大学出版社 2016 年版，第 441 页。

第三章

全球安全治理*

安全治理是全球治理的重要组成部分，但是由于安全的泛化和治理维度的模糊，安全治理的概念存在着不同的争议。就全球安全治理而言，涉及的安全问题既包括传统安全，也包括非传统安全。就传统安全治理而言，核安全治理是全球安全治理的一个难题，而冲突后治理则是安全治理的一个全新领域。

一、全球安全治理：概念与内涵

（一）安全与安全治理

安全是国际政治的一个核心概念，也是所有政治与社会生活中的一种基本价值。安全在任何时候、对任何国际行为体而言都是参与国际交往的基本条件与首要目标。因此，长期以来，安全问题是国际政治研究的最重要内容之一。

冷战结束后，安全问题出现了泛化的趋势。传统的国际安全开始让位于新兴的非传统安全研究，政治、经济、金融等问题纷纷与安全嫁接，甚至环境、粮食、水资源等等问题也安全研究的热点。在当今全球化和信息化日益发展的时代，安全是一个具有广义内涵的概念，它既分为传统安全（政治安全、军事安全）和非传统安全（经济安全、金融安全、环境安全、

---

* 本章作者：江涛。

宗教冲突、恐怖主义、能源安全等)，也分为硬安全（军事对抗）和软安全（制度和规范）之争。[①]

近些年来，安全问题不断地有新的思想和研究视角涌现，而安全治理(security governance) 就是其中的新理念之一。

由于研究的视角不同，不同学者对安全治理的定义存在着明显的差异。马克·韦伯等人认为，当应用于欧洲安全问题时，治理意味着多层次的不同权威对议题的协调管理和规制，公共和私人部门行为体的干预，正式和非正式的安排，而这些又受到话语和规范的约束，并且其目标是指向特定的政策结果的。[②] 而埃米尔·科什纳则指出安全治理可以被界定为一种国际规则体系，其涉及多种不同权威针对议题的协调、管理和规制，公共和私人部门的干预，正式和非正式的安排；并且，其目标是指向特定的政策结果的。[③]

中国学者李东燕等和丹麦学者李形等人认为，安全治理尤其是国际安全治理是治理的一部分，全球安全治理是全球治理中安全领域的治理，可以理解为全球不同行为体处理和解决全球安全问题的综合方式与过程。[④]

厦门大学的王伟光比较系统地考察了安全治理的概念，他指出，安全治理这个术语由安全和治理这两个词构成。安全治理的涵义是由安全和治理这两个维度的涵义规定的，而安全维度上又可分为传统安全和非传统安全，治理维度可以分为统治（或强调国家/军事的作用）和治理（或强调非国家行为体/非军事的作用）两类，那么，安全治理的涵义或者其适用的区域如下表 3.1。

---

① 李形、彭博：《中国崛起与全球安全治理转型》，载《国际安全研究》，2016 年第 3 期，第 53 页。

② Mark Webber, Stuart Croft, Jolyon Howorth, Terry Terriff, and Elke Drahmann. 2004. "The Governance of European Security." *Review of International Studies* 30 (1): 3 – 26.

③ Emil J. Kirchner, "Regional and Global Security", in Emil J. Kirchner and James Sperling, eds., *Global Security Governance: Competing Perceptions of Security in the 21st Century*, London: Routledge, 2007, pp. 3 – 29.

④ 李东燕：《全球安全治理与中国的选择》，载《世界经济与政治》，2013 年第 4 期，第 41—42 页。李形、彭博：《中国崛起与全球安全治理转型》，载《国际安全研究》，2016 年第 3 期，第 52 页。

表 3.1 安全治理概念

		治理维度	
		统治（或国家/军事）	治理（或非国家/非军事）
安全维度	传统安全	A	B
	非传统安全	C	D

资料来源：王伟光：《把治理引入国家安全领域——安全治理研究评价》，载《国际关系研究》，2014 年第 1 期，第 20 页。

广义的安全治理可能涵盖 A、B、C、D 四个区域。当然，有的学者在使用安全治理这个概念时，所指主要包括 A 区域。①

笔者认为，安全治理的初衷是将治理应用于安全问题研究，因此，安全治理可以理解为安全治理是全球治理中安全领域的治理。与此同时，由于安全研究的泛化和对治理概念的不同解读，安全治理可以扩展到王伟光所定义的包括 A、B、C、D 四个区域。安全治理可以界定为由国家或者非国家行为体就特定的安全议题，通过正式的国际机制或者是非正式的安排，进行政策协调、战略共管和安全合作等活动的综合。有时候，该术语也用于某一个特定的安全研究领域并被赋予特定的含义。

（二）全球安全治理及其内涵②

根据中国学者李东燕的研究，全球安全治理可以理解为全球不同行为体处理和解决全球安全问题的综合方式与过程。一般说来，全球安全治理主要涉及三个方面：第一，是定义全球安全问题，即全球安全面临的威胁与挑战。第二，是全球安全治理的机制和制度安排层面，包括有关原则、规范及法律、法规的建立以及采取的相应战略、决策和行动。第三，政府、国际组织、多边集团、非政府组织、商业企业部门及大众媒体等不同

① 王伟光：《把治理引入国家安全领域——安全治理研究评介》，载《国际关系研究》，2014 年第 1 期，第 18—20 页。

② 李东燕：《全球安全治理与中国的选择》，载《世界经济与政治》，2013 年第 4 期，第 40—48 页。

行为体都是全球安全治理的相关者和参与者。①

全球安全治理所涉及的安全问题既包括传统安全，也包括非传统安全。我们可以根据不同领域的安全问题将全球安全治理划分为核心安全治理与大安全治理，核心安全问题的治理称为“核心安全治理”，包括核心安全问题在内的所有安全相关问题的治理统称为“大安全治理”。经济、金融、环境、能源、粮食等领域的安全问题是全球安全治理的重要内容，但这类问题一般有相对独立的治理机制和体系，可以将其划归大安全治理范围。

全球安全治理针对的核心安全问题仍然是那些传统的、典型的安全问题，这类问题直接或间接地威胁到国际和平与安全，是由联合国安理会或区域组织安全与防务机构、国家安全部门、国防部门重点负责的安全问题如对主权国家安全的威胁、国家间军事冲突、地区性武装冲突等也包括军备竞赛、武器扩散等密切相关的问题，《联合国宪章》第七章所针对的安全问题。此外，特定情况下，国内冲突的升级也有可能成为核心安全关注的对象。尽管国际社会在人道主义干预、保护责任干预问题上仍然存在争议，但已经将其视为适用于《联合国宪章》第七章内容的安全类问题。因此联合国“保护责任”所涉及的灭绝种族、战争罪、族裔清洗及危害人类罪等也成为全球安全治理的重要内容。

表 3.2　安全问题分类

类型	内容
国际和平与安全类问题	军事入侵、地区冲突、国际冲突、战争以及国土安全、地区安全、周边安全、边界冲突、领土争端等
国内和平与安全问题	对地区安全、国际安全构成影响的国内武装冲突、动乱、暴力事件、内战等
人道主义类安全问题	因国内政治、社会、自然因素引发的人道主义灾难，与保护责任相关的安全问题，包括冲突中的儿童保护、妇女安全、平民保护、难民安置等

① 李东燕：《全球安全治理与中国的选择》，载《世界经济与政治》，2013 年第 4 期，第 41—42 页。

续表

类型	内容
军备竞赛与武器控制	因军备竞赛、武器扩散类问题导致的安全隐患
跨国犯罪类问题	恐怖活动、毒品犯罪、海盗、非法移民、拐卖人口、非法武器交易等
国际公共领域安全	公共河流、太空、海洋、南极等全球公共领域的环境保护、安全维护、冲突与纠纷解决等
全球安全问题	生态环境安全、金融安全、能源安全、粮食安全、食品安全、流行性传染病、难民及移民问题、水资源问题等

资料来源：李东燕：《全球安全治理与中国的选择》，载《世界经济与政治》，2013 年第 4 期，第 44 页。

全球安全治理体系是一个多边、多层次、多行为体的治理网络。从联合国组织（包括联合国附属机构、专门机构、相关机构）到各区域组织、非正式集团组织以及与安全相关的非政府组织、研究机构、媒体、企业商业部门等，都是构成目前全球安全治理体系的组成部分。在这个多层的治理体系中，联合国组织在全球安全治理中的发挥着主导作用，区域和次区域组织在全球安全治理中的作用日益扩大，而非正式集团的作用不可忽视，非政府组织、民间社会力量、商业企业等其他部门也是综合安全治理的重要行为主体。

共同的价值原则和全球法治是全球治理支持者强调的重要方面。全球治理委员会报告开宗明义地强调了全球价值、全球法治的重要性，提出“全球价值必须是全球治理的基石”，“公认的价值和行为准则”对“确立有效合法的全球治理方式”已经变得“空前必要和不可缺少了”。对全球安全治理而言，现有的《联合国宪章》及会员国签署的一系列具有国际法意义的文件、包括联合国提出的关于国际关系的基本共同价值原则，都是全球安全治理的共同原则和国际法依据。当然，正是在这一层面，也反映出更多的分歧和冲突，包括发达国家与发展中国家之间的分歧，大国与小国之间的分歧以及不同政治文化之间的分歧。

与环境、金融等领域的全球治理途径和手段显然不同，安全领域的治理关系到战争、武装冲突的预防与解决。全球安全治理也与传统的集体安全方式有所不同。安全治理比传统的集体安全更广泛、更包容，强调多行为体参与，而且超越了传统的主权国家间合作框架。非政府组织、次国家行为体、民间社会组织、跨国公司等都可成为安全治理的参与者。安全治理强调以政治、法律、经济、社会、文化、教育等非军事、综合性方式来治理安全问题，裁减军备、控制武器交易与核不扩散、培养非暴力文化、和平教育、文明对话、民主法制建设、善政等都被视为安全治理的手段和方式。①

二、核武器与全球安全治理

人类维护自身安全离不开武器，自从人类诞生以来，其使用的武器有过三次质的飞跃：冷兵器——热兵器——核武器。而核武器的诞生，使得人类正式进入核武器时代，即大规模杀伤性武器时代。

所谓大规模杀伤性武器，是与常规武器比较而言的。大规模杀伤性武器，其杀伤空间和杀伤能力对环境甚至对整个地球、宇宙都会产生巨大的破坏力，这是常规武器所不可及的。1945 年，美国投在日本广岛、长崎的原子弹，导致了至少 40 万人伤亡，使两个中型城市毁于瞬间。美国之后，苏联、英国、法国和中国相继进行了核武器试爆，成为核大国。五个核大国后，加入核俱乐部的国家有印度、巴基斯坦、以色列和朝鲜等，而日本则被认为是准核国家，具有极强的核潜力。除了国际行为体外，随着人类核技术的发展和核武器的小型化，一些非国家行为体如恐怖组织也极有可能通过各种途径获得和拥有核武器。

（一）《不扩散核武器条约》及其作用

自从核武器诞生以来，国际社会就开始为防止核武器扩散进行不懈努力，力图建立国际核不扩散机制。国际核不扩散机制主要国际条约、制度和组织所构成，但是也涉及核供应国的出口控制规定和机构。在国际核不

① 李东燕：《全球安全治理与中国的选择》，载《世界经济与政治》，2013 年第 4 期，第 44—48 页。

扩散机制中，《不扩散核武器条约》（NPT）是国际军控领域最普遍遵守的条约。《不扩散核武器条约》1968 年开放供签署，1970 年正式生效。该条约有 11 条规定，主要内容是：核国家保证不直接或间接地把核武器转让给非核国家，不援助非核国家制造核武器；非核国家保证不制造核武器，不直接或间接地接受其他国家的核武器转让，不寻求或接受制造核武器的援助，也不向别国提供这种援助；停止核军备竞赛，推动核裁军；把和平核设施置于国际原子能机构的国际保障之下，并在和平使用核能方面提供技术合作。目前，条约缔约国共有 190 个。但是以色列、印度、巴基斯坦和朝鲜等国家没有签署。①

根据《不扩散核武器条约》第八条第三款，在条约生效后，每五年要举行一次审议会来审查条约的实施情况，“以保证本条约序言的宗旨和本条约的各项条款正在得到实现”。从 1975 年到 2015 年，缔约国先后召开了九次审议会议。

在历次的审议会议中，其中最为重要的是 1995 年的第五次会议及其延长会议。因为根据条约第十条第二款的规定，“本条约生效后二十五年应举行一次会议，以决定本条约是否应无限期地继续有效或应延长一段确定的时期。”在 1995 年的会议上，经过各方共同努力，第五次会议最终通过了“加强《不扩散核武器条约》的审议过程”、核不扩散和裁军的原则及目标”、“延长《不扩散核武器条约》”的三个决定和关于中东问题的决议，确保了《不扩散核武器条约》的无限期延长。②

2015 年 4 月 27 日至 5 月 22 日，不扩散核武器条约缔约国在美国纽约联合国总部举行 2015 年审议大会。在为期四周的会议中，190 个缔约国对《不扩散核武器条约》执行情况进行了全面审议，并就下一步工作方向和重点进行了深入讨论。各方均高度评价《不扩散核武器条约》对维护国际和平、安全与稳定所做出的重要贡献，支持全面推进《不扩散核武器条约》所确立的核裁军、核不扩散与和平利用核能三大目标，不断提高《不

---

① 《不扩散核武器条约》（正文），联合国网站，http：//www. un. org/zh/conf/npt/2015/text. shtml。

② 梁长平：《国际核不扩散机制的遵约研究》，天津：天津人民出版社 2016 年版，第 48—51 页。

扩散核武器条约》的普遍性、权威性和有效性。但由于有关国家在建立中东无核及其他大规模杀伤性武器区问题上仍存在较大分歧，会议最终未能达成协商一致的成果文件。

要用历史的辩证的方法来看待《不扩散核武器条约》的作用。一方面，《不扩散核武器条约》的实施对防扩散起到积极的作用。在体系内无（横向）扩散，缔约国没有出现新的核武器国家；核扩散主要发生在非缔约国；体系内核扩散的危险得到有效的控制；核不扩散体系的物理空间扩大，地球上禁止核武器的地理范围越来越广。①

与此同时，《不扩散核武器条约》也面临着多重困境和危机。2000 年以来，《不扩散核武器条约》审议大会和历届筹备会议基本均以失败告终，说明条约成员国在防止核武器扩散、促进和平利用核技术以及推进核裁军三大基本议题上的分歧已经影响到了缔约方对条约的信心。多年来，普遍存在核扩散和核裁军问题利益相关方把多个问题相互挂钩的现象，大部分无核武器国家把核武器国家的核裁军与条约的终极意义相挂钩。②

（二）核安全及其治理

近年来，特别是“9・11”事件后，另一个与核扩散相关的重要问题即核安全问题日益突出，并引发了国际社会的广泛关注。

核安全目前在学术界并没有一个统一的定义。各种学术文章中所提到的“核安全”内涵也各不相同，概括来说，目前国际社会对核安全的界定有广义和狭义两种。从广义上来说，核安全是指客观上免于遭受核威胁、主观上消除核恐惧的状态以及为实现这一目的而采取的措施。从这一定义来看，核安全的内涵非常广泛，它包括核军控和裁军、防止核扩散、防范核恐怖主义、和平利用核能、防止核意外等一切与核相关的安全问题。从狭义上来看，核安全特指核材料、核设施等的安全。

从上述两大核安全定义来看，目前国际社会对核安全的具体内涵尚未达成一致。一方面，防止核武器扩散一直是国际社会关注的重大安全问

① 张贵洪：《国际核不扩散体系面临的挑战及发展趋势——兼评不扩散核武器条约 2010 年审议会议前景》，载《国际观察》，2009 年第 6 期，第 31—32 页。

② 王君：《核不扩散条约的困境及应对》，载《当代亚太》，2009 年第 3 期，第 109—118 页。

题；另一方面，近年来出现的一个新热点是确保核材料、核设施、和平利用核能的安全以及防范核恐怖主义，即狭义上的核安全。①

在防范核事故风险及保证核材料、设施安全领域，国际社会已经形成了一定的国内治理责任与国际协调合作机制。就核材料安全机制方面，主要包括三大要素：一个国家国内管理安全的规章制度、国际协议和机制以及联合国安理会通过的决议以及各国自愿同意参与的特别合作机制。具体说来，主要的国际公约和机制包括《国际公约和机制包括核材料物理保护公约》（CPPNM）及其修正案、《制止核恐怖主义行为国际公约》（IC-SANT）、联合国安理会 1373、1540 和 1887 决议以及国际原子能机构的一系列文件和指令。各国自愿同意参与的特别合作机制则包括合作减少威胁（CTR）和相关的美国计划、八国集团（G8）全球伙伴关系、全球打击核恐怖主义行动（GICNT）、扩散安全倡议以及世界核安全研究所等。

冷战后，为了确保苏联遗留下的大量核材料及核设施的安全，美国发起“合作减少威胁”计划，与俄罗斯在打击核走私与核安全方面加强了合作。“9·11”事件之后，为了防止恐怖主义组织获取核武器，小布什政府向全世界提出“防扩散安全倡议”，要求建立“全球反扩散联盟”。2004 年，美国又提出“减少全球威胁倡议”。2006 年，美国与俄罗斯共同提出“打击核恐怖主义全球倡议”，试图凝聚世界五大有核国家力量应对核恐怖主义威胁。奥巴马总统上台后，2009 年 4 月 5 日在捷克首都布拉格发表讲话，阐述美国“致力于一个无核世界的和平与安全”，提出由美国主办一个核安全峰会，并拟在随后四年切实加强全球核材料的安全。

2010 年 4 月 13 日，首届核安全峰会在华盛顿举行。会议发表了公报和工作计划，承诺通过负责任的国家行动和持续有效的国际合作以及强有力的安全措施来减少核恐怖主义威胁。

2012 年 3 月 27 日，第二届核安全峰会在韩国首尔举行，峰会的主题是加强核材料和核设施安全。会议通过了《首尔公报》，内容涉及全球核安全体系、国际原子能机构作用、核材料、放射源、核安全与核能安全、运输安全、防止不法交易、核检查、核安全文化、情报安全、国际合作等

① 梁长平：《全球安全治理视野下的核安全》，载《阿拉伯世界研究》，2013 年第 3 期。

11 个领域，共提出了 13 项非约束力承诺或鼓励措施。53 个国家和 4 个国际组织领导人或代表与会。

2014 年 3 月 24 日，第三届核安全峰会将在荷兰举行。峰会以“加强核安全、防范核恐怖主义”为主题，53 国领导人或代表应邀与会。会议最后通过了《海牙公报》，内容涉及全球核安全体系、国际原子能机构作用、核材料、放射源、核安全与核能安全、运输安全、打击非法贩运、核分析鉴定、信息安全、国际合作等 10 余个领域，共提出 6 项非约束力的承诺或鼓励措施。

2016 年 3 月 31 日至 4 月 1 日，第四届核安全峰会在华盛顿召开。50 多个国家和国际组织的领导人应邀出席。会议通过 2016 年核安全峰会公报。公报强调，与会各国致力于通过减少核恐怖主义威胁并加强核安全以营造和平稳定的国际环境。

从 2010 年开始到 2016 年，核安全峰会共办了四届，它推动国际社会在应对核安全的重要性与紧迫性问题上凝聚了共识。在首届核安全峰会以来，有超过 50 个国家领导人通过峰会议程共同致力于防范核恐怖主义、打击核走私以及增强核安保。在过去的三届峰会上，峰会的参与国做出了 260 多项国家承诺，其中有近 3/4 的承诺已经在执行中。

在核安全峰会的推动下，国际社会得以设定核安全领域的工作重点，持续丰富核安全国际合作议程的内容，并推动各国不断围绕核安全工作重点切实提升核安全；核安全峰会推动了核安全全球治理的规则制定与制度建设。长期以来，国际社会缺乏系统性地应对核安全治理问题的规则与制度。但通过四届核安全峰会，核安全领域的重要国际文件得以进一步作为国际社会共同遵守的规则而得到普遍化。核安全全球治理初步形成了国际公约、多边国际合作以及国家承诺的多层次国际合作结构。①

核安全峰会的基本设定是严格管控可以制造核武器的核材料，因为在掌握核科学原理的门槛已经大为下降、国际行为角色多元化的今天，掐断核材料供应犹如釜底抽薪，可以成为防止核武器扩散的有效途径。由此可见，核安全峰会的理论构想可谓非常专业，但是其在实践中的效用却不能估计过高。美国曾经提出的核安全峰会的目标是在四年内确保所有易流失

---

① 蒋翊民、孙向丽：《核安全峰会与核安全全球治理》，载《国际安全研究》，2016 年第 3 期，第 137—142 页。

核材料的安全，但是8年过去了，这一目标仍未完全实现。核安全峰会将特别将防止核恐怖主义列为重要议题，但是大部分发展中国家并没有将核恐怖主义作为其国家安全议程的重中之重。这些国家只能把有限的人力财力分配到核安全工作上。

更为重要的是，核安全峰会是一个非正式的国际机制，在峰会上形成的文件不具有国际法效力，各国对于维护核及其他放射性材料的安全负有根本的责任，峰会上的承诺均建立在自愿的基础之上。

当前，国际社会在全球核安全治理方面需要新思路、新动力和新共识。

首先，全球核安全治理机制应该超越“大国主导”模式，探索更加均衡、更加民主的管理方式。冷战结束以来，时代主题和全球力量格局发生了比较重大的变化，无核武器国家和发展中国家在全球核事务中表现出越来越积极的姿态。在此背景下，核武器国家应该更加充分地考虑和吸收无核武器国家和发展中国家的代表性意见，以使全球核安全治理拥有更具共识的议事日程。

其次，全球核安全治理应该更加注重发展议题。虽然防止核武器扩散涉及国际和平和安全，但这不应该成为剥夺发展中国家和平利用核能权利的借口。国际社会应该通过进一步提升核安全保障能力来降低和平利用核能中的风险。为此，提升发展议题在全球核安全治理中的地位就变得十分重要。

再次，全球核安全治理还应该与区域核安全治理相衔接。全球的核安全离不开每一个区域的安全。中国作为东亚地区的重要国家，不仅要有全球眼光，同时也要有地区意识，要努力为东亚地区搭建一个比较可靠的核安全治理环境。①

三、冲突后安全治理：利比亚冲突及其治理

战争与和平的关系问题是国际社会关注的永恒主题。避免战争、保证

---

① 吴莼思：《全球核安全治理机制：未来在何方?》，载《当代世界》，2016年第3期，第12—13页。

国际安全与和平是国际社会的首要目标，而战争是对国际安全的最大威胁，也是影响国际安全的最大要素。冷战结束后，国际格局发生了重大变化，世界大战爆发的可能性大大降低，但国际社会并不太平。国际冲突数量急剧上升，而且在相当长的时间段里，内部冲突比例显著提高。无论是国家间的冲突还是国内冲突，在冲突结束之后，安全重建都是实现和平不可或缺的先决条件。

由于经历冲突之后的国家通常都会面临一系列安全挑战，很多挑战都根源于国家失去了对合法使用武力的控制，因此，学者们普遍认同后冲突背景下的一个国家或者地区内部的安全治理已经成为安全治理研究的重要内容和指向。① 长期研究冲突和军控问题的学者艾伦·布莱登（Alan Bryden）强调，必须重视冲突后的安全问题。20 世纪 90 年代初期，冲突后干涉重点强调经济和社会重建，而提高国家提供安全的能力的任务经常被忽视了。但是如果和平要得到持续，必须要解决国家和人民的安全关切，也必须将安全摆在与政治和经济同样重要的位置。②

尽管有不同的安全治理路径，但是对于经历了外部干涉和内部冲突的国家来说，目前得到公认的、并且已经得到广泛实践应对安全困境问题的治理主要思路有两个：一个是安全部门改革（SSR），另一个是解除武装、复员和重返社会（DDR）。

安全部门改革是 20 世纪 90 年代提出的概念，其鼓吹者主要是一些安全部门的专家和致力于发展和民主转型的人士。最早安全部门改革的目标是在民主治理的框架内对国家和个人安全的有效保障。③ 经合组织给出的定义是整个安全系统（包括所有行为体以其角色、责任和行为）的转型，④ 而联合国对安全部门改革的定义是“在国家当局主导下进行的评估、审查

---

① Alan Bryden, Timothy Donais and Heiner Hanggi, “Shaping a Security Governance Agenda in Post-Conflict Peacebuilding”, *Policy Paper* No. 11, Geneva Center for the Democratic Control of Armed Forces, November, 2005.

② Alan Bryden, Heiner Hänggi, *Security Governance in Post-conflict Peacebuilding*, LIT Verlag, 2005, p. 4.

③ Alan Bryden, Heiner Hänggi, *Reform and Reconstruction of the Security Sector*, LIT Verlag, 2004, p. 3.

④ Organisation for Economic Co-operation and Development, “Security System Reform and Governance”, *A DAC Reference Document*. Paris: OECD, 2005, p. 20.

和实施工作以及监测和评价工作，其目的是在不歧视和充分尊重人权和法治的情况下，有效和负责地加强国家和人民的安全”。①

换句话说，安全部门改革的思路是一个失效的、效率低下的、弱治理的安全部门构成安全和发展的主要障碍。安全部门改革主要是指在民主治理的框架下，旨在促进国家和个人安全得到有效保障的一系列活动。② 安全部门改革涉及多个行为体，其中包括国际组织、政府、网络、公民社会和专业人士。在冲突后背景下，对国家安保部门进行改革是关键。在这些情况下，让人民感到安全、有保障，以及在国家及其人民之间重建信任对持久和平与发展而言至关重要。在其他背景下，安保部门改革甚至能够防止发生或再度陷入冲突或危机，它也是许多国家为应对新兴威胁或潜在内外压力而定期开展的一项工作。③

与安全部门改革一样，解除武装、复员和重返社会最早出现在20世纪八九十年代。作为管控从战争过渡到和平这一过渡时期的一种工具，最初它是国际组织（主要是联合国和世界银行）为了解决冲突发生之后的国家或地区面临的安全问题而开展的一系列活动。后来，该计划逐步扩展到更为广泛的司法和发展等各方面的问题。④

在联合国的维和中，解除武装、复员和重返社会已成为冲突后巩固和平的一个组成部分。解除武装是从战斗人员和一般平民手中收集、记录、控制和处置小型武器、弹药、爆炸物和轻重型武器的过程。复员是活跃的战斗人员正式地和受控制地脱离武装部队和团伙，其中包括一个为前战斗人员提供短期援助的“安插”阶段。重返社会是前战斗人员获得平民身份，并获得可持续的就业和收入的过程。这是一个没有期限的政治、社会

---

① Report of the Secretary-General on “Securing Peace and Development: the Role of the United Nations in Supporting Security Sector Reform”, 23 January 2008, S/2008/39, p. 17.

② Alan Bryden, Vincenza Scherrer, *Disarmament, Demobilization and Reintegration and Security Sector Reform*, LIT Verlag, 2012, p. 8.

③ 《安保部门改革》，联合国维持和平行动网站。http://www.un.org/zh/peacekeeping/issues/security.shtml。

④ The World Bank, *The Cartagena Contribution to Disarmament, Demobilization and Deintegration*, Washington: The World Bank, 2009, p. 15.

和经济过程，主要是在地方一级的社区中进行。[①] 先前的安全部门人员在复员或者重返社会后，必须接受全面的工作训练、教育、安置测试和必要的心理辅导，以便克服创伤经历。由于解除武装、复员和重返社会的过程是一个长期的过程，因此，外部捐助者必须提供持续的资金支持，从而确保整个过程的顺利进行。

对于解除武装、复员和重返社会与安全部门改革，人们已经普遍接受它们是解决冲突后安全治理困境的重要思路。不过，也有批评指出解除武装、复员和重返社会过于程式化，很难适应不断变化的现实环境，而安全部门改革缺乏全面的指导文件和评估机制。[②] 最重要的是，这两种治理思路的实际效果并不是那么令人满意。解除武装、复员和重返社会和安全部门改革的实施需要有一定的预设条件，比如一个相对能够发挥作用的政府、一个相当稳定的劳动力市场和最低限度的相互信任。而在实际环境中，很少有国家和地区能够完全达到这些条件。也就是说，这两种安全治理路径在理论和现实之间存在着不小的裂缝。

针对安全部门改革以及解除武装、复员和重返社会在理论与实践的落差，罗伯特·马噶跳出了传统的思维，提出了阶段解决该问题的方法：临时稳定措施（Interim Stabilisation Measures，ISM）。他认为这一措施特别适合开始签订和平协议到协议完全得到实施这一阶段，也就是冲突刚刚结束到初步的安全环境确立这段时期。

根据马噶的研究，临时稳定措施有很多种，其中最值得借鉴的有以下几种：一是民用服务团，这通常是由一部分个人组成的组织和机构，这些个人在自愿或者付费的基础上服务一段时期。二是军事一体化，按照法定的程序将非法定武装团体（如当地游击队、起义军和革命团体）融入到法定的安全框架（如国家警察、军队、后备军团）。三是过渡安全部队，将现存的武装部队转化为过渡时期的安全部队，以便防止出现真空。四是过

---

① 《解除武装、复员和重返社会》，联合国维持和平行动网站。http：//www. un. org/zh/peacekeeping/issues/ddr. shtml。

② Alan Bryden，Vincenza Scherrer，*Disarmament*，*demobilization and reintegration and security sector reform*，LIT Verlag，2012.

渡地方自治部队，允许在一定时期内在国家框架允许的情况先控制地方。①

2011 年 2 月，受中东和北非阿拉伯动荡的影响，以律师菲西·塔贝尔遭逮捕为诱因，利比亚多个城市爆发示威游行。在民众示威游行遭到当局镇压后，利比亚动荡局势迅速演变为内战。反政府武装在东部班加西成立“国家过渡委员会”，政府军和反政府武装在多个战略要地展开激战。2011 年 8 月，在北约的支援下，利比亚反对派武装攻入首都的黎波里，卡扎菲政权的统治终结，利比亚进入了冲突后的重建时代。

从 2011 年 9 月到 2013 年，利比亚的国家重建取得了有限的进展。利比亚的政治转型基本是按照当时利比亚过渡委员会公布的“路线图”来走的。2012 年，利比亚举行了国民议会的选举。2012 年 10 月，利比亚成立了以阿里·扎伊丹的新政府。这是利比亚政治重建中的重要事件和进步。与此同时，利比亚的经济重建也有一些起色。由于冲突期间利比亚的石油设施并未受到严重的破坏，其石油产量迅速得到恢复，很快恢复到了内战爆发前的每天 160 万桶。2012 年，利比亚进出口贸易基本恢复正常，GDP 为 817 亿美元，同比增长率 104%，人均 GDP 为 12700 美元。对外贸易总额 687.9 亿美元，其中进口 163.1 亿美元，出口 514.8 亿美元。②

2014 年以来，利比亚的转型进入了失序的混乱时期，国家日益陷入全面内战的边缘。利比亚的安全形势全面恶化。利比亚各种游击队和民兵组织不断壮大，冲突不断，日益脱离现有法律体系的监管，呈现出失控状态。利比亚的政治形势出现两极化。2014 年冲突爆发后，利比亚逐渐形成了两个对立的阵营：一方为国际承认的、位于利比亚东部城市图卜鲁格的世俗政府，由民选的利比亚国民代表大会与哈福特将军发动的“尊严”行动所支持；另一方为位于首都的黎波里的“伊斯兰政府”，由利比亚国民议会与参与“利比亚黎明”行动的宗教武装联军所支持。利比亚的经济受到严重影响，并有可能陷入长期衰退状态。2014 年，受油田及港口示威活动，利比亚原油产量已由正常水平的每天 160 万桶下降至不足 50 万桶，其

---

① Nat J Colletta, “Interim Stabilisation in Fragile Security Situations”, *Stability*, 1 (1), 2012. http: //www. stabilityjournal. org/article/download/sta. aa/2.

② 《利比亚宏观经济概况》，2014 年 7 月 13 日，中国驻利比亚经商参处网站，http: //ly. mofcom. gov. cn/article/ztdy/201407/20140700660249. shtml。

实际国民生产总值在 2013 年下降约 13.6% 以后，在 2014 年又下降了 24%。[①] 利比亚整个国家日益碎片化，有陷入失败国家的危险。利比亚不仅成立了两个政府、两个议会和两派力量，而且还夹杂着教俗权力之争、部落之争、地区之间争以及外部干预力量之争。

2015 年 12 月 17 日，在联合国利比亚支助特派团负责人马丁·科布勒的主持下，利比亚两个对立议会的部分代表和一些参与利比亚政治对话的独立人士在摩洛哥城市斯希拉特签署了《利比亚政治协议》。根据该协议，在利比亚政治对话中产生的 9 人总理委员会将承担组建民族团结政府的工作，由国际社会承认的利比亚国民代表大会作为立法机构，还将新成立国家委员会作为新政府的咨询机构。该协议规定，9 人总理委员会应在一个月内提名新政府组成名单。

2016 年 1 月 19 日，利比亚总理委员会宣布正式组建民族团结政府。总理委员会当天公布新政府 32 名部长的名单，资深政客法伊兹·萨拉杰出任总理。但是，截止到 2017 年 6 月，总理委员会多次提交的内阁名单和政府提案均被国民代表大会否决。目前，利比亚团结政府只能开展有限的活动。

利比亚当前的的重建困境是多方面造成的，而其中一个重要原因是利比亚在冲突后从未建立起一个真正的安全环境，并对地区乃至全球产生了外溢的影响。

首先，利比亚各种游击队和民兵组织不断壮大，冲突不断，日益脱离现有法律体系的监管，呈现出失控状态。在卡扎菲时代，尽管存在不少反政府势力，但在相当长时间内，利比亚政府通过庞大的官僚体制和高压政策基本上可以实现国家的稳定。然而，自从 2011 年 2 月利比亚国内冲突爆发后，一大批新的行为体出现在利比亚的军事和政治舞台，这其中就包括多得难以统计的武装团体，利比亚的国内局势变得错综复杂。在后卡扎菲时代，在国内冲突中不断崛起的游击队和民兵组织不仅在数量上急剧增加，其行为也日益失去监管。这些组织抢劫财物，设立关卡，私自逮捕和扣留犯罪嫌疑人，制造爆炸事件，占领机场和油田，走私武器，贩卖军

---

① The World Bank, "Libya Overview", Sep. 30, 2015. http://www.worldbank.org/en/country/libya/overview.

火，袭击警察和军队，最后发展到公然围攻政府机构，绑架包括利比亚总理在内的政府官员，迫使政府做出让步等。总之，利比亚民兵组织似乎可以无法无天，为所欲为。

客观地讲，这些游击队具有两面性：一方面，这些游击队的存在有很强的合理性，已经并且仍在发挥重要的维稳作用。尽管这些武装组织鱼龙混杂，但在反对卡扎菲的内战中发挥了重要作用，尤其是来自米苏拉塔、津坦和班加西等地的游击队。在冲突结束后，由于没有警察和军队愿意或者被使用来维护冲突后的安全环境，过渡委和利比亚临时宪政当局又拒绝任何外国支持，于是利比亚出现了安全真空，这只能靠互助组织、游击队、革命旅甚至是武装劫匪来填补。在可预见的将来，利比亚执政当局安全治理能力依然虚弱，无暇顾及利比亚的各个城市和乡村，由游击队提供稳定的模式将延续下去。另一方面，在冲突后，许多游击队和武装组织无法或者不能约束其成员及其行为，使其越来越成为社会稳定和国家发展的毒瘤。更值得关注的是这些先前被认为是乌合之众的游击队已有不少向正规部队转变，开始采取类似政府运作和管理的形式。此外，随着利比亚政治重建步伐的加快，不少武装组织也开始介入利比亚政治的两极化，其负面性日益显现，彻底解决该问题的压力日益紧迫。①

其次，利比亚的安全机制存在着巨大的缺失，执政当局的强力部门无法为民众提供必要的安全保障。早在卡扎菲统治的时期，利比亚的安全部门就存在着碎片化、非集中化的特点。卡扎菲以军事政变起家，在他刚刚上台的时候，还是十分重视军队建设的，但当 1975 年革命指挥委员会两名成员发动政变的企图被挫败后，卡扎菲终止了建立一支强大的职业军队的设想，开始了军队的个性化和碎片化的进程，以便保护自身的安全。②1988 年 9 月，卡扎菲在“九月革命”19 周年纪念日宣布了废除国家正规军与警察的计划，取而代之以新的民兵组织。1991—1992 年，卡扎菲建议将全国分为 1500 个自治公社，每个公社负责自身的国防事宜。有观察家认为，卡扎菲的想法实际很简单，就是为了再一次将军队碎片化，降低未来

① Jason Pack，“In War's Wake. the Struggle for Post-Qadhafi Libya，” *Policy Focus*，No. 118，The Washington Institute for Near East Policy，February 2012.

② Dirk Vandewalle，*A History of Modern Libya*，New York：Cambridge University Press，2006.

军事政变的可能性。[1]

实际上，在进入21世纪之初，卡扎菲就已经构建了一个高度分裂的军事部门。军队没有统一的领导部门，每个部队对临时国防委员会负责，并最终向卡扎菲直接报告。这样，军队的各个单位既相对独立，又相互牵制。为了加强对军队的控制，卡扎菲还逐步将自己的部落成员和家族的成员安排到军队和安全部门担任要职，并且通过不断更换政府官员来确保其对自己的忠诚。由于安全部门的官员是根据种族和出身而不是根据能力获得升迁，因此武装部队整体上士气低下、缺乏凝聚力。更为严重的是，许多部队的装备严重过时，缺乏维护，还有一些部队仅仅是名义存在，先前估计约有7.6万人的武装部队，实际上只有2万人。[2]

在卡扎菲政权被推翻后，利比亚执政当局没有抓住有利时机，大力加强安全部门的建设。在重建的进程中，利比亚也曾经颁布了相关的法律，建立起了内政部和国防部等强力部门，名义上一度拥有了包括利比亚之盾和最高安全委员会等在内的准军事部队，但利比亚的安全部门依然严重失范。利比亚没有一支真正属于政府控制的全国统一的国防军和警察部队，无法为包括首都在内的主要城市提供最基本的安全保证，更缺乏一个清晰界定的重建和改革国家安全机构的政府计划。[3] 2016年，利比亚团结政府成立后，总理委员会5月9日签发第2号令，建立军警混编政府卫队，并且在打击伊斯兰国方面取得一定成绩，但是整体能力有限。

再次，利比亚的伊斯兰国势力受到重创，但是依然是利比亚安全治理的重大隐患。由于利比亚政治转型的失败、安全的缺失以及中央政府的虚弱，伊斯兰国借机迅速发展起来。从2012年起，伊斯兰国以德尔纳和利比亚东部为据点，迅速在利比亚进行扩张。2015年2月18日，“伊斯兰国”成功控制了利比亚北中部城市苏尔特及其附近的地区，并宣布建立的黎波里省。不久，“伊斯兰国”又夺取苏尔特周边的一些村庄和城镇，并控制了260公里的利比亚的海岸线。“伊斯兰国”在其宣传中声称，在的黎波

① 罗纳德·布鲁斯·圣约翰著，韩志斌译：《利比亚史》，上海：东方出版中心2011年版，第171页。

② Gaub，“Libya”.

③ 《秘书长关于联合国利比亚支助团的报告（S/2013/516）》，联合国网站，2013年9月5日，http：//www. un. org/zh/documents/view_ doc. asp？symbol = S/2013/516。

里、米苏拉塔、图卜鲁格、贝达、塞布拉塔和艾季达比耶开展的“军事和安全行动”，控制了“德尔纳和班加西社区，从布卡林至宾加瓦德的沿海区域和沿海城市。其中重要的城市包括苏尔特、艾米拉、哈拉瓦、乌姆齐达尔和纳法利亚”。

从 2015 年下半年开始，“伊斯兰国”将其目标转向利比亚石油基地和设施。2015 年 10 月到 2016 年 2 月，“伊斯兰国”几次试图接管或破坏锡德尔港和拉斯拉努夫港。锡德尔港是利比亚国内最大的石油终端，锡德尔港和拉斯拉努夫港每日出口共计 56 万桶原油，占利比亚日出口量的近一半。这两个地方因利比亚反对派武装干预，而关闭超过一年，但目前仍存放大量原油。[①] 为了使利比亚政府的统治更为虚弱，以便“伊斯兰国”进一步扩张，“伊斯兰国”在利比亚各地不断制造恐怖袭击。

根据不完全统计，从 2015 年 1 月到 2016 年 4 月，“伊斯兰国”制造的较大规模恐怖袭击有：2015 年 1 月对利比亚首都的黎波里克林西那酒店的袭击，1 月和 2 月对阿尔及利亚使馆和伊朗使馆的袭击，2 月杀害 21 名埃及科普特人，2 月 20 日利比亚东部城镇拱北的多起汽车炸弹袭击，4 月对韩国、摩洛哥和西班牙使馆的袭击，4 月 20 日处决试图偷渡欧洲的埃塞俄比亚基督徒，以及 2016 年 1 月对兹利坦警察训练中心袭击等。此外，“伊斯兰国”还对利比亚邻国发生的多起恐怖袭击负责。其中包括 2015 年 3 月 18 日突尼斯巴杜博物馆枪击案，7 月突尼斯旅游胜地苏塞 30 多名英国人遇害，2015 年 11 月 24 日对突尼斯总统卫队的袭击。

2016 年 5 月，利比亚团结政府组建卫队展开针对“伊斯兰国”的清剿行动。经过 8 个月的激战，12 月 17 日，利比亚民族团结政府宣布，被极端组织“伊斯兰国”占领的西部城市苏尔特获得解放。不过，虽然“伊斯兰国”在利比亚境内已不再拥有实际控制区，但这并不意味着这个极端组织在利比亚已彻底失败。如果利比亚各政治派别不能弥合分歧，达成和解，那么“伊斯兰国”仍有可能卷土重来，利比亚真正实现和平与稳定也将遥遥无期。

最后，利比亚的安全局势已经产生了重大的外溢效应，导致整个马格

---

① 张琪：《IS 新目标：利比亚石油》，载《中国能源报》，2016 年 1 月 11 日，第 6 版。

里布地区原有安全格局的失衡，并对整个北非和中东地区的稳定构成新的威胁。就人口和国土面积来说，利比亚是马格里布和北非地区的重要国家。在卡扎菲时代，利比亚始终保持着地区强势地位，尤其是在“九月革命”胜利后的第一个10年间，卡扎菲曾深度参与非洲事务。在“整个20世纪70年代，非洲成为利比亚外交与宣传革命理念的舞台，最终成为卡扎菲革命政权收获外交胜利的地方，其成果令人震惊”。[①] 正是基于地缘和政策的原因，利比亚对周边国家的影响很大。在卡扎菲政权被推翻后，整个马格里布和北非的安全结构发生了重大变化，失去了原有的平衡状态。从地区国家看，一些国家的政权动荡加剧。

一个典型事例就是2012年的马里危机。利比亚战争爆发后，大量卡扎菲招募的图阿雷格军人重返马里，使得马里北部的政治生态发生了巨大变化，直接导致了北部分裂主义运动的内部政治生态激变，刺激了马里和整个西部非洲的恐怖主义活动，使得马里安全局势日趋复杂，最后导致法国和其他国家出兵干预。从地区总体来看，暴恐事件显著增多，安全形势进一步恶化。原本安全形势较好的北非国家在利比亚战后多次发生暴恐事件，其中一些发生在利比亚与其邻国的边境地区，还有一些为恐怖分子在利比亚境内接受训练后进入邻国作案，迫使阿尔及利亚、突尼斯等国家一度关闭与利比亚的边境，并在边境地区加大警力。利比亚的近邻萨赫勒地区本就是安全问题的多发区，利比亚战争后，原本来自萨赫勒国家的雇佣军回流至母国，并带入大量武器，致使该地区的安全形势进一步恶化，暴力恐怖事件多发。

那么，如何打破目前利比亚的安全困境呢？根据以上三种安全治理的范式，结合利比亚当前的安全现实，要想打破困境，必须首先制定一个全面的利比亚安全治理的战略和路线图，其次是综合运用三种模式中最有效的措施有针对性地解决安全治理的“三失”问题，最后是做好各方的协调工作，共同推进利比亚的安全治理朝向不可逆转的趋势演变。

首先，集各方之力，制定出宏观且长期的利比亚安全治理路线图。必须承认，任何一个经历冲突的国家的重建都不是一件容易的事情。美国兰

---

① 罗纳德·布鲁斯·圣约翰著，韩志斌译：《利比亚史》，上海：东方出版中心2011年版，第157页。

德公司的一份研究表明，在一个人口约500万、人均GDP约500美元的国家进行重建，简单的维持和平行动约需要15亿美元，而复杂的缔造和平行动约需要150亿美元；国家重建要取得成功，至少需要5—7年。① 面对如此大的开支和如此长的耗时，战略规划的重要性不言而喻。尽管利比亚执政当局围绕重建的政治路线图较为清晰，但其安全重建的思路仍模糊不清，因此利比亚安全治理的当务之急是强化顶层设计，勾勒未来几年的治理路线图。这份路线图至少应该包括宏观的架构（安全部门评估、国家安全战略及主要政策）、安全与司法保证（国防改革、情报部门改革、边境安全改革、警察改革、司法改革等）、民事管理和民主监督、冲突后时代的相关活动以及期待解决的突出问题等。

其次，必须着力解决当前利比亚安全治理中的“三失”问题。

第一，针对不断壮大的游击队，应对其区别对待，创造条件，逐步解除武装。利比亚革命队伍至少可以分为四类：一是在东部和西部都存在的革命部队，如米苏拉塔、津坦和班加西等地。这些部队一开始是非正式巷战团体，但逐渐发展为甚至有能力攻击坦克的组织，它们已经建立了当地协调结构如军事委员会和革命者联盟，占所有游击队的75%—85%。二是不受监管的旅，是从当地的军事委员会和革命旅中分裂出来的，主要发挥社区功能。三是革命后武装，来源于被击败的卡扎菲部队，主要存在于支持卡扎菲的地区，如巴尼瓦利德和苏尔特等，其作用基本上是填补安全真空。四是包括有组织犯罪团体和极端分子在内的游击队。②

必须承认，不同的游击队有不同的利益需求，必须采取不同的策略加以应对。对于第三类、第四类原则上应该以打击为主，通过国家强力部门尽可能给予彻底铲除。而对于第一类、第二类游击队，可首先采取临时稳定措施，然后借鉴南非和科索沃的经验，给予一定时期的特殊安排，然后再按照解除武装、复员和重返社会和安全部门改革方法逐步消化。

第二，必须加强安全部门的制度建设，加快建立协调型的机构。在

---

① Dobbins James *et. al.*, *The Beginner's Guide to Nation-Building*, Santa Monica, California: RAND, 2007, p. 256.

② Brian Mc Quinn, "After the Fall: Libya's Evolving Armed Groups," *Working Paper of the Small Arms Survey*, 2012, http://www.smallarmssurvey.org/fileadmin/docs/F-Working-papers/SAS-WP12-After-the-Fall-Libya.pdf.

大规模的冲突或战争结束之后，该国稳定和安全的最大威胁是各类潜在冲突，既包括前政府残余力量发动的直接袭击，也包括新生利益集团的内部冲突，还有各种无法确定的流血事件，等等。换句话说，在重建过程中始终存在着一些力量，其行动与国家重建的目标并不一致。使冲突向协调转化的措施很多，在其他条件给定的情况下，其中最重要的因素是协调型制度或机制的存在。制度的关键功能是增进秩序，它是一套关于行为和事件的模式，具有系统性和随机性，因此是可以理解的。在社会动荡的地方，社会相互交往必然代价高昂，信任和合作也趋于瓦解，而作为经济福祉主要源泉的劳动分工则变得不可能。秩序鼓励着信赖和信任，并减少合作的成本。当秩序占据主导地位时，人们就可以预见未来，从而能更好地与他人合作。奥兰·杨（Oran Young）就认为，一项制度的存在，确定了行为关系的网络或模式，从而在人类生活中注入秩序和可预测的因素。①

当前，利比亚虽然已经初步确立了新的政治体制，但仍缺乏这一协调性的机构，利比亚执政当局应该考虑利用制定宪法这一契机，建立更为广泛的全国和解机构。此外，利比亚必须加快国家武装部队建设，组建特殊力量保护机构和个人（主要政府领导人和宗教领袖、关键文化部门和遗迹）、保护个人的财产、工厂和关键的建筑（机场、道路、桥梁医院、交通、银行、电厂），建立信息与情报的共享机制等。

第三，与利比亚重建相关的各重要外部行为体应发挥建设性作用，高度重视利比亚动荡的外溢效应，与利比亚当局密切合作，谋求地区局势的稳定。利比亚长期以来是大国博弈的重要场所，在 2011 年的利比亚内战中，外部力量扮演了重要的角色。在冲突后时代，也有多个行为体参与利比亚的重建工作。就安全治理方面来看，北约在 2013 年应利比亚政府请求考虑提供制度建设方面的帮助；联合国在利比亚支助团框架内建立了安全部门建议与协调部，为利比亚的国家安全建设、武器和弹药管理、警察、国防、边界安全以及解除武装、复员和重返社会等方面提供帮助；部分欧盟国家建立了包括安全部门发展在内的约 9500 万欧元对利比亚援助资金，

---

① 苏长和：《全球公共问题与国际合作：一种制度的分析》，上海：上海人民出版社 2000 版，第 83 页。

而美国也通过国际开发署提供超过500万美元的援助，用于利比亚政府的转型与全国和解，这笔援助将有相当部分用于名为“支持利比亚司法和安全部门”的项目。[①]

不过，当前利比亚政府和民众对外部行为体的介入态度正处于一种矛盾的态度。一方面，利比亚安全局势的恶化使得利比亚政府和民众希望得到外部行为体的更大帮助；另一方面，利比亚人对外国使馆和外国人的不断袭击，尤其是对美国大使的暗杀行为，又反映了当地人对外部干预的强烈反感。在这种情况下，外部行为体必须适应这一新的情况，适度调整介入策略，继续发挥建设性作用。鉴于在干预中充当急先锋的法国、英国、美国以及北约等西方国家和组织无意广泛介入利比亚的重建行动，阿拉伯国家联盟和非洲联盟没有足够力量和能力单独部署维和行动，由联合国主导，将联合国利比亚支助团升级为维持和平行动，建立类似应对马里危机那样的多层面综合稳定团将是一个优先选项。此外，对利比亚执政当局来说，应该进一步充实边界力量，考虑组建边界部队。作为过渡安排，可以开展与周边国家的边境联合执法，也可以聘请专业的保安公司承担边境保卫责任。对于周边的国家来说，召开有利比亚参加的地区协调会议十分必要，重启阿拉伯马格里布联盟，建立萨赫勒—撒哈拉国家协调机制也是优先选项。鉴于北非地区已经成为恐怖组织的重要策源地之一，利比亚当局还应该考虑如何与有关国家联合起来共同反恐。

最后，组建一个总理直接领导的综合协调机构，形成利比亚重建的合力。当前，参与利比亚重建的有国际组织和地区组织，有政府组织和非政府组织，有国家主体，也有个人行为体。尽管不同机构、部门和个人在国家重建过程中发挥着不同的功能，但历史经验表明，这些行为体的行动往往是单独进行的，缺乏协调。这样，加强介入国家重建各个行为体之间的联系，建立一支经验丰富、有实际操作能力的民事和军事队伍十分必要。因此，有必要根据具体情况，提供必要的资源，建立一个各方能够接受的

① Anni-Claudine Buelles, “Libya: Dealing with the Militias and Advancing Security Sector Reform,” *Primer Paper*, No. 1, Centre for Security Governance Seminar Primer Papers, November 2013, http://www.ssrresourcecentre.org/wp-content/uploads/2013/11/CSG-eSeminar-Primer-No.1-Libya.pdf.

协调机构，由其来执行评估、制定计划、提供监督和指导等任务，以便各利益方能够形成合力。

尽管利比亚的革命唤醒了长期被卡扎非压抑的多样化的地区和民族认同，但是未来没有任何一种力量包括地区主义、部落主义、恐怖主义能够主导利比亚，将利比亚撕裂。利比亚的国家认同非常难以定位，更多地依靠共同的血缘、习惯和风俗，而不是共同的机制和敌人，但是也具有很强的弹性，能够容纳和吸收足够的不同分歧。如果利比亚能够发展出一种制度，可以包容尽可能包容的不同，那么，利比亚的前途是光明的。在今后相当长的时间里，利比亚可能是一种不稳定的但是并非灾难性的情况。它依然是一个虚弱的国家，保持相当程度上的无政府状态。可能有一个非集权性的政治和官僚体系，但被迫保留“革命者”的利益。各方同时共存，和平共处，共同分享石油资源。①

① Peter Cole，Brian McQuinn，*The Libyan Revolution and Its Aftermath*，Oxford University Press，2015，p. 14、p. 28.

第四章

全球投资治理[*①]

自二战结束特别是冷战结束以来，国际直接投资[②]已成为世界经济增长和繁荣的主要驱动力量，国际直接投资的主要主体——跨国公司成为经济全球化的主要组织载体和推动者。与此同时，跨国公司在经营活动中也引发了一系列经济、政治、社会和环境等问题，其中很多问题演化为全球性问题。在经济全球化与全球性问题共同演进的过程中，对国际直接投资的全球治理，即“全球投资治理”[③]，亦随之发展变化。

全球投资治理是指规范国际直接投资的全球、区域/跨区域、双边、国家等层面的治理体制和相关主体进行的形成、制定、贯彻、修改或废除治理体制内原则、规范、规则和决策程序的各种单独或联合行动。

在概述全球投资治理的必要性后，本章从治理架构、治理体制和治理议题三个视角解读当前的全球投资治理。全球投资治理架构是指参与全球投资治理的主体构成及各主体在投资治理领域内的彼此关系；全球投资治理体制是指全球范围内有关国际直接投资的明示或默示的原则、规范、规

---

* 本章作者：辛平。

① 本章的“全球投资治理”不包括对国际间接投资的全球治理。国际间接投资的全球治理可参看本书的另一章“全球金融治理”。

② 从投资主体是否拥有对海外企业的实际经营管理权看，国际投资可以划分为国际直接投资和国际间接投资。“国际直接投资（Foreign Direct Investment，FDI）指的是以控制国（境）外企业的经营管理权为核心的对外投资；而从广义上看，除国际直接投资以外的各种国际资本流动形式均可以纳入国际间接投资的范畴。”对国际直接投资与国际间接投资的区分，请参看卢进勇、杜奇华、杨立强：《国际投资学》，北京：北京大学出版社，2013 年版，第 13—14 页。

③ 更为完整准确的表述应为“全球的国际直接投资治理”，但基于已有的学术著作表述和行文便利需要，以“全球投资治理”指代全球的国际直接投资治理。无论是在国际层面，还是在国内层面，对国际直接投资和国际间接投资的治理都有交叠共享的部分，但就整体而言，二者是有着不同主体、议题和体制的彼此独立的两大治理系统。

则和决策程序[①]；全球投资治理议题是指规范国际直接投资的治理议程中的主题。

本章对治理议题的解读将融合在对治理架构与治理体制的阐述中，并不单列一部分加以分析。全球投资治理的议题往往被列举为投资保护、促进、便利化、可持续发展或更为具体的国民待遇等问题。从全球投资治理实践来看，企业社会责任（Corporate Social Responsibility，CSR）的治理已成为一个日益重要的议题，应将其纳入全球投资治理的研究视野，即全球投资治理议题应包括两大部分：主要由政府贯彻的国际直接投资规则部分和主要由跨国投资者履行的企业社会责任部分。

全球投资治理由于“既没有一套统一的国际规则，又没有一个统一的国际监督机构”[②]，明显落后于全球贸易治理和全球金融治理；全球投资治理在迅速发展的过程中也衍生出一些列有待解决的问题，在2008年金融危机后因此备受批评。但从整体看，全球投资治理仍然取得重大的进步，目前已经形成了多元主体多种互动、多层体制复合嵌套、两大议题合流的立体网络式治理系统，并展现出了一系列向好趋势。

一、全球投资治理的必要性

由于国际直接投资本身具有广泛性和复杂性，以其为客体的全球投资治理的必要性构成也具有广泛性和复杂性。本部分以政治经济学的视角，紧紧围绕国际直接投资，从以下几个角度来凸显全球投资治理的必要性：国际直接投资的发展速度、现有规模及其在世界经济中的地位，国际直接投资的格局变迁，各国对国际直接投资与自身利益关系的认知概况及其对全球投资治理的需求概况。

---

① 本章笔者对全球投资体制的界定以斯蒂芬·克拉斯纳的体制定义为基础。斯蒂芬·克拉斯纳把体制定义为“一整套明示或默示的原则、规范、规则和决策程序”。Stephen Krasner, “Structural Causes and Regime Consequences: Regimes as Intervening Variables”, *International Organization*, Vol. 36, No. 2, 1982, p. 186.

② 金芳：《金融危机后国际投资体制的建构特征与中国的应对》，载《世界经济研究》，2014年第4期，第65页。

（一）全球国际直接投资的迅猛发展

全球国际直接投资的年度流量虽有起伏跌宕，但总体上发展迅速，目前全球国际直接投资的流量规模和存量规模都十分巨大。从 1990 年至 2015 年，全球外国直接投资年度流入量增长了约 8.38 倍，在这 25 年中有 18 年为正增长；1990 年全球外国直接投资年度流入量约为 0.21 万亿美元，2007 年达到历史峰值 1.9 万亿美元，2015 年约为 1.76 万亿美元，是自 2008 年至 2009 年全球经济和金融危机以来的最高值。①

从 1990 年至 2015 年，全球外国直接投资流入存量增长了约 11.37 倍；除 2001 年、2008 年和 2015 年外，全球外国直接投资流入存量在其他年份均实现正增长；1990 年全球外国直接投资流入存量约为 2.2 万亿美元，2014 年达到历史峰值 25.11 万亿美元，2015 年为 24.98 万亿美元。②

（二）世界经济发展的重要支柱

国际直接投资成为世界经济发展的驱动力量，对世界经济繁荣呈现出了越来越大的意义。从 1990 年至 2015 年，"全球国内生产总值（GDP）增长 3.28 倍，固定资产形成总额增长 3.59 倍，商品和服务出口额 5.08 倍"③，都远远落后于国际直接投资流量和存量的增速。国际生产的扩张速度不但远远超越了总体的世界经济发展速度，也领先于国际贸易的增速。跨国公司子公司的销售额在 1990 年为 5.1 万亿美元，2015 年为 36.7 万亿美元，增长了 7.19 倍；跨国公司子公司（产品）增值在 1990 年为 1.1 万亿美元，2015 年为 7.9 万亿美元，增长了 7.36 倍；跨国公司子公司资产总额在 1990 年为 4.6 万亿美元，2015 年为 105.8 万亿美元，增长了 23.02 倍；外国子公司出口额在 1990 年为 1.4 万亿美元，2015 年为 7.8 万亿美

---

① UNCTAD, *Annex table* 1. *FDI inflows*, *by region and economy*, 1990—2015, http: //unctad. org/en/Pages/DIAE/World%20Investment%20Report/Annex-Tables. aspx.

② UNCTAD, *Annex table* 03. *FDI inward stock*, *by region and economy*, 1990—2015, http: //unctad. org/en/Pages/DIAE/World%20Investment%20Report/Annex-Tables. aspx.

③ 本章作者根据联合国贸发会议的数据计算，UNCTAD, *World Investment Report* 2016. *Investor Nationality*: *Policy Challenges* (*Key Messages and Overview*), Geneva: United Nations, 2016, p. 9, http: //unctad. org/en/pages/PublicationWebflyer. aspx? publicationid = 1555。

元，增长了5.4倍。[①]

从国际直接投资年度流入量占固定资产形成总额的百分比看，从1990年至2015年，全球从3.6%上升至9.9%，发达国家从3.7%上升至11.2%，发展中国家从3.2%上升至8.7%。[②] 从外国直接投资流入存量占国内生产总值的百分比看，从1990年至2015年，全球从9.6%上升至33.6%，发达国家从9.3%上升至37.3%，发展中国家从11.1%上升至28.5%。[③]

（三）国际直接投资格局的变迁

在国际直接投资格局中，发达国家继续占据主导地位，但总体呈下降趋势，发展中国家总体上呈上升趋势。从全球国际直接投资流入存量看，从1990年至2015年，流入发达国家的国际直接投资从全球总量的76.81%下降到64.07%，流入发展中国家的国际直接投资占比从23.19%上升到33.52%。[④] 从全球国际国直接投资年度流入量看，从1990年至2015年流入发达国家的国际直接投资从全球总量的83.05%下降到54.62%，流入发展中国家的外国直接投资占比从23.19%上升到43.39%。[⑤] 2015年，"在接受外国直接投资最多的前10个经济体中，半数

---

① UNCTAD, *World Investment Report* 2016. *Investor Nationality: Policy Challenges* (*Key Messages and Overview*), Geneva: United Nations, 2016, p. 9, http://unctad.org/en/pages/PublicationWebflyer.aspx?publicationid=1555，其中数据的倍数，由本章作者根据联合国贸发会议的这一数据来源计算。

② 本章作者根据联合国贸发会议的数据计算，UNCTAD, *Annex table* 05. *FDI inflows as a percentage of gross fixed capital formation*, 1990—2015, http://unctad.org/en/Pages/DIAE/World%20Investment%20Report/Annex-Tables.aspx。

③ 本章作者根据联合国贸发会议的数据计算，UNCTAD, *Annex table* 07. *FDI inward stock as a percentage of gross domestic product*, 1990—2015, http://unctad.org/en/Pages/DIAE/World%20Investment%20Report/Annex-Tables.aspx。

④ 本章作者根据联合国贸发会议的数据计算，UNCTAD, *Annex table* 03. *FDI inward stock, by region and economy*, 1990—2015, http://unctad.org/en/Pages/DIAE/World%20Investment%20Report/Annex-Tables.aspx。

⑤ 本章作者根据联合国贸发会议的数据计算，UNCTAD, *Annex table* 1. *FDI inflows, by region and economy*, 1990—2015, http://unctad.org/en/Pages/DIAE/World%20Investment%20Report/Annex-Tables.aspx。

仍然是发展中经济体”[①]，发展中国家作为东道国的地位有大幅度提升。

从全球国际直接投资流出存量看，从1990年至2015年，流出发达国家的国际直接投资从全球总量的93.81%下降到77.62%，流出发展中国家的国际直接投资占比从6.19%上升到21.15%。[②] 从全球国际直接投资年度流出量看，从1990年至2015年，流出发达国家的国际直接投资从全球总量的94.62%下降到72.25%，流出发展中国家的国际直接投资占比从5.38%上升到25.64%。[③] 2015年，在流出的国际直接投资量最多的前10大经济体中，有2个发展中经济体；前20大经济体中，有6个发展中经济体。[④] 发展中国家作为母国的地位有大幅度提升，实现了一定程度上的身份转变。

（四）受欢迎的“双刃剑”

世界的经济增长和可持续发展需要国际直接投资，但国际直接投资及跨国公司被各国认为是柄双刃剑。2014年《世界投资报告》曾指出，“全世界在可持续发展方面有巨大的融资需求，外国直接投资可以在填补投资缺口，特别是发展中国家的投资缺口方面发挥重要作用。”[⑤] 依据是此前“在对发展中和转型期经济体的外部发展融资中，外国直接投资流动占40%以上”。[⑥] 事实上，从路径依赖和国际直接投资年度流入量占固定资产

---

① UNCTAD, *World Investment Report* 2016. *Investor Nationality*: *Policy Challenges* (*Key Messages and Overview*), Geneva: United Nations, 2016, p. v, http: //unctad. org/en/pages/PublicationWebflyer. aspx? publicationid = 1555.

② 本章作者根据联合国贸发会议的数据计算，UNCTAD, *Annex table* 04. *FDI outward stock*, *by region and economy*, 1990—2015, http: //unctad. org/en/Pages/DIAE/World% 20Investment% 20 Report/Annex-Tables. aspx。

③ 本章作者根据联合国贸发会议的数据计算，UNCTAD, *Annex table* 02. *FDI outflows*, *by region and economy*, 1990—2015, http: //unctad. org/en/Pages/DIAE/World% 20Investment% 20Report/Annex-Tables. aspx。

④ 本章作者根据联合国贸发会议的数据统计，UNCTAD, *World Investment Report* 2016. *Investor Nationality*: *Policy Challenges* (*Key Messages and Overview*), Geneva: United Nations, 2016, p. 5, http: //unctad. org/en/pages/PublicationWebflyer. aspx? publicationid = 1555。

⑤ UNCTAD, *World Investment Report* 2015: *Reforming International Investment Governance* (*Key Messages and Overview*), New York and Geneva: United Nations, 2015, p. xx, http: //unctad. org/en/Pages/DIAE/World% 20Investment% 20Report/World_ Investment_ Report. aspx.

⑥ UNCTAD, *World Investment Report* 2015. *Reforming International Investment Governance*, p. iii.

形成总额的百分比、外国直接投资流入存量占国内生产总值的百分比来看，从经济效率和不同的国际直接投资项目所代表的比较生产优势来看，无论是发展中国家还是发达国家，无论是实现单纯的经济增长目标还是要落实新的综合性的可持续发展目标，都离不开国际直接投资的支撑和驱动。

二战后，国际直接投资的丰富历史让各经济体认识到，国际直接投资及跨国公司是柄双刃剑：既可能在资金、技术、就业、出口、市场竞争、国家自主权、环境、人权和劳工权利等一系列经济发展、社会进步和政治安全问题上对母国和东道国起到主观或客观上的促进作用，也有可能造成有意或无意的损害。因此，各国在注重和依赖国际直接投资所带来的各种经济和社会收益之时，也着力于防范和遏制其各种现实与潜在的威胁与损害。冷战结束后，绝大多数国家和地区都十分重视国际直接投资，在“跨国公司既是问题的一部分，又是解决方法的一部分”① 的认知下，对国际直接投资整体上持欢迎态度。

（五）全球投资治理需求的变化

各国的全球投资治理改革需求增强，但逆全球化浪潮的发展，可能影响甚至改变对全球投资治理改革方向与速度的需求。国际直接投资在根本上是由国家和企业的比较优势和竞争力决定的，但国际直接投资的治理规则能够发挥促进、维系或阻碍某项国际直接投资的多种作用，并由此在一定范围内对国际、国内的各类主体进行了有关直接投资的绝对利益和相对利益的配置。在无政府的国际体系里，具有双刃剑效应的国际直接投资的大发展和对国际直接投资规则作用认识的积累与深入，使得各国对国际直接投资进行全球治理的需求日益强烈并不断演变。全球投资治理的已有供给与新需求的差距，成为推动全球治理不断进展的动力。在金融危机爆发后，全球投资治理的供给与需求间的差距愈发明显，对全球投资治理进行改革成为各国共识，但对于改革的方向和路径的共识仍处于凝聚之中。

在经济全球化推进的过程中，由相对或绝对利益受损者构成的逆全球

---

① UNCTAD, *World Investment Report* 2010: *Investing in a Low-Carbon Eeconomy*, New York and Geneva: United Nations, 2010, p. xxvii.

化力量一直存在并得以扩张。在金融危机爆发后，特别是英国公投脱欧和明确主张保护主义的特朗普当选美国总统以来，逆全球化浪潮明显增强。从冷战结束至今的全球投资治理的演变一直是以经济全球化备受推崇为背景，以国际直接投资的自由化为主色调。在经济全球化遭受越来越多的质疑，甚至全球化力量与逆全球化力量对比可能出现大调整的时代，全球投资治理演变的另一个逻辑方向，即国际直接投资的加强管制，可能获得更多动能，即便全球投资治理自由化的大方向不改变，沿着这一方向前进的行动进程也可能被延缓。

二、全球投资治理的架构

国际贸易领域有世界贸易组织（WTO）作为该领域内综合性的全球性监管机构，国际金融领域有国际货币基金组织（IMF）作为该领域内综合性的全球性协调机构，而国际直接投资领域至今没有这样的机构。如果以是否具有领域内的综合性的全球性协调机构作为判定治理架构发展程度的标准，国际直接投资领域的全球治理则处于相对落后的状态。但如果以行为主体的多元和其联系的复杂性来看，全球投资治理的架构并不逊色于前两者。

由于国际直接投资所具有的重要性和复杂性，众多主体为自身诉求投身于全球投资治理，在互动过程中发展出多种联系，当前全球投资领域已经形成了多元主体多种互动的立体复杂的治理架构。全球投资治理主体主要有四大类：政府间国际组织、民族国家/地区、跨国公司和非政府组织。这四大类主体在国内、双边、区域和全球等多个层面就国家的国际直接投资政策和跨国公司的行为规范等投资治理问题进行交流、合作与竞争，形成了制度化、非制度化和半制度化的联系。

（一）全球投资治理中的政府间国际组织

由于全球投资治理涉及多个国际议题，参与全球投资治理的政府间国际组织数量非常多。本部分介绍在全球层面和区域层面发挥显著作用的部分组织及其主要的投资治理活动和影响。

联合国贸易和发展会议（简称“贸发会议”）是联合国系统内的综合性经济治理机构，投资治理是其主要职能之一。贸发会议是1964年由联合国大会设立的常设政府间机构，属于联合国系统内的“方案与基金”类附属组织①，目前拥有194个成员方。贸发会议致力于在贸易、投资、金融和技术领域为成员国提供分析、建立共识及提供技术援助，从而帮助成员国实现包容性和可持续发展。“贸发会议投资和企业司是联合国系统内负责处理所有与外国直接投资和多国企业相关议题的协调中心。它在投资和企业发展的研究和政策分析方面，凭借40多年的经验和国际专门知识，促进建立政府间共识，并向160多个国家提供技术援助。”② 贸发会议发表的年度《世界投资报告》是在全球范围内被广泛征引的权威资料，也是各国制定投资相关政策的重要参考。“有100多个国家采用其投资政策框架和国际投资协定改革路线图，对自己的投资条约网络进行检讨，并拟订新一代的国际投资政策。”③ 贸发会议目前是世界各国就全球投资治理议题进行交流和协商的最大多边平台，发挥着提供信息、促进交流、界定问题、凝聚共识、提出倡议和推进治理改革的重要作用。

在联合国系统内，属于投资治理领域的专门性组织是世界银行集团内的国际投资争端解决中心与多边投资担保机构，这两大机构为促进对发展中国家的国际直接投资发挥了重要作用。世界银行集团是联合国的专门机构，旨在为发展中国家融资从而减轻贫困、促进世界发展。为解决发展中国家存在的吸引国际直接投资的困境，世界银行先后设立了具有独立法人地位的国际投资争端解决中心和多边投资担保机构④。目前拥有153个缔

---

① 联合国系统包括联合国自身以及被称为方案、基金和专门机构的多个附属组织。这些组织有自己的会员、领导和预算。联合国各方案和基金通过自愿捐助而非分摊会费获得资金。各专门机构是独立的国际组织，并通过自愿捐助和分摊会费获得资金。http：//www. un. org/zh/sections/about-un/funds-programmes-specialized-agencies-and-others/index. html。

② UNCTAD，*World Investment Report* 2016. *Investor Nationality*：*Policy Challenges*（*Key Messages and Overview*），Geneva：United Nations，2016，p. ii，http：//unctad. org/en/pages/PublicationWebflyer. aspx？ publicationid = 1555.

③ UNCTAD，*World Investment Report* 2016. *Investor Nationality*：*Policy Challenges*（*Key Messages and Overview*），Geneva：United Nations，2016，piii，http：//unctad. org/en/pages/PublicationWebflyer. aspx？ publicationid = 1555.

④ 国际投资争端解决中心和多边投资担保机构是世界银行集团的组成部分，而非专门机构。

约国[①]的国际投资争端解决中心成立于1966年，提供针对外国投资者和东道国政府间投资争端的调节、仲裁和事实认定机制，以此增加发达国家投资者向发展中国家投资的信心，促进对发展中东道国的国际直接投资。成立于1988年的多边投资担保机构目前拥有181个成员方，旨在向外国私人投资者、借款者提供政治风险担保和向发展中国家提供投资促进服务及技术援助，并帮助解决与其机构担保的投资项目有关的投资者和东道国政府间的争端。

联合国全球契约组织是联合国旗下的企业社会责任治理组织，是目前世界上最大的企业社会责任类自愿性的倡议组织，有来自166个国家的9269家企业和2995家非企业类组织共计12264个签约者[②]，“几乎代表了每一个行业和每一种规模的组织”[③]。前联合国秘书长科菲·安南在1999年达沃斯论坛上提出“全球契约倡议”，2000年7月在联合国总部建立了全球契约办公室，“全球契约倡议”开始组织化运行。全球契约办公室直属联合国秘书长办公厅，2015年再度获得联合国大会授权“为在联合国系统内和全球企业界倡导联合国价值观和负责任的企业做法”[④]，目前与全球契约基金会共为联合国全球契约组织的总部。除总部外，联合国全球契约组织的治理机构还有领导人峰会、联合国全球契约理事会、年度地方网络论坛、地方网络、全球契约政府组和契约之友。联合国全球契约组织一个多中心治理的网络型组织，为企业、非政府组织、国家政府、城市、学术组织等就企业社会责任议题交流合作的治理平台，在企业社会责任议题上整合了公共领域、私人领域、全球层面和地方层面的力量。

除上述组织外，联合国系统内还有很多因其议题领域与全球投资治理存在交集从而对全球投资治理提出诉求的组织，例如拥有187个成员国的

---

① 除153个缔约方之外，国际投资争端解决中心还有8个签署但并未批准《关于解决各国和其他国家的国民之间的投资争端的公约》的签字国。

② https：//www. unglobalcompact. org/；https：//www. unglobalcompact. org/what-is-gc/participants.

③ https：//www. unglobalcompact. org/.

④ General Assembly，70/224. *Towards global partnerships：a principle-based approach to enhanced cooperation between the United Nations and all relevant partners*，Resolution adopted by the General Assembly on 22 December 2015，p. 4. https：//www. un. org/en/ga/search/view_ doc. asp? symbol = A/RES/70/224.

国际劳工组织等。

1995 年成立的世界贸易组织（简称“世贸组织”）有“经济联合国”之称，是联合国的相关机构。世贸组织目前拥有 164 个成员方，对全球贸易秩序的维护管理范围涵盖货物贸易、服务贸易和知识产权贸易。在一定范围内，特别是服务贸易和知识产权贸易的领域内，国际贸易与国际直接投资具有较高的关联性。为确保国际贸易顺畅、可预期和自由发展，世贸组织对全球贸易领域的治理延伸至全球投资领域的治理。世贸组织对《与贸易有关的投资措施协议》(TRIMs)、《与贸易有关的知识产权协定》(TRIPs）和《服务贸易总协定》（GATS）的落实、监督及相关争端的调节，在国际投资法的框架下为全球投资治理提供了具有法律强制约束力的支持，构成目前全球多边投资治理“硬法”的核心组成部分。

成立于 1961 年的经济合作与发展组织旨在推动成员国共同应对全球化带来的经济、社会和政府治理等方面的挑战和机遇，国际直接投资由此成为其重要的工作议题之一。现有 35 个成员国的经合组织衡量全球国际直接投资流量，分析比较投资数据、相关行为以预测未来趋势，并致力于为直接投资制定国际行为标准。经合组织 1962 年通过了双边投资协定的“欧洲范本”；1995 年启动了缔结综合性多边投资协议的谈判，该谈判虽于 1998 年中止，但形成了《多边投资协定》草案，是统一国际投资法律框架的一次重要尝试；2006 年通过并公开了《投资政策框架》，对国际直接投资的全球政策环境评价产生了重大影响。经合组织 1976 年制定《跨国公司行为准则》并在全球范围内加以推广，为 20 世纪 70 年代的全球企业守则运动做出了重要的贡献；2000 年经合组织对这一准则进行了修改，突出对企业履行社会责任的指导，对成员国和非成员国的公司治理都产生了重要的影响。

2008 年金融危机发生后，二十国集团财长和央行行长会议升级为二十国集团峰会，成为全球经济合作的主要平台，在应对金融危机和促进世界经济复苏发挥了重要的作用。在从危机应对机制向长效治理机制转变的过程中，为解决全球贸易投资低迷和世界经济增长乏力的问题，二十国集团将贸易投资议题被纳入会议议程并加以机制化。自 2008 年号召反对“投资保护主义”开始，二十国集团峰会一直对投资问题有所关注；2015 年举办了第三次贸易部长会议后，二十国集团设立了有明晰职责的贸易投资工作组，开始将贸易部长会议机制化，为世界主要经济体共同推进贸易投资提供了新平台；2016年，二十国集团在杭州峰会上通过了《G20全球投资指导原则》，自此在机制建设和共识凝聚两个方面推动了全球投资治理的发展，成为全球投资治理的新协调中心。

由于贸易与投资的关联性，为推动区域经济发展，很多区域经贸合作组织在运行一段时间后甚至在建立初期，会将某些与国际直接投资相关的议题纳入议程和谈判，从而使自身在某种程度上介入全球投资治理，这一趋向在金融危机后有强化趋势。

取得发达国家间一体化最高成就的欧盟、取得发展中国家间一体化最高成就的东盟和取得发达国家与发展中国家间一体化最高成就的北美自由贸易区，是区域一体化组织在区域投资治理中发挥重要作用的三大代表。2009年生效的《里斯本条约》将国际直接投资事项纳入欧盟共同商业政策的范畴之内，由此使该事项从欧盟与成员国的共享权能转变为欧盟排他的专属权能，进一步增强欧盟的超国家性质，标志着27个成员国的一体化进入一个新阶段。东盟在推进东盟共同体建设的过程中也把推进国际直接投资治理作为重要议题，不但致力于通过缔结、执行《东盟全面投资协议》等成员国间协议来提高域内投资自由化和便利化的程度，而且努力通过作为一个整体的东盟与域外经济体的相关合作推进东盟与域外经济体间的国际直接投资和相关双边或多边体制建设。北美自由贸易区成立后通过落实《北美自由贸易协定》在区域内国际直接投资上取得了极大的成功，使得《北美自由贸易协定》的投资专章成为此后很多国际投资协定的范本或重要参照，从而对整个国际投资规则体系产生了极大的影响。

（二）全球投资治理中的民族国家和地区

几乎所有的民族国家和地区都以单边、双边或多边方式在某种程度参与到全球投资治理之中。单边方式是指一个国家或地区内部的关于国际直接投资流入和流出的制度、政策和相关规则体系；凡是有国际直接投资流量的国家和地区至少会以单边方式参与到全球投资治理中。双边方式是指一个国家/地区与另一国家/地区进行有关双边直接投资的某种合作，制度化程度最高的合作成果是缔结与直接投资有关的双边协定；目前绝大多数国家和地区都至少缔结了一个包含直接投资规则的双边协定，双边合作是目前全球投资治理中占主导地位的方式。多边方式是指三个及三个以上的国家和地区通过国际会议、论坛或参与相关国际组织活动所进行有关国际直接投资的合作。从前面对全球层面的与投资治理相关的国际组织的介绍看，大部分国家和地区都参与了某种形式的多边投资治理。

在全球投资治理领域，民族国家和地区可以依据影响力大体划分为两大类国家和地区：主要民族国家和地区、普通民族国家和地区。主要民族国家和地区是以二十国集团成员为核心的发达国家和新兴市场经济国家和地区，这些国家和地区在全球直接投资存量和流量中占有更大份额，在多边投资治理中有更大的话语权，其单边治理方式和双边治理方式有着很大的外溢性影响，从而对全球投资治理规则的形成、制定和执行有着更大的影响力。普通民族国家和地区在全球直接投资中所占份额较小，在多边治理中的话语权较小，其在单边治理和双边治理上的外溢性较小，因此对全球直接投资治理的影响也较小。

（三）全球投资治理中的跨国公司

跨国公司是国际直接投资的主要组织载体。截至 2010 年，全球有 103786 家跨国公司母公司，子公司 892114 家。[①] 跨国公司的诸多投资、运营及其他相关行为是全球投资治理规则的客体。国际直接投资治理规则对利益在各主体间的分配有着不均衡的、非中性的影响，因此跨国公司作为一类掌握巨大财富和较高组织能力的行为体，有着极高的参与全球投资治理的意愿和能力。

跨国公司不但通过投资、撤资、遵守和规避政策法规及惯例等企业运营行为在客观上影响着投资治理规则的形成与贯彻落实，而且主动参与国内和国际各层面的全球投资治理规则的制定。很多跨国公司特别是大型跨

---

① 《2011 年世界投资报告》的网络表格，此后贸发会议的《世界投资报告》不再提供全球跨国公司的母公司和子公司的数量统计。UNCTAD, *Web table 34. Number of parent corporations and foreign affiliates, by region and economy*, 2010, http://unctad.org/Sections/dite_dir/docs/WIR11_web%20tab%2034.pdf。

国公司，以其所能提供的信息、资金、技术、服务和关系网络为支点，通过个体方式或行业协会、联盟等集体方式，采用信息提供、游说、谈判、参与会议、建立伙伴关系等单向或互动的公共关系手段，积极向母国政府、东道国政府、相关政府间国际组织、各种非政府组织及社会公众表达自己的观点和利益诉求，参与投资治理的议程设置和规则制定，由此成为全球投资治理的重要主体。

（四）全球投资治理中的非政府组织

非政府组织在全球投资治理特别是企业社会责任的治理中发挥着重要作用。企业社会责任运动的萌芽、发展离不开市民社会组织的推动。20 世纪 80 年代在欧美等发达国家，许多关注环保、人权和劳工问题的非政府组织不断呼吁将社会责任与贸易问题联系起来，得到了社会舆论和公众越来越强烈的回应。消费者的关注点因此由产品和服务的质量、价格等经济因素，转向包括环境影响、职业健康、劳动保障等涵盖可持续发展和经济伦理在内的多方面因素。在这样的大背景下，很多发达国家的跨国公司纷纷制定生产守则、披露承担社会责任的相关信息或通过某种社会责任认证，来应对日益增加的社会责任压力，并努力把对社会责任的承担转变为自身的市场竞争优势。在可持续发展问题日益受到重视的背景下，企业社会责任运动有进一步扩大和深化的强大动力。数量众多、种类丰富的非政府组织在国内、区域和全球层面广泛且深入地参与企业社会责任运动中来，其中大部分组织起源于欧美等发达国家或以来自于欧美发达国家的分支机构或成员为主导力量。

在企业社会责任标准领域，全球层面最有影响力的国际非政府组织主要有至今已提供四版《可持续发展报告指南》的全球报告倡议组织（Global Reporting Initiative，GRI）、发布社会责任标准 SA8000 的社会责任国际（Social Accountability International，SAI）和制定社会责任指南标准 ISO26000 的国际标准化组织（International Organization for Standardization，ISO）。在这三大组织中，前两大组织是在企业社会责任运动中成长起来的组织，旨在推动企业社会责任，国际标准化组织则是扩展议题范围进入了企业社会责任领域。1947 年成立的国际标准化组织自我定义为独立的非政府组织[1]，该组织迄今已公布了21000份以上的有关材料、产品、过程和服务的国际标准与相关文件，几乎覆盖了每一项产业，在全球标准化领域中发挥重大作用。国际标准化组织从2001年开始展开针对企业社会责任国际标准的可行性研究和论证，在2004年最终决定把社会责任的承担主体的范围从企业扩大到所有私立、公立和非营利部门的组织，把企业社会责任（CSR）推广为社会责任（SR）。2010年国际标准化组织公布了社会责任指南标准ISO26000，该标准成为国际标准化组织的流行标准之一。对ISO26000的成功开发标志着国际标准化组织从技术和管理领域进入了社会领域，成为企业社会责任治理领域的重要主体之一。

（五）四大类主体的多种互动

全球投资治理的四大类主体之间形成的复杂关系可以被归为三类：制度化、半制度化和非制度化关系。[2]

在全球投资治理体系里，制度化的治理关系有三类：一是基于一国国内的宪法和法律所形成的正式关系，“主要是指政府投资监管部门之间的行政法律关系，以及政府投资监管部门和被监管者之间的关系”[3]；二是国际组织与其会员的关系，主要指“与投资治理相关的国际组织与其会员间基于组织章程、会员制度、组织架构、决策机制与其会员所建立的制度化关系”[4]，如国际投资争端解决中心与其会员国、国际商会与其会员企业间的关系；三是除上述两种正式关系以外的治理主体间围绕投资治理问题而形成的有法律拘束力的关系，如签订了双边投资协议的两国在双边投资治理上的关系。

---

① 国际标准化组织的成员来自161个国家的国内最重要的标准化组织。

② 本文对三种关系的分类参考了张发林对全球金融治理的各行为体关系的“正式、半正式和非正式”的分类。张发林：《全球金融治理体系的政治经济学分析》，载《国际政治研究》，2016年第4期，第72页。

③ 对国内正式关系的描述采用了张发林对全球金融治理体系的国内正式关系的界定。张发林：《全球金融治理体系的政治经济学分析》，载《国际政治研究》，2016年第4期，第72页。

④ 对国际组织与其会员的描述采用了张发林对全球金融治理体系的国际正式关系的界定，并对其进行了一定的概括。张发林：《全球金融治理体系的政治经济学分析》，载《国际政治研究》，2016年第4期，第72页。

在全球投资治理领域，非制度化关系是指没有通过组织章程、会员制度、组织架构和决策机制加以制度化的①或是不受国际国内法律强制调整的关系。全球投资主体间的非制度化关系较为广泛，以国际组织和非会员之间的关系与国际组织之间的关系为典型代表，例如非成员国对二十国集团关于国际直接投资决议的借鉴与接受，二十国集团与联合国贸发会议在国际直接投资议题间的合作。

随着二十国集团对国际直接投资议题的介入以二十国集团为核心的半制度化关系成为全球投资治理架构的创新。二十国集团“没有正式的组织架构、会员制度和决策机制”，但“拥有正式的会员、相对固定的会议机制，以及基于协调和共识的决策过程和体系”，“比传统的正式关系……更加灵活和迅捷”，“比非正式关系更加具有合法性和有效性”。② 二十国集团成为主要的国际投资国和地区就国际直接投资议题进行意见交流的重要平台，在其平台上达成的国际直接投资政策的共识已为全球投资体制的未来提供指引。二十国集团有可能把传统上较为分散的全球投资治理系统组合起来。

三、全球投资治理的体制构成

根据所处理的核心议题的不同，当前的全球投资治理体制可以被分为国际投资体制和企业社会责任体制，前者指向国家的国际直接投资的政策空间、政策工具和政策内容，后者指向跨国企业的社会责任的内容、履行和评价。国际投资体制是全球投资治理体制的主体，企业社会责任体制处于蓬勃发展之中。

---

① 对非正式关系的描述部分采用了张发林对全球金融治理体系的非正式关系的界定。张发林：《全球金融治理体系的政治经济学分析》，载《国际政治研究》，2016 年第 4 期，第 72 页。

② 张发林：《全球金融治理体系的政治经济学分析》，载《国际政治研究》，2016 年第 4 期，第 74 页。

（一）国际投资体制的构成现状

国际投资体制是指在国际范围有关各国推行的国际直接投资政策的明示或默示的原则、规范、规则和决策程序。① 目前的国际投资体制包括具有法律约束力的硬法部分与不具法律约束力的软法部分。

不具法律约束力的部分，包括针对国家的国际直接投资政策的未获得通过的文本草案和希望国家/地区自愿遵循的框架式倡议，大多对国家的国际投资政策的制定与执行产生一定的实际效力，发挥了软法的功能，例如《多边投资协定》草案和《G20 全球投资指导原则》等。不具法律约束力的软法部分与具有法律约束力的硬法部分相互补充。

具有法律约束力的部分也包括两大部分和四个层级。② 第一部分是国内投资法，为第一层级，是各经济体在国内推行的国际直接投资相关制度、政策、法规。第二部分是国际投资协定体系③，包括第二至第四共三个层级的内容：第二层级是双边投资协定或双边经贸类条约中的投资条

---

① 本章作者对国际投资体制的界定以斯蒂芬·克拉斯纳的体制定义为基础。斯蒂芬·克拉斯纳把体制定义为“一整套明示或默示的原则、规范、规则和决策程序”。Stephen Krasner, “Structural Causes and Regime Consequences: Regimes as Intervening Variables”, *International Organization*, Vol. 36, No. 2, 1982, p. 186.

② 此处对国际投资体制内容的划分参考了联合国贸发会议对投资政策的介绍、张小波和李成对国际投资机制构成的界定、邢厚媛对国际投资规则构成的界定。UNCTAD, *World Investment Report* 2016. *Investor Nationality*: *Policy Challenges*, Geneva: United Nations, 2016；张小波、李成：《论全球治理中的国际投资机制构成、发展及对中国的影响》，载《国际观察》，2016 年第 4 期；邢厚媛：《全球治理中的国际投资规则变化与对策》，载《国际经济合作》，2013 年第 12 期。

③ 本章在不谈及国际投资协定具体数量时，所提到的国际投资协定包括所有国际法意义上的具有投资条款的国际条约，但在谈到国际投资协定的数量时，采用联合国贸发会议对国际投资协定的外延界定。联合国贸发会议对国际投资协定的界定：“国际投资协定（IIAs）分为两种类型：（1）双边投资协定及；（2）有投资规定之条约。双边投资协定（BIT）是两个国家之间关于促进和保护来自一方的投资者在另一方领土内的投资的协定。有投资规定之条约（TIPs）汇集了各种不属于 BIT 类型的投资条约，从中可以区分三种主要类型：一是广泛的经济条约，包括 BIT 中的常见义务（例如有投资专章的自由贸易协定）；二是只具有限投资规定的条约（例如只有那些关于投资建立或投资相关资金自由转移的规定）；三是那些只包含‘框架’条款，例如那些关于投资领域合作的条款，和/或就未来投资议题谈判授权的条约。除了国际投资协定（IIAs），也有一类开放式的投资相关法律文本（IRIs）。它包括各种具有约束力的和不具约束力的法律文本，例如协定范本、文本草案、关于争端解决和仲裁规则的多边公约、国际组织通过的文件以及其他。”http://investmentpolicyhub.unctad.org/IIA。联合国贸发会议在统计国际投资协定数量时，计入了专门的双边或区域投资协定，也计入了有投资相关条款、投资章节或投资谈判授权的双边或区域经贸合作类协定，但未计入全球层面的投资相关协定及文本。

款，第三层级是次区域、区域或跨区域投资协定或经贸合作类协定中的投资条款，第四层级是全球多边经贸类条约中与投资相关的条约或条款。当前的国际投资协定体系以国家层面的规则体系为基础和指向，以双边层面的规则体系为主体，以区域层面的规则体系建设为主要发展方向，以全球层面的规则体系为愿景。

从投资政策变动情况看，国家层面的国际直接投资政策总体上着重于投资的自由化，但强调限制或监管的倾向有所强化。从1990年至今，国家自由化和促进政策占政策改变的比例一直远远高于限制或监管。“1991年至2000年，国家层面的外国直接投资体制共有1185项规制变化，其中1121项的朝向是建立更有利于外国直接投资的环境”①，有利于国际直接投资的政策变动占比为94.6%。从2001年至2015年，国家层面的投资政策变化共有1536项，其中支持或促进为1202项，限制或监管为271项，其余63项属于中性，自由化和促进占投资政策改变的78.2%。②（参见图4.1）而“2015年，……自由化和促进占投资政策改变的85%，高于前五年（2010年至2014年）的平均”③，延续此前的大趋势。

当前包括双边投资协定（Bilateral Investment Treaty，BIT）和有投资规定之条约（Treaties with Investment Provisions，TIPs）的国际投资协定（International Investment Agreements，IIAs）总量庞大，覆盖绝大多数经济体，年度协定缔结数量的增长势头有所减弱，但缔结新国际投资协定的发展势头依然强劲。（参见图4.2）截至2017年2月底，全球国际投资协定的总数达3331个④，处于历史最高点。几乎所有主权国家均加入了一项或几项国际投资协定。联合国贸发会议所统计的233个经济体中，仅有21个经济

① UNCTAD, *World Investment Report* 2001: *Promoting Linkages*, New York and Geneva: United Nations, 2001, p.6.

② 本章笔者根据“Table III.1. Changes in National Investment Policies, 2001—2015 (Number of Measures)”计算，UNCTAD, *World Investment Report* 2016. *Investor Nationality*: *Policy Challenges*, Geneva: United Nations, 2016, p.90.

③ UNCTAD, *World Investment Report* 2016. *Investor Nationality*: *Policy Challenges* (*Key Messages and Overview*), Geneva: United Nations, 2016, p.19, http://unctad.org/en/pages/PublicationWebflyer.aspx?publicationid=1555.

④ 根据联合国贸发会议投资协定导航的“International Investment Agreements Navigator”统计，http://investmentpolicyhub.unctad.org/IIA。

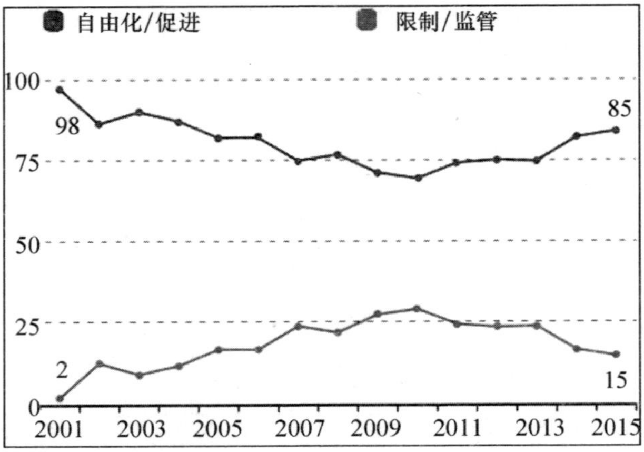

图 4.1：2001—2015 年国家投资政策改变情况（百分比）

资料来源：联合国贸发会议：《2016 年世界投资报告：投资者国籍：政策挑战》（要旨和概述），日内瓦：联合国，2016 年，第 19 页，http：//unctad.org/en/pages/PublicationWebflyer.aspx?publicationid = 1555。

体未参加任何一项国际投资协定，而这 21 个经济体均为发达国家的自治领土、非自治领土或海外领地等类型的经济体。① 从数量上看，“每年新缔结的国际投资协定继续在减少”。② 2016 年全球缔结了 30 项国际投资协定，少于 2015 年的 34 项和 2014 年的 40 项，延续协定缔结数量呈下降趋势。③ 但是各经济体缔结国际投资协定的热情依然充沛，“截至 2016 年 5 月底，近 150 个国家和经济体参与了至少 57 项新国际投资协定的谈判”。④

---

① 根据联合国贸发会议投资协定导航的“International Investment Agreements by Economy”统计，http：//investmentpolicyhub.unctad.org/IIA/IiasByCountry#iiaInnerMenu。

② UNCTAD，World Investment Report 2016. Investor Nationality：Policy Challenges，Geneva：United Nations，2016，p. 101.

③ 根据联合国贸发会议投资协定导航的“Most Recent International Investment Agreements”统计，http：//investmentpolicyhub.unctad.org/IIA/MostRecentTreaties#iiaInnerMenu。

④ UNCTAD，*World Investment Report* 2016. *Investor Nationality*：*Policy Challenges*，Geneva：United Nations，2016，p. 101.

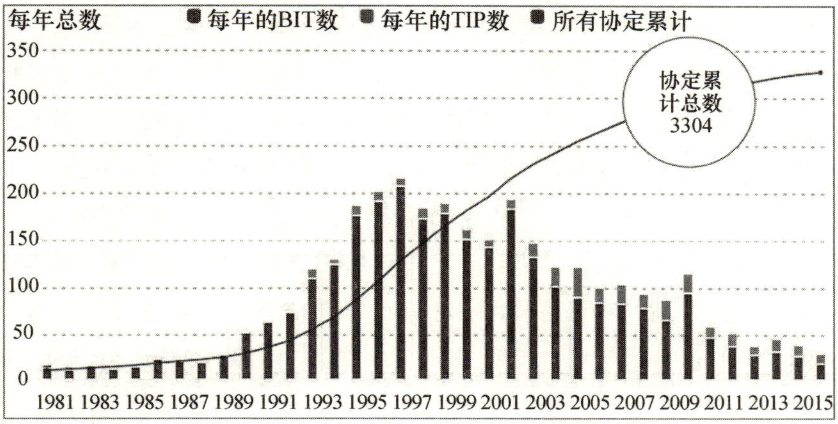

图 4.2：1980—2015 年签署国际投资协定的趋势

资料来源：联合国贸发会议：《2016 年世界投资报告：投资者国籍：政策挑战》（要旨和概述），日内瓦：联合国，2016 年，第 21 页，http：//unctad. org/en/pages/PublicationWebflyer. aspx?publicationid = 1555。

双边投资协定是当前国际投资协定体系的主体。双边投资协定年度缔结的数量在 20 世纪 80 年代末开始迅速增加，在 1996 年达到顶峰，此后的年度缔结数量总体上呈下降趋势，但总量仍呈增加态势。从数量上看，截至 2017 年 2 月，双边投资条约的数量已达 2964 个[①]，约占已缔结国际投资协定总量的 89%。全球 233 个经济体中，有 180 个经济体都缔结了一项或多项双边投资协定。[②]“经过几十年的立法实践，双边投资协定内容不断完善，其核心内容一直是国际投资规则的主流，典型双边投资协定的条款主要涉及投资和投资者、外资准入、外资待遇、征收及其补偿、财产和收入的转移、战乱损失赔偿、代位求偿权、争端的解决等方面。”[③] 双边投资条约的法律适用体现其自身的重要性。“2015 年，投资者根据国际投资协定

① 联合国贸发会议投资协定导航的“International Investment Agreements Navigator”，http：//investmentpolicyhub. unctad. org/IIA。

② 根据联合国贸发会议投资协定导航的“International Investment Agreements by Economy”统计，http：//investmentpolicyhub. unctad. org/IIA/IiasByCountry#iiaInnerMenu。

③ 王小龙、陈伟光：《全球投资治理：发展演进与中国的参与路径》，载《金融教育研究》，2016 年第 1 期，第 6 页。

新提起的投资者与国家间仲裁案件已知有70起，创下一年内提起诉讼数量的新高”，而其中的“多数案件是根据双边投资条约提起的”[①]。

区域投资协定整体上发挥着越来越重要的作用。“地区主义在国际投资决策中崛起……参与者多于两方的区域和跨区域投资条约的制定可采取不同的形式——主要有区域集团内的谈判，区域集团与第三方的谈判，以及志同道合的国家间的谈判。”[②] 当前全球共有175个与投资相关的区域协定[③]，而“这些区域协定的投资规范体现形式有所不同，有的只包括有限的与投资有关的条款，有的包含了开展投资合作或者将来进行投资谈判的条款，还有的包括了与双边投资条约（BIT）结构和内容相同或近似的比较全面的投资保护条款乃至投资准入自由化条款”。[④] 北美洲1994年生效的《北美自由贸易协定》（NAFTA），1998年生效的诸边协议《能源宪章条约》（ECT），东南亚地区2012年生效的《东盟全面投资协议》，东北亚地区2014年生效的《中日韩三边投资协议》，都包括了与双边投资条约（BIT）结构和内容相同或近似的比较全面的投资保护条款。“越来越多的国家在区域和次区域层面开展国际投资协定的谈判。例如，当前在《跨太平洋伙伴关系协定》、《跨大西洋贸易和投资伙伴关系协定》、区域全面经济伙伴关系、三方和关于加强经济关系的太平洋补充协定的谈判等五项努力中有近90个国家的参与。”[⑤] “一些条约有众多缔约方，在经济上和政治上有很大的份量。”[⑥] 这些区域投资协定将会对国际直接投资产生较大的影响，“大多数多国企业的高管预计大型经济集团的出现在今后几年会影响

---

① UNCTAD, *World Investment Report* 2016. *Investor Nationality*: *Policy Challenges*, Geneva: United Nations, 2016, p. 104.

② UNCTAD, "The Rise of Regionalism in International Investment Policymaking: Consolidation or Complexity", *IIA Issues Note*, June 2016 No. 3, p. 1, http: //unctad. org/en/pages/newsdetails. aspx? OriginalVersionID = 532&Sitemap_ x0020_ Taxonomy = UNCTAD% 20Home.

③ 根据联合国贸发会议网页“International Investment Agreements by Country Grouping”统计，http: //investmentpolicyhub. unctad. org/IIA/IiasByCountryGrouping#iiaInnerMenu。

④ 王彦志、王菲：《后危机时代国际投资全球治理的变迁：趋势、影响与成因》，刘志云主编：《国际关系与国际法学刊（第5卷2015）》，厦门：厦门大学出版社2015年版，第171页。

⑤ UNCTAD, *World Investment Report* 2015: *Reforming International Investment Governance* (*Key Messages and Overview*), New York and Geneva: United Nations, 2015, p. 23, http: //unctad. org/en/Pages/DIAE/World% 20Investment% 20Report/World_ Investment_ Report. aspx.

⑥ UNCTAD, *World Investment Report* 2016. *Investor Nationality*: *Policy Challenges*, Geneva: United Nations, 2016, p. 101.

其公司的投资决定”。①

缔结综合性的、具有法律约束力的全球投资协定的多次尝试均未果，但局部性的、具有法律约束力的全球投资协定得以达成，全球层面的投资治理规则共识逐渐凝聚。“联合国、GATT/WTO、世界银行、经济合作与发展组织（OECD）等国际组织都曾试图构建多边投资规则体系，例如《哈瓦那宪章》（1948 年）中关于投资的多边框架、联合国经济和社会理事会提出的《跨国公司行为守则》（1982 年），OECD 制定的《国际投资和多国企业宣言》（1976 年）和《多边投资协定》（1995—1998 年），以及 WTO 主持的‘新加坡议题’，但这些不懈努力均以失败告终。”② 1965 年在世界银行框架下达成的《解决国家与他国国民间投资争议公约》和 1985 年达成的《多边投资担保机构公约》，在关贸总协定/世界贸易组织框架下 1993 年达成的《与贸易有关的投资措施协定》《服务贸易总协定》和《与贸易有关的知识产权协定》，标志着在国际投资争端解决、政治性风险担保、与货物贸易有关投资措施、服务贸易和知识产权投资所涉及的投资事项等投资议题局部性规则领域，国际社会建立起了全球性的具有法律约束力的规则体系。

基于国际投资协定的投资者与国家争端解决机制在 21 世纪被越来越多地使用（参见图 4.3）。“截至 2016 年 1 月 1 日，已知的投资者与国家间仲裁案件总数已达 696 起。有 107 个国家是一起或多起已知投资者与国家间仲裁案件的应诉国。与近年来的趋势相同的是，对发达国家提起的诉讼占很高比例（40%）。”③ 相关的国际仲裁规则体系处于演变之中。“几套国际仲裁规则，包括国际投资争端解决中心（投资争端解决中心）、国际商会及联合国国际贸易法委员会（贸易法委员会）的规则，已得到修订或正

① UNCTAD, *World Investment Report* 2016. *Investor Nationality: Policy Challenges* (*Key Messages and Overview*), Geneva: United Nations, 2016, p. 7, http://unctad.org/en/pages/PublicationWebflyer.aspx? publicationid = 1555.

② 王小龙、陈伟光：《全球投资治理：发展演进与中国的参与路径》，载《金融教育研究》，2016 年第 1 期，第 7 页。

③ UNCTAD, *World Investment Report* 2016. *Investor Nationality: Policy Challenges*, Genava: United Nations, 2016, p. 104, http://unctad.org/en/pages/PublicationWebflyer.aspx? publicationid = 1555.

在修订。”①

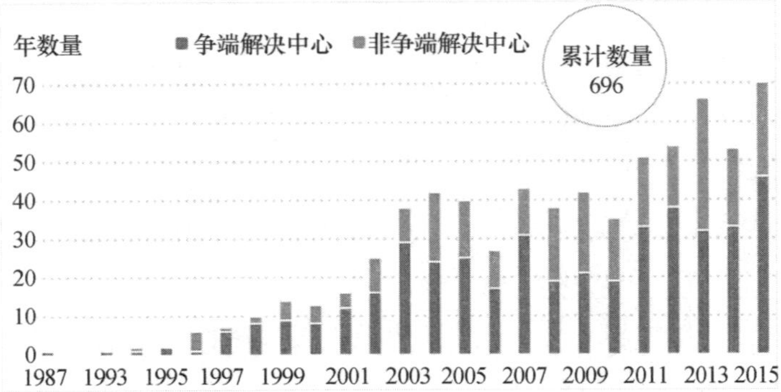

图 4.3：1987—2015 年已知各年和累计投资者与国家间仲裁案件数量

资料来源：联合国贸发会议：《2016 年世界投资报告：投资者国籍：政策挑战》（要旨和概述），纽约和日内瓦：联合国，2016 年，第 22 页，http：//unctad. org/en/pages/Publication Webflyer. aspx？publicationid = 1555。

（二）企业社会责任体制的构成现状

跨国公司企业社会责任体制构成现状的概述取决于对企业社会责任的内涵与外延的界定。无论是从学者和官方组织的概念界定和相关研究来看，还是从商界对企业社会责任的操作和认知上来看，人们对企业社会责任概念的内涵与外延都没有达成一致。因此相对于国际投资体制构成的清晰明了，跨国公司企业社会责任体制的构成边界相对模糊。

社会责任指南标准 ISO26000 对社会责任的界定是“社会责任：组织的决策和活动对社会、环境产生影响并应负有责任，可采取如下透明的、道德的行为：促进可持续发展，包括社会的健康和福利；考虑利益相关方的期望；遵守相应法律并符合国际行为规范；将责任融入组织并落实到组织关系中”。② 根据社会责任指南标准 ISO26000 社会责任的界定，本章从规则所涉议题领域、规则约束力状况和规则制定主体三个角度来概述跨国

① UNCTAD, *World Investment Report* 2010: *Investing in a Low-Carbon Eeconomy*, New York and Geneva: United Nations, 2010, p. xxvi.

② ISO 26000: 2010 (en) Guidance on Social Responsibility, https: //www. iso. org/obp/ui/#iso: std: iso: 26000: ed-1: v1: en.

公司企业社会责任体制的构成。

企业社会责任规则所涉及的每一个议题领域都是企业社会责任体制的一个部门构成。享有全球高度共识的联合国《全球契约》10 项原则涉及 4 个议题领域：人权、劳工、环境和反腐败①。如果以其为范本，企业社会责任体制至少包括四个部门体制。社会责任指南标准 ISO26000 在条款 6 中阐述了社会责任的 7 大核心主题，分别是组织的管理、人权、劳工实践、环境、公平运营实践、消费者问题、社区参与和发展②。如果以其为范本，企业社会责任体制至少包含七大部门体制。从整体上来看，企业社会责任体制至少包括人权、劳工和环境议题领域的部门体制。

企业社会责任规则的约束力有两类：一类是具有法律约束力的硬法，一类是没有法律约束力但却具有实际效力的软法。从约束力状况看，企业社会责任体制由具有强制力的硬法分支和不具法律约束力的软法分支共同构成。前者是具有法律渊源的国内法和国际法，属于企业不具选择权的强制性责任；后者是指企业承担的不在法律义务规定范围之内、但符合社会价值和利益相关者期待的自愿性义务。软法能够弥补硬法在覆盖范围上和成长弹性的不足，并有可能向硬法转化。这两部分是相辅相成，不是互相替代的。软法成为企业社会责任体制中被关注的焦点，其不具法律约束力但具有落实效果的核心特质，成为当今企业社会责任体制的主要特点。

企业社会责任规则的制定者有三类主体：一是企业，二是包括行会和市民社会组织在内的非政府组织，三是民族国家和政府间国际组织。围绕这三类主体，形成了三套规则体系，即企业自我设立的规则体系、非政府组织设立的规则体系、政府及政府间组织设立的规则体系。这三套规则体系相互补充和相互作用，企业社会责任体制由此也可以看成是这三套规则

① "The Ten Principles of the UN Global Compact", https://www.unglobalcompact.org/what-is-gc/mission/principles.

② ISO 26000：2010（en）Guidance on Social Responsibility，https://www.iso.org/obp/ui/#iso：std：iso：26000：ed-1：v1：en.

体系的交错嵌合①。

各国和政府间国际组织通过立法及规范倡议，为企业社会责任设置规则和提供指引。各国虽然很少在国内立法上以“企业社会责任”之名为跨国投资者设定规则，但很多部门法的条款在事实上涉及了企业的社会责任，从而以硬法的形式对企业的社会责任提出了底线要求。在单一经济体的法律不能有效规范跨国公司社会责任履行的情况下，各经济体也积极通过国际合作来促使跨国公司履行社会责任，政府间国际组织在这方面也发挥了举足轻重的作用。在各国的比较优势和企业竞争力差异较大的基础上，硬法式的企业社会责任对企业间和国家间的财富配置产生较大影响，因此，政府和政府间国际组织规制跨国公司社会责任的成果主要以不具法律约束力的文本或文本草案形式出现，例如 2011 年获得通过的《工商企业与人权：实施联合国“保护、尊重和补救”框架指导原则》和此前虽经多年努力但未获得通过的《联合国跨国公司行动守则（草案）》和《跨国公司与其他商业企业关于人权的准则（草案）》以及联合国的《全球契约》等。

为了应对来自市民社会的舆论与监督压力以及在经济竞争中取得形象和品牌优势进而获得市场优势，跨国投资者特别是一些大的跨国公司为自己以及合作厂商设立企业社会责任规则，并定期披露履行企业社会责任的状况。目前企业设立的社会责任规则体系主要表现为各公司自己设立的生产守则，内容涉及各大议题领域，例如“沃尔玛的公司内部生产守则《道德操守规范》涉及童工、工作环境、薪酬和反腐败等诸多社会问题，适用对象包括沃尔玛员工、董事及第三方，并通过企业社会责任与可持续发展报告监督执行情况”。② 对跨国公司而言，这种自我约束的自愿性规则有助于保持自身在企业社会责任规则体系中的主动性和话语权，要优于外部的非政府组织约束和政府约束。

非政府组织设立的企业社会责任规则也是自愿性规则，常被称为“外

① 以规则制定主体来区分企业社会责任构成的观点在很大程度上得到了以下论著的启发：李东燕等：《全球治理——行为体、机制与议题》，北京：当代中国出版社 2015 年版；王佳宜：《全球治理下跨国公司社会责任监管模式转变》，载《商业经济研究》，2016 年第 23 期。

② 王佳宜：《全球治理下跨国公司社会责任监管模式转变》，载《商业经济研究》，2016 年第 23 期，第 107 页。

部生产守则”。非政府组织设立的外部生产守则可以分为两大类：一类是由企业构成的行会所制定的规则体系。“例如，适用于世界服装业的 WRAP（Worldwide Responsible Accredited Production）认证的产生。20 世纪 90 年代中后期，世界各地的许多服装厂都被频繁曝光，血汗工厂式的运作方式所造成的社会舆论，对整个服装行业产生了极为不利的影响。一些知名公司联系美国制衣公会出面协调和解决。……2000 年成立了 WRAP 组织，目的是通过认证和教育改善世界服装生产企业的人权状况。”① 另一类是由独立的非营利机构制定的规则体系。例如前文提到的社会责任标准体系 SA8000 和 ISO26000，为不同国家、不同行业部门和不同规模的企业提供了世界通用的规则体系。

企业社会责任规则体系涉及的议题领域呈现了扩大的趋势，自愿遵循的不具法律约束力的部分成为其主导标志，市民社会组织和跨国公司及其行会在其中成为世人瞩目的主角。各国跨国公司对企业社会责任日益重视并不断完善其落实行动，政府以及各种非政府组织和广大民众对企业社会责任的关注，都表明随着企业社会责任的深入人心及其复杂的政治经济效果，这一体制在跨国公司及国际直接投资领域的影响日益增加。

四、全球投资治理的问题与趋势

全球投资治理体制在经过萌芽、成型、高速发展后，现在处于调整期。② 一方面，国际投资体制存在较多问题，“几乎没有哪个国家对现行国际投资体制感到满意”③；另一方面，各国基于自己的国家利益和现有投资治理问题，竞相采取实际行动，“国际投资协定的改革正在加紧进行，并

① 李东燕等：《全球治理——行为体、机制与议题》，北京：当代中国出版社 2015 年版，第 216 页。

② 张小波、李成：《论全球治理中的国际投资机制构成、发展及对中国的影响》，载《国际观察》，2016 年第 4 期。

③ 詹晓宁：《全球投资治理新路径——〈解读 G20 全球投资政策指导原则〉》，载《世界经济与政治》，2016 年第 10 期，第 11 页。

已初见具体成效”①，整体的全球投资治理体制呈现积极发展态势。

（一）全球投资治理的问题

当前的全球投资治理体制调整的部分动因来自于全球投资治理此前存在的问题，但目前这些问题还未因调整得到彻底解决，甚至部分问题又面临加剧的可能。整体而言，在很大程度上，目前的全球投资治理还是国际经济旧秩序的组成部分，具有鲜明的不公平和不合理的特点。

首先，分散构建起来的国际投资规则体系呈现出较大的议题覆盖范围和地理覆盖范围上的不完备性。

在全球层面上，由于缺乏足够的国际共识，各国没有成功缔结一部综合性的、具有约束力的全球投资协定。而现存的局部性的、具有约束力的全球投资协定只涉及了部分投资议题，即与贸易相关的投资议题和部分投资争端议题，其他投资议题还没有在全球协定的层面得到应对，因此也没有形成一个由各局部性的全球性协定所组成的、覆盖了所有重要投资议题的协定网络。无论是在法律形式上，还是在法律实践上，全球层面的国际投资规则体系都呈现了议题覆盖范围的不完备性。国际投资规则体系在地理覆盖范围上的不完备性更是鲜明。双边投资协定是国际投资机制的主体，数目巨大，但提供的保护有限。“全球约 2/3 的国际直接投资存量受益于双边投资协定和‘其他国际投资协定’所提供的覆盖所有行业的准入后保护。然而，这只代表了可能的双边关系的 1/5。全面覆盖所有的双边投资关系，还需要再缔结 14100 项双边投资协定。”②

在目前的国际投资体制调整期，拓展全球层面上的投资规则体系议题覆盖范围的可能性呈现了下降的趋势。“尽管金融危机前，国际投资领域

---

① UNCTAD, *World Investment Report* 2016. *Investor Nationality*: *Policy Challenges*, Genava: United Nations, 2016, p. 108, http: //unctad. org/en/pages/PublicationWebflyer. aspx? publicationid = 1555.

② UNCTAD, *World Investment Report* 2011: *Non-Equity Modes of International Production and Development*, New York and Geneva: United Nations, 2011, p. 102. 截至 2010 年底，全球有 2807 项双边投资协定和 309 项其他国际投资协定（UNCTAD, *World Investment Report* 2011: *Non-Equity Modes of International Production and Development*, New York and Geneva: United Nations, 2011, p. 100）；截至 2017 年 2 月底，双边投资协定总数增加至 2964 项，其他国际投资协定增至 367 项，但一些重要的双边投资协定如中国——美国、中国——巴西双边投资协定仍没有缔结。

的制度建设已在双边、区域和次区域经贸谈判中得以展开，但通过协商建立一个综合性多边直接投资协定才是国际投资体制建构的终极目标。……危机后，更多的国家转向缔结双边和区域一体化贸易协定及优惠协议，不仅淡化了推进多边谈判以达成国际投资协议的积极性，而且客观上使得双边或地区经济政策协调与全球性政策协调间呈现出互为竞争的格局。”①

其次，拼凑而成的国际投资协定体系呈现出较高的复杂性，增加了相关主体利用协定的成本和规则适用结果的不可预测性。

虽然还有相当大一部分的国际直接投资没有得到国际投资协定的保护或只得到了部分保护，但现有的“国际投资协议制度已逐渐接近这样的局面：其庞大和复杂程度令政府和投资者都难以应对”②。国际投资协定数量繁冗，绝对数量仍呈现增加的态势，对跨越多国投资的企业和缔结多项协定的政府来说，准确理解与适当运用这些协定的难度在加大。

更重要的是，由于没有系统性设计，“这些投资协定条款相互交织、重叠，造成了投资领域里的‘意大利面碗效应’”③。具体表现是“一部分国际直接投资存量受到两个或两个以上的国际投资协定所提供的保护。事实上，有570项双边投资协定提供的准入后保护至少是部分地与其他协议重合”。④ 协定条款的交叠“不仅增加了投资协定体系的复杂性，而且隐含法律条款的冲突”⑤，而“重叠的程度和冲突条款的风险取决于双边投资协定和/或‘其他国际投资协定’在所给出的保护和给予的灵活性上的精确阐述”⑥，由此不能排除如下情况，即“一项单一的政府措施可能会被同一

① 金芳：《金融危机后国际投资体制的建构特征与中国的应对》，载《世界经济研究》，2014年第4期，第67页。

② UNCTAD, *World Investment Report* 2011: *Non-Equity Modes of International Production and Development*, New York and Geneva: United Nations, 2011, p. xvi.

③ 文洋：《全球投资治理：现状、趋势及中国的参与路径》，载《理论视野》，2016年第10期，第65页。

④ UNCTAD, *World Investment Report* 2011: *Non-Equity Modes of International Production and Development*, New York and Geneva: United Nations, 2011, p. 102.

⑤ 詹晓宁：《全球投资治理新路径——解读G20全球投资政策指导原则》，载《世界经济与政治》，2016年第10期，第11页。

⑥ UNCTAD, *World Investment Report* 2011: *Non-Equity Modes of International Production and Development*, New York and Geneva: United Nations, 2011, p. 102.

投资者依据形式不同的法律协议起诉两次”①。此外，“有些仲裁裁决造成了裁决之间的不一致或相互抵触”②，“多个国际投资争端仲裁庭对投资协定的解释存在着很大的不确定性，而且争端解决机制程序繁琐”。③

国际投资体制的复杂性增加各相关主体利用投资协定规则的成本，降低了市场在全球价值链上的资源配置效率。但这种复杂性在国际投资体制调整期反而因为崛起的区域主义中的“国际投资协定平行主义”有加大的可能。近来缔结的区域国际投资协定对缔约方以前缔结的双边投资协定采取了不同的做法：替代、不表态和平行主义。替代能够减少部分已有的双边投资协定，减少国际投资体制的复杂性。但是，平行主义可能发挥反向作用。平行主义是指区域国际投资协定允许缔约方现有的双边条约继续有效，这是前述的潜在的法律条款冲突得以存在的主要原因。“一项对2006年至2012年间签署的11项区域国际投资协议的分析显示，大多数协议并没有将此前的双边投资条约逐步淘汰。相反，规范区域协议与其他（投资）协定条约间关系的大多数条款允许双边投资协定与区域条约平行存在。”④ 对待缔约方原有双边投资协定采取多元态度的“地区主义……有效地导致了条约层级的增加，使得国际投资规则的网络更加复杂，更倾向于重叠和不一致”。⑤

再次，国际投资规则制定权的分布具有不平等性，以美国为首的发达国家成为规则的制定者和推广者，发展中经济体成为规则的接受者和追随者。

---

① UNCTAD，“The Rise of Regionalism in International Investment Policymaking：Consolidation or Complexity”，*IIA Issues Note*，June 2016 No. 3，p. 5，http：//unctad. org/en/pages/newsdetails. aspx?OriginalVersionID = 532&Sitemap_ x0020_ Taxonomy = UNCTAD%20Home.

② UNCTAD，World Investment Report 2010：Investing in a Low-Carbon Eeconomy，New York and Geneva：United Nations，2010，p. xxv.

③ 詹晓宁：《全球投资治理新路径——解读〈G20全球投资政策指导原则〉》，载《世界经济与政治》，2016年第10期，第12页。

④ UNCTAD，“The Rise of Regionalism in International Investment Policymaking：Consolidation or Complexity”，*IIA Issues Note*，June 2016 No. 3，p. 4，http：//unctad. org/en/pages/newsdetails. aspx?OriginalVersionID = 532&Sitemap_ x0020_ Taxonomy = UNCTAD%20Home.

⑤ UNCTAD，“The Rise of Regionalism in International Investment Policymaking：Consolidation or Complexity”，*IIA Issues Note*，June 2016 No. 3，p. 4，http：//unctad. org/en/pages/newsdetails. aspx?OriginalVersionID = 532&Sitemap_ x0020_ Taxonomy = UNCTAD%20Home.

国际投资体制虽然较为缺乏内在的系统性和一致性，但在规则构成上体现了以美国为首的发达国家的主导地位。“美国在国际投资规则制定的各个层面，无论是双边投资协定还是区域贸易安排或自由贸易协定谈判，都引领着国际投资规则的形成。”① 以至于虽然“全球不存在统一的国际投资规则，但美国推行的一套国际投资规则对其他国家和组织的投资规则的影响越来越大，成为事实上的美国式国际投资规则”。② 以准入后和准入前国民待遇条款、负面清单规则、投资者和国家争端解决机制为例，它们是美式国际投资规则的核心组成部分，不断扩散并成为主流国际投资规则之一。国民待遇条款由美国首创并引入国际投资领域，准入后国民待遇条款和负面清单由美国在《北美自由贸易协定》的投资专章首创，该专章设立的投资者可以对缔约方政府提起争端的国际仲裁成为国际经济争端解决机制中的里程碑。③

美式国际投资规则之所以能够推广和成为主导规则，一方面是美国所进行的倡议、要求和施压；另一方面则是其他主要发达经济体和很多发展经济体对美式投资规则的被动接受和主动仿效。欧盟是另一个对国际投资规则发展有较大影响的经济体，欧式投资规则在投资保护和投资自由化上的要求与美式规则是同向的，“有许多相同之处，但根本差异有两点：欧盟双边投资协定只要求准入后的国民待遇，禁止履行要求不如美式严厉”④。2012 年，欧美发表了《欧盟与美国就国际投资共同原则的声明》，而且“如果欧美取得 TTIP 的谈判结果，可以说是美国式国际投资规则在欧盟得到了延伸”。⑤ 作为美国亚洲盟友的日本积极采用美式投资规则。亚洲和拉

① 孔庆江：《美国如何设置国际投资规则的议程?》，载《中国政法大学学报》，2016 年第 4 期，第 72 页。

② 朱颖、罗英：《美国式国际投资规则的影响及中国的应对》，载《经济纵横》，2015 年第 9 期，第 112 页。

③ 朱颖、罗英：《美国式国际投资规则的影响及中国的应对》，载《经济纵横》，2015 年第 9 期，第 114 页。

④ 朱颖、罗英：《美国式国际投资规则的影响及中国的应对》，载《经济纵横》，2015 年第 9 期，第 115 页。

⑤ 朱颖、罗英：《美国式国际投资规则的影响及中国的应对》，载《经济纵横》，2015 年第 9 期，第 115 页。

美很多发展中经济体，包括中国在内，都在某种程度上接受了美式投资规则。[①] 以发达经济体和发展中经济体的双边投资协定（BITs）谈判为例，“追根溯源，BITs 是由发达的资本输出国创造并服务于其对外经济政策的”[②]；“在 BITs 谈判中，发达国家有范本可依，成竹在胸，目标明确。而发展中国家大多没有 BITs 范本，只能被动应对，甚至盲目接受发达国家范本的严苛条款”。[③] 发达国家在国际投资体制中的主导地位表现是多方面的，“这不仅表现在美欧对国际投资机制设计的直接参与，更表现在其价值观、政治理念——包括自由市场经济、法治、透明化等——已经深入渗透到国际投资机制以及相关实践的方方面面。而 TPP 和 TTIP 等最新框架便是这一特点的集中体现”。[④]

美国为首的发达国家成为国际投资规则制定者和推广者，所依据的是强大投资实力、谈判实力、对投资规则的深入认识和其投资规则的实践效果。在国际投资体制的调整期，虽然发展中经济体的投资实力、谈判实力、对投资规则的认识都有所提高，美式投资规则的实践效果也呈现出因主体而异的多样性；但只要国际投资格局依然呈现以发达国家为主的态势，国际投资体制构建以双边路径为主，国际投资体制构建所具有的话语权不平等性将依然存在。

最后，也是最重要的一点，国际投资规则体系在权利与义务的设置上呈现出鲜明的失衡性。

国际投资规则体系在权力与义务的失衡性有三种表现：一是投资者享有的权利与义务之间的失衡，“现有国际投资协定在给予投资者保护的同时，普遍未能对投资者应尽的义务包括企业社会责任做出规定。大多数投

---

① 朱颖、罗英：《美国式国际投资规则的影响及中国的应对》，载《经济纵横》，2015 年第 9 期，第 114 页至 116 页。

② 曾华群：《论双边投资条约实践的“失衡”与革新》，载《江西社会科学》，2010 年第 6 期，第 8 页。

③ 曾华群：《论双边投资条约实践的“失衡”与革新》，载《江西社会科学》，2010 年第 6 期，第 9 页。

④ 张小波、李成：《论全球治理中的国际投资机制构成、发展及对中国的影响》，载《国际观察》，2016 年第 4 期，第 152—153 页。

资协定只规定了投资者的权利，缺少投资者的义务”①；二是东道国的权利与义务间的失衡，大多数投资协定“只规定了东道国的义务，而无东道国政府的权利”②；三是投资者与东道国间的权利与义务失衡，即投资者享有权利而东道国几乎不享有权利，东道国承担义务而投资者几乎不承担义务。

投资者与国家之间的权利义务失衡，使得投资者与国家间争端解决机制越来越多地被投资者使用，一旦该机制被成功启动，仲裁裁决的结果更有利于投资者，致使某些国家因此退出该机制。“正是由于国家与投资者权利义务的失衡，再加上一个庞大、复杂而充满重叠、缺陷和冲突的国际投资协定体系，近年来投资者—东道国争端大幅上升。”③ 以联合国贸发会议公布的最新相关数据年份——2015 年为例，一方面“投资者根据国际投资协定新提起的投资者与国家间仲裁案件（投资争端解决机制）已知有 70 起，创下一年内提起诉讼数量的新高”④；另一方面“可公开查到的数据显示，2015 年仲裁裁决的结果不一，国家往往在诉讼的管辖权阶段胜出，而到了案情实质阶段投资者打赢的案件更多”⑤。从已知的所有已终结的投资者与国家间争端解决程序看，“截至 2015 年底，有 27% 的结果是支持投资者诉求的，而在所有进行到案情实质阶段的仲裁裁决中，60% 支持投资者，40% 支持国家”。⑥ 投资者在基于条约的投资者与国家间争端解决机制中处于相对有利地位使得“ICSID 的合法性更是受到质疑，其被认为偏向

---

① 詹晓宁：《全球投资治理新路径——解读〈G20 全球投资政策指导原则〉》，载《世界经济与政治》，2016 年第 10 期，第 12 页。

② 詹晓宁：《全球投资治理新路径——解读〈G20 全球投资政策指导原则〉》，载《世界经济与政治》，2016 年第 10 期，第 12 页。

③ 詹晓宁：《全球投资治理新路径——解读〈G20 全球投资政策指导原则〉》，载《世界经济与政治》，2016 年第 10 期，第 12 页。

④ UNCTAD，*World Investment Report* 2016. *Investor Nationality*：*Policy Challenges*（*Key Messages and Overview*），Genava：United Nations，2016，p. 22，http：//unctad. org/en/pages/PublicationWebflyer. aspx？publicationid = 1555.

⑤ UNCTAD，*World Investment Report* 2016. *Investor Nationality*：*Policy Challenges*（*Key Messages and Overview*），Genava：United Nations，2016，p. 23，http：//unctad. org/en/pages/PublicationWebflyer. aspx？publicationid = 1555.

⑥ UNCTAD，*World Investment Report* 2016. *Investor Nationality*：*Policy Challenges*，Genava：United Nations，2016，p. 107，http：//unctad. org/en/pages/PublicationWebflyer. aspx？publicationid = 1555.

投资者的经济利益，而不顾东道国的社会利益，一些发展中国家因为不满裁决结果而退出公约”。①

投资者与国家间权利义务的显著失衡性来自于国际投资体制话语权分布的不平等性和发达国家与发展中国家各自利益诉求所在的焦点组合。虽然从比例上看，国际直接投资更多地发生在发达国家之间，但在国际直接投资的整体格局中，发达国家的主导身份是国际直接投资来源地国，而发展中国家的主导身份是国际直接投资目的地国。在国际投资规则谈判中，只要发达国家的焦点问题是本国投资者利益，而发展中国家更为关注的是吸引外资，投资体制中投资者与国家间权利义务的失衡性就一直有存在的坚实基础，但如果双方的利益诉求发生转向，这种失衡性将得以被纠正。

（二）全球投资治理的趋势

一方面，目前全球投资体制呈现出的不完备性、复杂性、不平等性和失衡性问题，因其部分生成原因的长期存在，也将呈现出长期性；而另一方面，由于其部分生成原因在一定程度受到侵蚀，这些问题将在体制重构过程之中及重构结束之后呈现某种程度的整体或局部弱化倾向。

总体来看，重构期的全球投资治理体制的发展趋向不是单向度的，是多方向的、混合的，除前述四大问题性特点外，还呈现出以下四大新的发展趋向：

第一，国际投资规则制定权的配置有一定改变，虽然发达国家依然拥有制定权上的绝对优势，但发展中国家的规则制定权相对有所增强。

国际投资规则制定权的配置是以国家间的总体实力与国际直接投资领域内的国家间实力分布为基础的，受到国际投资决策机制路径和平台的影响。无论是国家间总体实力的分布，还是国际直接投资领域内的国家实力分布，以及国际多边交流平台的建设，都呈现出了发达国家在绝对实力上的优势地位和发展中国家在相对实力上的崛起，这是发达国家得以维持在国际投资规则制定权上的绝对主导地位和发展中国家规则制定权相对上升的基础。

---

① 文洋：《全球投资治理：现状、趋势及中国的参与路径》，载《理论视野》，2016 年第 10 期，第 66 页。

因此，一方面是“当今国际投资的主要参与者仍旧是美国、欧洲等发达经济体，相应的国际投资机制也基本上由其主导、支配，而包括中国在内的广大发展中国家整体上仍处于或被动接受、或被排斥在外的尴尬境地”[①]，而且“整体上发展中国家对国际投资规则的诉求还是停留在开放市场的层面，对于劳工标准、知识产权保护等高标准条款表示异议，而且难以做出实质性承诺”[②]；另一方面，崛起的新兴经济体积极主动去影响国际投资规则的发展方向，其投资相关利益诉求在国际投资规则构建结果上得到一定体现。

G20 成员经过十多轮的艰苦谈判所达成的《G20 全球投资政策指导原则》鲜明地体现了新兴经济体在国际投资规则制定权上的提升：“就建立一个什么样的国际投资体制而言，G20 成员国的立场也存在着很大的差异。总的来看，发达国家侧重对外投资，主张高度的投资自由化、市场准入、非歧视以及透明度；新兴经济体则侧重于吸引外资，强调产业安全、产业发展以及东道国应有的政策空间。其中，美国力促投资保护和自由化的最高标准，印度、巴西、南非寻求‘发展政策空间’最大化，欧盟和中国相对而言更希望两者兼顾。最后努力的结果是高标准的投资保护及透明度与充分照顾发展政策空间的平衡。这一成果的最终取得，首先与中国作为主席国发挥的强有力的领导作用是分不开的。”[③]《G20 全球投资政策指导原则》虽然是不具有法律约束力的框架性协议，但它是全球多边机制内达成的关于国际投资规则的首份共识，必将对此后各国的国内国际相关投资规则制定发挥重要的导向作用。

第二，在国际投资协定体系的层级构成中，虽然双边投资协定仍占主导地位，但区域或跨区域投资协定将继续发展。

自 2016 年至今，英美两国发生的一系列事件似乎给国际投资协定体系的区域主义蒙上了一层阴影。2016 年 6 月 23 日，英国就是否脱离欧盟启

① 张小波、李成：《论全球治理中的国际投资机制构成、发展及对中国的影响》，载《国际观察》，2016 年第 4 期，第 152 页。

② 邢厚媛：《全球治理中的国际投资规则变化与对策》，载《国际经济合作》，2013 年第 12 期，第 7 页。

③ 詹晓宁：《全球投资治理新路径——解读〈G20 全球投资政策指导原则〉》，载《世界经济与政治》，2016 年第 10 期，第 10 页。

动举行全民公投，“脱欧”一方的支持率为51.89%[①]；2017年3月29日，英国首相特雷莎·梅致函欧盟，宣布正式启动“脱欧”程序[②]。2017年1月23日，以反对多边自由贸易协议为竞选核心主张的美国总统特朗普在就任的首个完整工作日签署行政命令，正式宣布美国退出《跨太平洋伙伴关系协定》（TPP）[③]；3月17日，特朗普与德国总理默克尔会晤，多次建议与德国达成双边贸易协定而非与欧盟达成多边贸易协定[④]；4月26日，美国特朗普政府的一位高级官员透露，白宫考虑草拟行政令退出《北美自由贸易协定》（NAFTA）[⑤]。

但是，英美两国貌似退回双边主义的策略并不能宣告国际投资协定区域主义发展势头的调转。从实践上看，投资区域主义的兴起是从美国在20世纪80年代推行和示范包含投资规则的区域协定开始的，但它是多国基于各自国家利益选择的结果，美国的选择并不必然代表其他国家未来的选择。促进区域经济融合发展的努力一直在持续。“两度游说美国在TPP问题上回心转意均告失败之后，日本有意在美国退出之后主导其余11国落实TPP，助其‘死里逃生’，而且据日方估计，澳大利亚、新西兰、加拿大、墨西哥和新加坡这些国家将支持日本的提议。”[⑥]“秘鲁则将摸索用太平洋联盟与东盟间的协定替代TPP。”[⑦]与此同时，“中国正在推动以一项聚焦于降低东盟（ASEAN）与其邻国间关税的‘低品质’协议，来尽快达成《区域全面经济伙伴关系协定》（Regional Comprehensive Economic Partner-

① 《英国公投决定脱离欧盟》，载《新华国际》，2016年6月24日，新华网，http：//www.xinhuanet.com/world/2016tfsj5/。

② 周珺：《欧盟27国达成与英国“脱欧”谈判指导方针》，2017年4月9日，新华网，http：//news.21cn.com/hotnews/a/2017/0430/01/32219642.shtml

③ 刁海洋：《特朗普签署行政命令 宣布美国退出TPP》，中国新闻网，http：//news.xinhuanet.com/world/2017—01/24/c_ 129459738.htm。

④ 《特朗普和默克尔首次会晤貌合神离》，载《新华每日电讯》，2017年3月19日第3版，来源：新华网，http：//news.xinhuanet.com/mrdx/2017—03/19/c_ 136139943.htm；《特朗普再变脸！TTIP起死回生》，载《第一财经》，2017年4月24日，中华网，http：//economy.china.com/news/11173316/20170424/30454762.html。

⑤ 《英媒：白宫考虑草拟行政令退出北美自贸协定》，参考消息网，2017年4月27日，http：//www.cankaoxiaoxi.com/world/20170427/1935946.shtml。

⑥ 成玉麟：《日本欲助TPP“死里逃生”》，载《经济参考报》，2017年4月28日，经济参考网，http：//jjckb.xinhuanet.com/2017—04/28/c_ 136242326.htm。

⑦ 《强调沟通 美退出后首次TPP相关会议在智利开幕》，中国新闻网，2017年3月15日，http：//news.21cn.com/caiji/roll1/a/2017/0315/13/32072086.shtml。

ship，简称 RCEP)"。[①]

特朗普政府并未打算完全放弃区域策略选择，其真实目的是要重置区域规则以实现"美国利益优先"，此前的退出以及威胁更像是一种警示和要价。虽然美国与欧盟之间的 TTIP 谈判已经停滞一段时间，但"2017 年 4 月 24 日，美国商务部部长威尔伯·罗斯会晤欧盟贸易专员马尔姆斯特伦，正式讨论如何推进 TTIP 谈判"[②]，因为"作为欧盟领头羊的德国始终拒绝与美'一对一'谈判，这让特朗普不得不接受将欧盟作为谈判对象的可能性"[③]。在 2017 年 4 月 26 日晚，"美国白宫说，美国总统唐纳德·特朗普以及墨西哥和加拿大领导人已经达成一致，将重新谈判北美自贸协定(NAFTA)"[④]；4 月 27 日，"美国总统唐纳德·特朗普警告称，如果美国没有从重新谈判中得到'公平交易'，美国可能仍然会'终结'与墨西哥和加拿大长达 20 年的自由贸易协定"[⑤]。此外，即使英国成功脱欧后，并不意味着英国与欧盟之间的已有相关投资规则在实质上的完全废除，这些规则绝大部分可能将会以英欧间协议内容的方式保留下来，这仍是区域国际投资协定，是将原有欧盟内部的区域投资协定调整为欧盟与英国间的区域投资协定。

第三，国际直接投资议题越来越多地被与经贸议题乃至社会议题组合起来进行处理，自由贸易协定或经济伙伴关系协定越来越多地成为国际直接投资规则的载体，全球治理体系的一致性和国际投资规则的稳定性可能增强。

从国际投资协定的发展历程（参见图 4.2）来看，传统 BIT 数量的增长已大幅放缓，而除传统 BIT 之外的其他国际投资协定，即有投资条款之

---

① 罗宾·哈丁、米强、迈克尔·皮尔：《中日争夺亚洲贸易协定控制权》，载英国《金融时报》，2017 年 3 月 14 日，来源：FT 中文网，http：//www. ftchinese. com/story/001071760。

② 严瑜：《反对 TPP 却挺 TTIP 特朗普为何再次"变脸"?》，《人民日报〈海外版〉》，2017 年 4 月 27 日，http：//world. huanqiu. com/hot/2017—04/10551445. html。

③ 严瑜：《反对 TPP 却挺 TTIP 特朗普为何再次"变脸"?》，《人民日报〈海外版〉》，2017 年 4 月 27 日，http：//world. huanqiu. com/hot/2017—04/10551445. html。

④ 《态度转寰 特朗普同意不终止北美自贸协定》，新华网，2017 年 4 月 28 日，http：//news. xinhuanet. com/world/2017—04/28/c_ 129577947. htm。

⑤ 《英媒：特朗普重新威胁退出〈北美自由贸易协定〉》，参考消息网，2017 年 4 月 28 日，http：//www. cankaoxiaoxi. com/world/20170428/1940658. shtml。

条约（TIPs）数量在新增国际投资协定中占有越来越大的比例，这些条约多是自由贸易协定或经济伙伴关系类协定。“投资政策的制定正试图体现这一现实：投资政策和其他政策，包括与广泛的经济、社会及环境问题相关的政策之间的相互作用联系更加密切。”① 如果说区域主义代表的是行为主体的一体化，而这些 TIPs 代表的则是议题的一体化，“在传统 BIT 势头不再的背景下，投资议题与贸易议题、更广泛的经济议题乃至环境、劳工等社会议题的一体化趋势发展强劲”。②

议题一体化所带来的系统性收益、谈判效果及其与国际竞争逻辑的结合促使越来越多的经济体采取这一策略。议题一体化“有助于统筹考虑贸易、投资等各个经济议题之间、经济议题与‘与经济有关的’社会和政治等非经济议题之间的全面、综合、协调处理，可以促进各个议题之间的互动联系和联合收益”③，这种系统性收益是注重可持续发展的各经济体采用议题一体化策略的根本动因。议题一体化所形成的促进谈判效应则是各经济体热衷于采用 TIPs 的重要动因。议题一体化谈判，可以让谈判方以议题换议题，以利益换利益，使各方有妥协的空间，有更大概率去接受在单议题谈判中不能接受的条款。一旦某些经济体获得足够多的这种系统性收益，就可以在国际竞争中形成相对于那些未获得此种收益的经济体的优势。在规模经济和范围经济的作用下，为了在竞争中获得优势和避免劣势，从理论上讲，只要对相应的经济来说，议题一体化的总收益大于总成本，各国会竞相采用议题一体化的策略。

全球治理有多个议题领域，每个议题领域内生成了不同规则体系，由于缺乏系统性设计和协调，彼此之间会产生冲突或有潜在的冲突。议题一体化，给各缔约方提供了一个综合审察、评估和解决这种冲突的机会，可以在缔约方之间减少这种不同议题领域规则间的不一致，从而至少是一定范围和程度上减少了现实的和潜在的全球治理体系的不一致性。

---

① UNCTAD, *World Investment Report* 2010: *Investing in a Low-Carbon Eeconomy*, New York and Geneva: United Nations, 2010, p. xxivi.

② 王彦志：《新自由主义国际投资法律机制：兴起、构造和变迁》，北京：法律出版社 2016 年版，第 310—311 页。

③ 王彦志：《新自由主义国际投资法律机制：兴起、构造和变迁》，北京：法律出版社 2016 年版，第 315 页。

与单议题的投资协定相比，多议题的自由贸易协议增加了违反和终止国际投资规则的成本从而增加了国际投资规则的稳定性。“FTA 一般将贸易协定中的国家间争端解决机制（包括交叉报复等）引入投资领域，这有助于确保投资专章得到遵守。……FTA 一般将 BIT 的（除非撤回或终止）自动延续条款废除，但与此同时也不再包括有限的有效期间，这使得缔约国不再可能简单地经由通知而仅仅终止投资保护专章。……FTA 将投资保护与贸易流动联系在一起了……FTA 的终止或重新谈判将付出更大的成本或更难以实现。”①

第四，也是最为重要的一点，“高标准投资保护和高水平投资自由化程度、高强度的可持续发展要求”成为并存的发展方向，国际投资协定对不同主体间以及同一主体的权利义务的配置趋向于更为平衡，国际投资体制与企业社会责任体制开始合流。

各经济体签署国际投资协定旨在通过国际直接投资的流入与流出促进本国经济发展。一方面，国际直接投资的流入在很多国家都发挥了促进经济增长的作用，但是另一方面国际投资协定的生效与东道国直接投资流入的正相关关系并没有得到实践的有力支撑，现有的国际投资协定在促进国际直接投资流入的作用上显示出相当大的局限性。而且，国际投资协定权利义务的失衡使得东道国的政策空间受限，从而使其推进可持续发展的能力在一定程度上受限。尤其是金融危机爆发以来，许多东道国希望通过推行包括促进投资政策在内的各种国内政策来恢复和促进经济增长，也掣肘于国际投资协定对东道国权利的限制或是担心其潜在的限制。传统的国际投资协定在促进可持续发展方面的不足前所未有地凸显出来。

针对传统国际投资协定在促进可持续发展方面的不足，“许多国家做出努力，重新评估国际投资政策，以便修订双边投资条约范本、审查各自的条约网络及其对发展的影响，或声明废除条约，从而使投资政策更加符合发展考虑”②。在这一过程中，一方面是有利于国际直接投资发展的欧美

① 王彦志：《新自由主义国际投资法律机制：兴起、构造和变迁》，北京：法律出版社 2016 年版，第 316 页—317 页。

② UNCTAD, *World Investment Report* 2010: *Investing In A Low-Carbon Eeconomy*, New York and Geneva: United Nations, 2010, p. xxvi.

的高标准投资规范和高水平投资自由化规范的扩散；另一方面是国家明确自身的监管权力以及把企业承担的社会责任引入到国家的监管框架之内，使国家的政策空间和投资者行为符合国家的可持续发展需要，“近期许多条约，不论新的、重新谈判的条约还是经修订的条约，都表明，各国政府，不论发达国家还是发展中国家的政府，正越来越多地设法通过澄清条约范围或具体义务的含义，更准确地拟定协议，以便保留国家的管制权。环境条款及旨在确保社会惯例等领域企业适当行为的条款，也正变得日益普遍”。① 结果是“投资政策趋势正呈现出二元性：一方面，力求进一步实行投资自由化和投资促进；另一方面，则力求加强投资管制，争取实现公共政策目标”②，以至于国际投资制度“正在出现一种系统性演进，即一种更好地兼顾国家和投资者的权利和义务的制度趋于形成”。③

非常重要的是，当前国际投资协定体系开始出现对投资者履行社会责任的要求，虽然提出这一要求的条款通常不具有法律约束力，但企业社会责任被纳入国家间软法体系，已经成为一种趋势。例如，《G20 全球投资政策指导原则》明确地提出了“可持续发展原则”和“企业社会责任及公司治理原则”。这意味着国际投资体制与企业社会责任体制在国际层面上的一定程度的合流。

国际投资协定体系权利义务平衡性增强的动因在于追求可持续发展过程中发达国家和新兴发展中大国的身份转变。④ 发达国家在实践中一直既是母国、也是东道国，但在相当长一段时间里，发达国家在投资协定体系的身份都只是投资者母国，原因有两点：一是发达国家间的相互投资关系没有被纳入国际投资协定约束之内；二是虽然发达国家与发展中国家之间存有大量的双边投资协定，但是实践中的二者之间的长期的单向流动的国际直接投资消解掉了发达国家在法律上的东道国身份。但这两点原因都逐

---

① UNCTAD, *World Investment Report* 2010: *Investing in a Low-Carbon Eeconomy*, New York and Geneva: United Nations, 2010, p. xxvi.

② UNCTAD, *World Investment Report* 2010: *Investing in a Low-Carbon Eeconomy*, New York and Geneva: United Nations, 2010, p. viii.

③ UNCTAD, *World Investment Report* 2010: *Investing in a Low-Carbon Eeconomy*, New York and Geneva: United Nations, 2010, p. xxv.

④ 王彦志：《新自由主义国际投资法律机制：兴起、构造和变迁》，北京：法律出版社 2016 年版，第 332—338 页。

渐消解了。在《北美自由贸易协定》和《欧洲能源宪章条约》之后，随着自由贸易协定和经济伙伴关系协定的大发展，越来越多的发达国家之间的双边投资关系被纳入国际投资协定体系。随着发展中国家经济竞争力的加强，发达国家与发展中国家之间特别是新兴发展中国家的国际直接投资流动逐渐转为双向流动。因此，发达国家也成了资本输入国、东道国和仲裁被申请者，国际投资协定和国际投资越多，越有可能被提起基于条约的国际仲裁。这种身份的转变使得发达国家开始走向平衡投资者与东道国权益的国际投资协定范式。一些发展中国家特别是新型发展中大国，从原来的单一资本输入国身份转变为资本输入国与资本输出国的双重身份，既要考虑其作为东道国的权益，也要考虑其作为投资者母国的权益，平衡投资者与东道国权益的国际投资协定范式也是符合其国家利益的选择。只要发达国家与新型发展中大国在国际投资协定体系中的双重身份整体上朝向强化的方向发展，国际投资体制权利义务的平衡性就会强化。

第五章

全球金融治理*

金融是经济活动往来并发展到更高阶段的产物。如罗伯特·吉尔平（Robert Gilpin）所述，“国际金融是连接世界经济的主要力量。”① 伴随着货币的诞生与发展，经济活动中的商品与交换得以在更大的时间和空间上展开，这在给人们带来更多财富的同时，也引入了大量风险。在金融全球化与相互依存的背景之下，金融风险的累积就逐渐演变出危机。而正是危机的破坏性和传染性，才真正意义上引发人们对全球金融治理体系的深入思考与研究热点。1997 年亚洲金融危机引起了人们对金融体系有效治理的高度关注；2008 年全球金融危机又再次凸显了全球金融治理与协调的迫切性与必要性。事实上，追求全球金融良性治理的努力不曾停止，它一方面意味着国家及非国家行为体间要通过建立多层次合作机制以不断提升国际金融运作效率；另一方面也意味着国际金融活动的开展还需要有制度化的安全保障。在追求效率与安全两条逻辑的驱动下，各行为体间通过协调、合作推动着全球金融治理的实现。由于国际金融活动的背后更多体现为权力的互动与博弈，因此对全球金融治理的理解也需要被置于国际政治关系框架之下来进行。②

---

* 本章作者：孙忆。

① Robert Gilpin, *The Political Economy of International Relations*, Princeton, New Jersey: Princeton University Press, 1987, p. 306.

② 本章将从行为体的视角对全球金融治理进行分析与探讨。亦有研究从议题内容的角度分析全球金融治理的框架，认为全球金融治理主要包括国际金融监管框架、金融危机国际救助机制、全球金融治理平台等主要要素或子系统。关建新：《国际货币金融体系变革与中国》，北京：中国发展出版社 2015 年版，第 40—60 页。从议题内容视角分析的角度对本文有启发意义，但本文更侧重探讨国家及非国家行为体在全球金融治理过程中发挥的作用。

一、全球金融治理的内涵

全球化背景之下，国际贸易与金融流动面临的国家间障碍大大减少，资金资本在追求更高利润的目标驱动下实现跨国、跨地区流动，这也使得传统意义上的国家对资金流动的管控力度大幅下降。这种个体层次上的逐利行为的确自发地提高了国际金融活动的运作效率，但由此带来的跨境金融风险对国家金融安全的冲击却成为每个国家所必须直面的难题。而由于无政府状态下不存在一个超国家机构，这就使得对国际金融活动的监管与治理会更多地通过行为体间的合作与协调来实现。

（一）概念

由于全球治理的概念内涵主要强调国际机制与规则的重要作用,[①] 在金融领域，全球金融治理（global financial governance）也主要关注规则、制度、机制等对全球金融活动的管理与影响，它不仅包括国家间协调建立治理机制的努力，也包括非国家主体对治理规范的制度性参与及实践。国内外学者对此有较为相近的看法。例如，英国学者埃米利奥·阿弗古力亚斯（Emilios Avgouleas）认为，全球金融治理是基于一种多元的“法律化”、组织化的领域之上的，它们包括：（1）国际条约（international treaties），这是国际货币基金组织（IMF）、世界银行（WB）等重要国际金融机构或地区发展银行赖以建立的基础；（2）国家之间的基础与协调机制，诸如 G7、G20 等；（3）“非正式”的基于共识（软法）的标准与结构，如跨国规则网络（Transnational Regulatory Networks，TRNs）等。[②] 中国学者张礼卿也认为，“所谓全球金融治理，是指通过规则、制度和机制的建立，

① 治理概念及理论体系开创者詹姆斯·N. 罗西瑙（James N. Rosenau）指出：“治理，指的是导引社会体系实现目标的机制，一个非常适合理解世界上旧有边界日渐模糊、新身份司空见惯、政治思考面向全球的概念。”詹姆斯·N. 罗西瑙：《面向本体论的全球治理》，载俞可平主编：《全球化：全球治理》，北京：社会科学文献出版社 2003 年版，第 64 页。

② Emilios Avgouleas, *Governance of Global Financial Markets: The Law, The Economics, The Politics*, New York, USA: Cambridge University Press, 2012, p. 158.

对全球货币事务和金融活动进行有效的管理，包括在全球、区域和国家层面对各种利益关系进行协调”①。此外，英国学者克恩·亚历山大（Kern Alexander）、拉胡尔·都莫（Rahul Dhumale）、约翰·伊特威尔（John Eatwell）还指出，金融系统的全球治理主要包括三大原则：一是有效性原则，即制定有效的监管标准与规则；二是问责制原则，即建立责任明晰的决策制定结构和指令传输通道；三是合法性原则，即受国际监管标准约束的行为体自觉将标准纳入其发展当中。② 一些学者虽未明确给出全球金融治理的概念定义，但其研究立足于具体的国际金融机制或制度结构，分析其与全球金融治理的关系，③ 事实上也证明了全球金融治理主要是通过制度性规范与约束才得以实现。

由于治理一词的英文“govern”也有管理、控制之意，一些研究也将全球金融治理等视于一种运用制度、规则对金融活动的管控（regulate）④。然而，治理与管控仍有所差别。管控往往是一种实然的手段，即运用一定的规则条文对行为体的行为做出规定并要求履行；但治理还蕴含了一种应然的逻辑，即除了有形的条文以外，还涉及无形的规范。在全球金融治理中，不仅国际金融机构或机制会影响金融活动的开展，一些行业标准的确立也规范着金融活动的运行。⑤

全球金融治理也并非一般意义上的行为体合作（cooperate）。合作的范围通常限定在参与方之间，各方针对某一议题进行磋商、协调并达成对彼此有约束的一致行动或意见；但治理的范围涉及面更广，其产生的治理效

---

① 张礼卿、谭小芬主编：《全球金融治理报告（2015—2016）》，北京：人民出版社 2016 年版，第 1 页。

② Kern Alexander, Rahul Dhumale, and John Eatwell, *Global Governance of Financial Systems: The International Regulation of System Risk*, New York: Oxford University Press, 2006, pp. 14 – 15.

③ 这一类的文献数量极多，在此就不一一列举。Graham Bird, ed., *The International Financial Regime*. London: Surrey University Press, 1990; Jan Aart Scholte, “Governing Global Finance,” CSGR Working Paper No. 88/02, January 2002; Geoffrey R. D. Underhill, and Xiaoke Zhang, eds., *International Financial Governance under Stress: Global Structures versus National Imperatives*, Cambridge: Cambridge University Press, 2003. 等文献。

④ Eric Helleiner, Stefano Pagliari, and Hubert Zimmermann, eds., *Global Finance in Crisis: The Politics of International Regulatory Change*, London & New York: Routledge, 2010.

⑤ Say Goo, Douglas Arner, and Zhongfei Zhou, eds., *International Financial Sector Reform: Standard Setting and Infrastructure Development*, London, The Hague, New York: Kluwer Law International.

果往往会产生外溢，即治理参与方的行为可能也会给未明确表示参与治理的行为体带来外部性影响。

从金融体系的组成上看，国际金融活动一般涉及国际货币体系、国际资本流动、金融工具与金融市场运作、金融机构与政府部门监管等，这使得全球金融治理与普遍意义上的全球经济治理相比，在内涵上更加明确，更加具体。

（二）治理主体与方式

在国际贸易领域，存在着诸如世界贸易组织这样的集中性国际组织或制度对国际贸易进行综合治理；与之不同，由于资金资本独特的流动性和可互换性，国际金融活动的实现更多有赖于微观层面的个人或企业的自发逐利行为，而对中观层面的国家集体行动的需求似乎相对不甚凸显，[①] 因此在国际金融领域，具有高合法性、专门性、集中性的全球金融治理机构几乎难以存在。

在全球性超国家政府和集中性国际机构缺位的状态下，全球金融治理更多地依赖国家主导下的相关国际制度和规则进行。这一方面是因为良性的全球金融治理作为一种公共物品的特性愈加凸显，而公共物品需要具有足够资源与能力的主体来提供；另一方面，不论是从人员数量、资金能力、技术手段还是合法性程度来看，国家都是具有这样的资源与能力的主体。由此，国家逐渐处于全球金融治理的核心主体地位，其对不同治理机制的偏好成为决定全球金融治理效果的主要变量。[②]

跨境金融的自由流动性使得单一国家难以凭借自身力量解决金融治理的难题，全球金融治理问题的解决更需要国家间的协调与配合，因此国家参与全球金融治理的方式更多是通过政府间机制框架下的磋商与协作来实现。一些国家及国家部门成立或加入相关国际金融机构（International Financial Institutions，IFI）以加强信息交流、促进彼此间监管部门的协调合

① Eric Helleiner，*States and the Reemergence of Global Finance*：*From Bretton Woods to the 1990s*，Ithaca and London：Cornell University Press，1994，pp. 195 – 209.

② 蔡伟宏：《国家博弈、制度形成与全球金融治理》，载《国际经贸探索》，2015 年第 8 期，第 102—116 页。

作。这里主要体现的是全球金融治理中对金融安全的加强与控制。例如，在银行监管方面，1974 年成立的巴塞尔银行监管委员会（Basel Committee on Banking Supervision，简称“巴塞尔委员会”）是发达国家为管理和控制全球化金融市场的系统性风险而做出的协调一致的努力，它是国际清算银行（BIS）的一个正式机构，以成员国①的中央银行官员和银行监管部门为代表组成。它为银行监管提出许多监管标准与指导原则，增强国际银行系统的稳定性。与之相对应的“关于国际货币事务的 24 国集团”（G24）则是发展中国家在国际金融与货币领域内协调立场和政策的尝试。② 在证券市场的监管方面，成立于 1983 年的国际证券监督管理委员会组织（IOSCO）对加强各国证券监管者联系、制定全球证券规范与准则、监管证券市场系统性风险发挥了重要作用。在保险监管方面，国际保险监督官协会（IAIS）于 1994 年成立，现已囊括来自近 140 个国家的保险监管机构及监察员，并致力于推进有效的全球统一的保险监管准则、建立公平安全的保险市场环境、维护全球金融稳定。此外，成立于 1945 年的 IMF 的主要任务与目标中也涉及了全球金融治理的内容，包括推动全球货币合作、保障金融稳定性等，IMF 在 20 世纪 80 年代一些发展中国家爆发的债务危机和 20 世纪 90 年代爆发的亚洲金融危机中都发挥了一定的金融援助作用。

在更广泛的意义上，国家也通过政府间协调机制参与全球金融治理。这些机制虽然不是专门针对全球金融治理议题成立的，但在机制的历程与发展过程中，金融治理逐渐成为国家在这些机制内磋商的主要议题。例如，产生于 20 世纪 70 年代的西方七国集团（G7）③ 就是西方发达国家研究经济形势、促进政策协调而构建起的机制平台，它曾在设计世界金融货

---

① 成立巴塞尔银行监管委员会的 G10 实际上不止 10 个国家，它包括美国、英国、法国、德国、意大利、日本、荷兰、加拿大、比利时、瑞典、瑞士、卢森堡，均为发达国家。随后，巴塞尔银行监管委员会的成员范围不断扩大，现已拓展到 28 个国家或地区。

② Eduardo Mayobre, ed., *G-24: The Developing Countries in the International Financial System*, Boulder, Colo.; London: Lynne Reinner Publishers, 1999.

③ G7 中的 7 个发达工业国包括：美国、英国、法国、德国、日本、意大利、加拿大。1997 年俄罗斯作为正式成员加入，G7 集团由此发展为 G8 集团。

币体系、实施全球金融治理决策等方面发挥了主导作用。[①] 2008 年金融危机爆发后，传统的以发达国家为中心的全球金融治理机制因合法性和行动能力不足而遭遇失灵的困境，新兴经济体和发展中国家凭借日益强大的经济实力逐渐登上全球金融治理的平台，由此，成立于 1999 年的二十国集团（G20）[②] 从部长级会议升级为首脑会议，现已成为发达国家和发展中国家协调合作、共同治理国际金融体系一个最主要的制度平台。

国家之间通过制度化程度不同的国际机制推进全球金融治理的协调和合作。与此同时，一些私人领域的非国家行为体也在全球金融治理中发挥着不容忽视的作用，尽管这种作用与国家行为体相比似乎仍不甚突出。私人领域的非国家行为体之所以能在全球金融治理中发挥重要作用，一方面是因为金融体系是价格机制的核心组成部分并体现市场的逻辑，国家的政策行为应满足金融市场体系维持稳定、加快发展的要求；另一方面是因为全球金融体系自身结构的演变，资金流动数量的增加以及金融手段证券化的进一步深化加强了市场的自主性和影响力。在逐利导向的驱动下，金融领域的非国家行为体也需要相关的制度与机制对其利益加以保障。[③] 由此，国际金融体系的治理网络超越了一般意义上的国家层级的国际体系，而向多层化、复杂化发展。[④]

从方式上看，非国家行为体主要通过影响金融治理标准制定、落实治理规则的微观实践等方式参与全球金融治理。[⑤] 在影响金融治理标准制定

---

① Nicholas Bayne, "Reforming the International Financial Architecture: The G7 Summit's Successes and Shortcomings," in Michele Fratianni, Paolo Savona, and John J. Kirton, eds., *Governing Global Finance: New Challenges, G7 and IMF Contributions*, Burlington, USA: Ashgate Publishing Company, 2002, pp. 27-43.

② G20 成员国包括原 G8 以及澳大利亚、阿根廷、巴西、中国、欧盟、印度、印度尼西亚、韩国、墨西哥、沙特阿拉伯、南非、土耳其等 12 个重要经济体，覆盖了主要发达国家和发展中国家，成员范围更广泛。

③ Adriano Lucatelli, *Finance and World Order: Financial Fragility, Systemic Risk, and Transnational Regimes*, Westport, Connecticut: Greenwood Press, 1997, p. 38.

④ Philip G. Cerny, "Embedding Global Financial Markets: Securitization and the Emerging Web of Governance," in Karsten Ronit, and Volker Schneider, eds., *Private Organizations in Global Politics*, London and New York: Routledge, 2000, pp. 61-63.

⑤ 关于私人领域在全球治理中的作用，还包括了提供社会福利、维持治理安全等。但在全球金融领域，实际上私人机构在制定规则、落实规则这两方面的作用方式上更为突出。Thomas J. Biersteker and Rodney Bruce Hall, "Private Authority as Global Governance," in Rodney Bruce Hall and Thomas J. Biersteker, eds., *The Emergence of Private Authority in Global Governance*, Cambridge: Cambridge University Press, 2002, pp. 203-222.

方面，一些非官方团体在推动甚至引领市场规则发展方面有着突出的作用。例如：创立于1978年的“30人小组”由部分国家央行行长和国际金融领域知名人士组成，它旨在深化对国际经济金融议题的认识，探究在公私领域做出的金融决策所造成的国际影响，进一步检验市场从业者和政策决策者所做选择的正确性，通过政策研究与建议的方式对各国央行、监管者、金融企业等各层次主体产生影响，引导金融政策与实践的规范。此外，诸如国际会计准则委员会（IASC）、国际会计师联合会（IFAC）等行业组织代表，在制定并发布高质量、可理解、可操作的国际会计职业准则等方面就发挥了主要的引导、推动和监督落实作用。在推动落实治理规则的微观实践方面，私人领域的行为体在治理规范的社会化力量和外部监督力量的双重作用下倾向于模仿并遵守金融治理的标准与规则，否则就将面临高昂的违规风险。值得注意的是，私人领域的行为体遵规行为也与相关金融标准内容的严苛程度相关，严苛的金融标准虽然意味着私人行为体的实质性合规行为将要承担相当的遵规成本，但这种遵规也会带来实质上的利益与好处。[①] 通过遵守相关的金融治理规则，私人行为体事实上也助推了全球金融治理的合规性发展，使全球金融治理能以一定的规范和秩序正常运行。

总而言之，当前全球金融治理呈现出多层级、分散化的特点，它是包含了由国家、国家间组织、次国家及私人领域行为体的一种复杂的治理网络。各层次行为体依循特定的方式参与治理，在大规模全球化背景下推动全球金融治理的有序发展。

（三）必要性

金融体系的运转往往遵循一种更为自发性的市场逻辑，各金融主体追逐利益最大化的行为推动着金融体系的发展；但这种逻辑往往容易因道德风险、危机传染性、交易信息不对称等因素导致市场失灵，进而对经济金

---

① Andrew Walter, “Adopting International Financial Standards in Asia: Convergence or Divergence in the Global Political Economy?” in Geoffrey R. D. Underhill, Jasper Blom, and Daniel Mügge, eds., *Global Financial Integration Thirty Years On*, Cambridge: Cambridge University Press, 2010, pp. 105 - 107.

融发展带来破坏式影响。因此，金融活动需要在一定的治理约束下进行，以维持金融参与者信心、弥补市场缺陷、保护金融体系免受银行挤兑等恐慌性浪潮的冲击。[①] 由此看来，全球金融治理的推进既要尊重其既有的内在的市场经济逻辑，同时也要以一定的政治政策逻辑加以规范。

然而，全球金融治理存在着一种内生的矛盾，即金融市场根植于快速演化的经济活动之中，但对其的治理却往往是一种应急式反应，缺乏前瞻性。[②] 换言之，当风险累积并以金融危机等破坏性形式爆发出来后，人们往往才意识到金融治理体系中存在的漏洞与问题，并为解决危机采取措施，其中就涉及治理规则上的调整与改变，包括延展国际监管的边界、加强制度结构建设、收紧对金融市场私人主体的委托监管程度等。[③]

但是，对危机的事后补救也无法改变既有的金融市场体系遭受破坏性冲击的事实，要提升全球金融治理的有效性，事前的危机防范和事中的危机控制更应被纳入治理制度设计的重点考虑范围。由此，在保护金融效率的同时更强调对全时段金融安全的加强与维护，这样一种全球金融治理结构也就凸显了其存在的必要性。

二、国家决策与全球金融治理的建制、改制

从历史上看，金融活动很大程度上是在国家权威的治理或管制下进行的。17—19 世纪，许多欧洲国家的国家自主性实力不断增强，对金融行为

---

① Emilios Avgouleas, *Governance of Global Financial Markets: The Law, The Economics, The Politics*, New York, USA: Cambridge University Press, 2012, p. 6. Charles Goodhart, Philipp Hartmann, David T. Llewellyn Liliana Rojas-Suarez, and Steven Weisbrod, *Financial Regulation, Why, How, and Where Now?* London: Routledge, 1998; Ross Cranston, *Principles of Banking Law*, Oxford: Oxford University Press, 2002, Chapter 3; Emilios E. Avgouleasm, *The Mechanics and Regulation of Market Abuse - A Legal and Economic Analysis*, Oxford: Oxford University Press, 2005, Chapter 5.

② Eric Helleiner and Stefano Pagliari, "Between the Storms: Patterns in Global Financial Governance, 2001—2007," in Geoffrey R. D. Underhill, Jasper Blom, and Daniel Mügge, eds., *Global Financial Integration Thirty Years On*, Cambridge: Cambridge University Press, 2010, p. 42.

③ Eric Helleiner and Stefano Pagliari, "Crisis and the Reform of International Financial Regulation," in Eric Helleiner, Stefano Pagliari and Hubert Zimmermann, eds., *Global Finance in Crisis: The Politics of International Regulatory Change*, London & New York: Routledge, 2010, pp. 1 – 2.

体的管控力也逐渐增强，使金融活动服务于自身的国家需要与需求。由于此时欧洲金融体系的发展一定程度上是由国家主导的，因而当时推动金融治理发展的主要动力就在于国家。① 有学者考察20世纪20年代的全球金融治理模式后发现，两次世界大战之间，国家拒绝或无力为中央银行实行货币或金融政策提供足够的支持，也未能建立起适宜的国际协调制度，这使得当时出现了一定程度上的货币和金融混乱。因此，全球金融治理需要强有力的国家权威的支持；并且，当前国家推进有效的全球金融治理也更多地需要通过有效的国际制度手段来实现。②

国与国之间在母国控制（home country control）基础之上实现的国际合作体现了国家对金融全球化的回应，国家有能力在国内与国际的双层博弈路径上应对来自全球金融治理的挑战。③ 更有学者主要关注全球金融治理中霸权国家作为维持金融稳定、提供公共物品、维护金融秩序的主导性角色，体现了一种霸权稳定论的视角。④ 总体而言，尽管金融经济全球化中市场力量的上升加剧了国家间彼此的竞争，也放大了金融资金跨境流动的风险，但不论是霸权国家还是崛起国家，它们都在历史进程的演变中为实现全球金融治理做出了相应的努力。

（一）发达国家与全球金融治理中的制度建立

发达国家因其经济实力上升与金融发展需要，率先开展并主导全球金融治理的进程。尽管最初的治理协调仅停留在授权力度与制度化水平都不高的国家间合作上，当时的霸权国英国也并未充分发挥其霸权优势以建立

---

① Fernand Braudel, *The Wheels of Commerce: Civilization and Capitalism*, 15th - 18th *Century*, New York: Harper & Row, 1979; Charles P. Kindleberger, *A Financial History of Western Europe*, Winchester, Mass.: Allen & Unwin, 1984; Emily Gilbert and Eric Helleiner, *Nation-States and Money: The Past, Present and Future of National Currencies*, London, New York: Routledge, 1999.

② Randall Germain, "Financial Governance in Historical Perspective: Lessons from the 1920s," in Geoffrey R. D. Underhill, Jasper Blom, and Daniel Mügge, eds., *Global Financial Integration Thirty Years On*, Cambridge: Cambridge University Press, 2010, pp. 25 - 41.

③ Ethan B. Kapstein, *Governing the Global Economy: International Finance and the State*, Cambridge, Massachusetts, London, England: Harvard University Press, 1994, pp. 1 - 29.

④ Andrew Walter, *World Power and World Money: The Role of Hegemony and International Monetary Order*, New York: St. Martin's Press, 1991.

并维护包括金本位制在内的金融公共物品，[①] 但由经济实力较突出的国家推动全球金融治理，这个规律已显露端倪。

1. 布雷顿森林货币体系与 IMF 的建立

二战后，美国事实上成为受益最大的国家，其实际产出翻番，商品扩张到重要的海外市场，黄金储备的世界占比也几乎达到 2/3。强大的经济与金融实力使美国得以建立起以美国和美元为中心的多边经济制度，即布雷顿森林体系（Bretton Woods System）。从全球金融治理的视角来看，该体系最突出的表现和影响是建立了以美元为中心的国际货币体系，还建立了 IMF、国际复兴开发银行（通称“世界银行”）等全球性金融治理机构。

布雷顿森林体系的主要内容包括：美元与黄金挂钩，各国确认美国规定的 35 美元/盎司的黄金官价并用美元向美国兑换黄金；其他国家货币与美元挂钩，各国规定各自货币的含金量并通过含金量的比例确定与美国的汇率；实行可调整的固定汇率，各国货币对美元的汇率仅在上下 1% 的幅度内波动，否则各国政府有义务干预外汇市场并维持汇率稳定；美元因与黄金处于等同地位而成为各国外汇储备中的最主要国际储备货币。此外，布雷顿森林体系还对各国货币兑换性与国际支付结算原则、借助 IMF 进行国际收支调节的方式等做出了规定。

从当时对世界经济金融的效益来看，布雷顿森林体系确立起来的美元—黄金汇兑本位制曾取得了较为突出的成效。国际贸易迅速发展，因为工业化经济体的私营商业银行和贸易公司之间可兑换货币的自由多边交换与对外支付无需通过央行渠道，且在稳定汇率和无对经常账户支付的限制的背景下，各国对外贸易愈加开放；宏观层面上的经济金融稳定得以实现；国际资本市场平稳运行，美国凭借美元发挥金融中介的作用而成为世界的“银行家”。[②] 这种货币体系对金融治理效率的提升起到了一定的作用。

而在危机救助方面，布雷顿森林体系框架下建立起来的 IMF 也为全球

---

① 关于这一部分的历史叙述及分析，可参见：Andrew Walter, *World Power and World Money: The Role of Hegemony and International Monetary Order*, New York: St. Martin's Press, 1991, Chapter 4 & 5。

② 罗纳德·麦金农著，李远芳、卢瑾、陈思翀译：《失宠的美元本位制：从布雷顿森林体系到中国崛起》，北京：中国金融出版社 2013 年版，第 30—32 页。

金融治理的安全保障做出贡献。讽刺的是，IMF 在建立初期，即布雷顿森林体系运作之时，几乎无法很好地履行其金融职能，如要求成员国确定汇兑平价、取消汇兑限制、确立货币可兑换性等，积极响应的成员国寥寥无几。[①] 布雷顿森林体系瓦解后，随着国际货币体系和全球金融市场进入新的发展阶段，IMF 在适应国际金融变化过程中也逐渐明确定位并发挥作用。例如，在 1994—1995 年墨西哥金融危机中，IMF 派出工作组调查金融危机爆发根源，并向墨西哥政府提供 180 亿巨额贷款。在 1997 年爆发的东南亚金融危机中，IMF 也通过提供资金的形式帮助东南亚国家稳定动荡的金融局势并重建金融体系及相关制度性法规。显然，这样的资金援助并非无偿进行的，它还伴随着严苛的金融援助条件。客观而言，IMF 的援助条件性能促使国际金融规范合法化以维护全球层面的金融稳定，[②] 并且它的确在一定程度上使得受援助国能重建起金融资本市场及金融可信度。[③] 但是，IMF 对受援国提出的经济改革建议一味体现了“华盛顿共识”下的西方经济自由化逻辑却反而加剧了这些受援国的经济问题和社会不稳定；危机爆发后才采取的亡羊补牢救助方案往往收效甚微而破坏了 IMF 自身的声誉。因此，IMF 在不断适应国际货币金融体系发展变化的过程中不断调整自身国际收支、汇兑安排、外汇管制等相关金融制度，关注重点也逐渐从事后（*ex post*）的危机救助转向兼顾事前（*ex ante*）的危机预防，以在全球金融安全治理方面发挥更大的作用。

2. G7 的金融治理实践

在 20 世纪 70 年代布雷顿森林体系解体、石油危机爆发、西方国家经济“滞胀”的背景下，1975 年，英国、美国、德国、日本、意大利、法国六国政府首脑在法国朗布依埃举行会议，对国内与国际社会面临的主要经济、政治问题进行讨论并认为要加强往来；1976 年，原六国首脑和加拿大

---

① 王德迅、张金杰编：《国际货币基金组织（列国志）》，北京：社会科学文献出版社 2004 年版，第 89—98 页。

② Giorgio Gomel, “Crisis Prevention and the Role of IMF Conditionality,” in Michele Fratianni, Paolo Savona, and John J. Kirton, eds., *Governing Global Finance: New Challenges, G7 and IMF Contributions*, Burlington, USA: Ashgate Publishing Company, 2002, pp. 167 – 175.

③ Morris Goldstein, “IMF Structural Conditionality: How Much is Too Much?” Working Paper No. 01 – 4, Institute for International Economics, https://piie.com/sites/default/files/publications/wp/01 – 4.pdf, April 2001.

首脑一同参加在波多黎各首府圣胡安举行的第二次会议，由此 G7 集团成型并开始机制化发展。1998 年，俄罗斯加入使 G7 转变为 G8，但在实际国际经济政策协调方面，真正发挥主导性作用的仍是原 G7 的国家。

在加强政策协调、共同管理世界经济的目的驱动下，G7 引导全球经济政策的制定方向并为推动世界经济金融进程发挥重要作用。[①] G7 曾通过广场协议扭转世界经济失衡，也曾在应对拉美债务危机中起到积极作用。总体而言，G7 为实施并维护全球金融治理结构所做出的努力包括但不限于以下三方面：第一，减免最贫穷国家的债务，例如，G7 成员国曾在 1988 年多伦多峰会、1996 里昂峰会等会议场合上同意对参与 IMF 项目的贫穷国家实行债务减免，以使这些贫穷国家也能参与到国际金融体系及相应的改革进程当中。第二，寻求建立新的国际金融结构以应对金融危机的冲击，例如，20 世纪 90 年代的墨西哥金融危机和东南亚金融危机就启发这些 G7 成员国推进全球金融改革，包括以 IMF、世界银行为手段强化全球金融监管力度与合作。第三，打击全球金融体系中的不合规行为，包括打击黑市洗钱行为和有害税收竞争、规范离岸金融中心等，1989 年的巴黎峰会上美国和法国共同提出成立金融行动特别工作组（The Financial Action Task Force，FATF）以打击利用国际金融体系进行犯罪的行为，这得到了 G7 成员国的支持。[②]

然而，由于 G7 带有明显的大国强权色彩，发展中国家和新兴经济体被排除在国际金融规则制定权之外；并且，G7 在面对金融危机时出现的治理失灵也直接动摇了其在全球金融治理中的核心地位。[③] 权力结构的变迁使得 G7 亟需提升自身的制度合法性和有效性，力图转变为“有效的全球

---

① 何帆：《中国是否需要加入七国集团?》，载《国际经济评论》，2004 年第 5 期，第 13—17 页。

② Nicholas Bayne, “Reforming the International Financial Architecture: The G7 Summit's Successes and Shortcomings,” in Michele Fratianni, Paolo Savona, and John J. Kirton, eds., *Governing Global Finance: New Challenges, G7 and IMF Contributions*, Burlington, USA: Ashgate Publishing Company, 2002, pp. 28 – 43.

③ Karl Kaiser, John J. Kirton, and Joseph Daniels, *Shaping a New International Financial System: Challenges of Governance in a Globalising World*, Aldershot, Hants, England: Ashgate Press, 2000.

治理中心"[①]；在此过程中，G7 升级为 G8 并试图在 G8 框架下开展更有效的治理活动，同时扩大治理议题的范围且深化政策的实施力度，这些都仅仅是 G7 成员国在新的国际权力格局与国际金融市场中重新发挥治理效力的一个起点。

3. 巴塞尔资本协议的演变[②]

20 世纪 70 年代以来，经济全球化和金融国际化趋势的加强凸显了跨国银行在国际金融领域中的特殊角色地位，但由于各国缺乏统一、有效的规则以监管跨国银行行为，监管上的漏洞累积了国际金融风险。1974 年底，十国集团的央行行长在巴塞尔成立巴塞尔委员会，并陆续制定相关国际金融监管规则与文件。1988 年 7 月，巴塞尔委员会公布《关于统一国际银行资本衡量和资本标准的协议》（International Convergence of Capital Measurement and Capital Standards），即《巴塞尔资本旧协议》（简称"巴塞尔 I"），该协议建立了一套完整有效、切实可行的衡量表内与表外风险的资本充足率标准，有助于银行对风险进行有效管理。1997 年东南亚金融危机爆发后，巴塞尔委员会还进一步针对金融风险管控而推出《有效银行监管的核心原则》，提出较为系统全面的金融风险管理实录，践行银行监管的具体标准。

20 世纪 90 年代，国际银行业的发展日益显现出了信用风险以及操作风险、流动性风险等市场风险之外的弊端，巴塞尔委员会根据变化了的银行业运行环境和监管环境对巴塞尔协议进行修订，并于 2004 年 6 月一致通过《资本计量和资本标准的国际协议：修订框架》，即《巴塞尔新资本协议》（简称"巴塞尔 Ⅱ"），它除了延续以资本监管为核心的风险监管思路，还增加了外部监管和市场约束两大内容。

2008 年金融危机爆发暴露出现行金融监管体系缺乏对系统性风险、顺

---

① John Kirton, "Explaining G8 Effectiveness," in Michael Hodges, John Kirton, and Joseph Daniels, eds., *The G8's Role in the New Millennium*, Ashgate: Aldershot, 1999, p. 46.; John Kirton, "Explaining G8 Effectiveness: A Concert of Vulnerable Equals in a Globalizing World," Paper prepared for a panel on "Explaining G8 Effectiveness" at the Annual Convention of the International Studies Association, Montreal, Canada, March 17 – 20, 2004.

② 关于巴塞尔资本协议的三个阶段、两次转变的详细分析，可参见巴曙松、邢毓静、朱元倩等：《金融危机中的巴塞尔新资本协议：挑战与改进》，北京：中国金融出版社 2010 年版；巴曙松、朱元倩等：《巴塞尔资本协议Ⅲ研究》，北京：中国金融出版社 2011 年版。

周期效应等问题的考虑，也未对杠杆率进行一致监管，因此，2010 年 12 月巴塞尔委员会正式公布巴塞尔Ⅲ的文本终稿，旨在通过银行个体、金融系统两方面增强对全球金融风险的监管力度，即资本监管改革仍是巴塞尔Ⅲ的核心，同时又进一步引入了宏观审慎的考量因素。

从全球金融治理的角度看，巴塞尔协议在银行监管历程中始终处于核心地位，不仅为国际银行监管提供了统一的标准和方法，也为国际银行之间创造了相对公平的外部环境；并且，对基于风险的资本管理体系的提倡也促进银行本身强化风险管理的能力，从而整体提升商业银行体系的安全性与稳定性，① 为全球金融活动构筑安全保障的网络。在程度上，巴塞尔资本协议的三个阶段体现出国家特别是发达国家在金融安全治理议题上思路层层深入的特点，监管理念更加平衡，思路设计趋于全面，这些都是国家在全球金融治理过程中能力不断提升的一种体现。除巴塞尔资本协议代表的银行业改革方向外，证券业、保险业、会计审计等行业也在适应国际金融活动发展变化中实现着制度改革与规范变迁，整体上为建立更有效、更安全的全球金融治理秩序提供制度性保障。

总体而言，发达国家以其突出的经济金融实力率先开展了全球金融治理的实践进程，通过建立各种制度性安排，包括国家间协调磋商机制平台、共同金融监管机构等，初步构建起较为完整的全球金融治理秩序，也达成一定的治理共识与理念。然而，这种秩序和理念仍只是发达国家利益的体现，在世界经济发生结构性转变的过程中，以发达国家为主导的世界金融秩序愈发暴露出其内生矛盾与问题，这也激发了崛起中的发展中国家和新兴经济体推动旧秩序改革并探寻建立新秩序的自觉。② 随着参与治理的国家行为体的范围逐渐扩大，全球金融治理新秩序也在国际权力变化与博弈的过程中实现着改革与重构。新兴经济体在全球金融治理中的作用与重要性愈发凸显。

---

① 巴曙松、朱元倩等：《巴塞尔资本协议Ⅲ研究》，北京：中国金融出版社 2011 年版，第 21 页。

② 关于对全球金融旧秩序所存在的问题，以及对重建世界金融新秩序的探索，可参见金立群、林毅夫、李稻葵、余永定等著，马克乌赞编著，贾冬妮译：《世界金融新秩序：布雷顿森林体系的历史、蜕变与未来》，北京：中信出版社 2016 年版。

（二）新兴经济体对全球金融治理的改制实践

2008年，金融危机暴露出当前以发达国家为主导的全球金融治理体系的重大缺陷，而在新兴国家经济体群体性崛起的时代背景下，全球金融治理的结构与性质也在发生变化，即一方面，全球金融治理的主体范围横向扩展，新兴国家等非西方力量作为新的治理参与者要被纳入治理体系中；另一方面，过去西方发达国家向新兴发展中国家单向输出金融治理理念和方案的传统模式已不再可行，新兴国家要在金融治理新秩序中彰显出其独特的国家利益与金融诉求。因此，发展中国家与新兴经济体开始推动既有的全球金融治理秩序进行改革与完善。

1. G20的兴起及作用发挥

20世纪90年代爆发的东南亚金融危机引起了国际社会对全球性金融安全治理的重视，美国等发达国家意识到国际金融体系亟需完善共同行动的框架，新兴经济体国家应当被加入到国际金融对话机制当中。在此背景下，1999年，G7国家邀请来自新兴经济体国家的财长和央行行长在柏林召开首次非正式会议。由此，G20机制作为首个纳入新兴国家的国际金融治理结构宣告成立，其初衷旨在加强与国际金融体系相关的治理合作。G20所体现出的成员包容性扩大了全球金融治理结构的领域范畴，不仅使金融治理决策更科学合理，也使得"全球性"国际金融治理机制更具合法性。①

但事实上，在2008年以前，G20部长级会议作为从G7/8延伸出来的新兴国际制度形式，并没有真正发挥出其金融治理的功能，因为当时的G20仅仅是各成员国基于协商一致的论坛，决策并不具有法律约束效力；并且，在反洗钱、打击金融恐怖主义等真正关切全球金融治理的议题上，发展中国家和新兴经济体都无法真正参与进来，G7在国际货币与金融委员会（MFC）、国际清算银行（BIS）、金融稳定论坛（FSF）等重要的全球金融治理制度中仍牢牢掌握主导权。

2008年，全球金融危机的爆发使国际社会真正对传统金融治理机制产

① Randall D. Germain, "Global Financial Governance and the Problem of Inclusion," *Global Governance*, Vol. 7, No. 4, Oct. - Dec. 2001, pp. 421 - 422.

生深刻的怀疑与反思，G7/8 未能发挥正确的金融政策引导作用以及 IMF 在危机过程中的救助不力，都使人们对发达国家主导下的全球金融治理秩序丧失信心。[①] 为应对金融危机带来的挑战，G20 机制迅速从部长级会议升级为领导人定期会晤的首脑会议，成为国际经济合作与解决危机难题的核心治理平台。由此，全球金融治理机制从"G7 时代"迈向了"G20 时代"。[②]

尽管 G20 在治理经验上的缺少和在组织架构上存在的不完善使其长久维护全球金融稳定的领导能力遭受一定程度上的质疑，[③] 但 G20 的确在应对金融危机并推动全球金融治理进展方面取得了一定的治理成效。[④] 第一，新兴国家参与国际金融治理的地位得到了制度化确认，打破了以往发达国家对全球金融治理权力的垄断。以 G20 为制度平台，新兴国家经济体得以在探讨全球金融治理政策决策的过程中代表自身的利益与诉求。第二，推动传统国际金融治理机构的改革。一方面，在份额与投票权方面，2009 年的匹兹堡峰会承诺要增加新兴市场和发展中国家在 IMF 和世界银行中的份额，而在 2010 年 IMF 通过的最新份额改革方案中，向新兴经济体转移的份额超过 6%，中国、印度、俄罗斯、巴西等新兴大国进入 IMF 份额前十之列。另一方面，在金融治理机构的领导人任命中，G20 峰会也达成了取消关于 IMF 总干事和世界银行行长必须由欧洲人和美国人担任的共识，在 2010 年 IMF 的改革方案中，欧洲发达工业国向发展中国家让渡了两个执行董事会席位。第三，各国达成了联手刺激经济和扭转国际经济失衡的共识，承诺通过财政政策和货币政策来抵消全球经济减速的冲击，并且力图增强金融治理机构的行为能力。例如，在首次 G20 领导人峰会上，中国就

---

① Anthony Elson, *Governing Global Finance: The Evolution and Reform of the International Financial Architecture*, New York: Palgrave Macmillan, 2011.

② 崔志楠、邢悦：《从"G7 时代"到"G20 时代"——国际金融治理机制的变迁》，载《世界经济与政治》，2011 年第 1 期，第 134—154 页。

③ Mario Giovanoli, "The Reform of the International Financial Architecture after the Global Crisis," *New York University Journal of International Law and Politics*, Vol. 42, No. 1, 2009, p. 105.

④ 关于对 G20 治理成效的论述，可参见崔志楠、邢悦：《从"G7 时代"到"G20 时代"——国际金融治理机制的变迁》，载《世界经济与政治》，2011 年第 1 期，第 147—149 页；洪小芝：《G20 与全球金融治理》，载张礼卿、谭小芬主编：《全球金融治理报告（2015—2016）》，北京：人民出版社 2016 年版，第 232—233 页。

做出了投入 4 万亿人民币刺激经济复苏的决议，日本也提出了 27 万亿日元的经济刺激政策；在 2009 年伦敦峰会上，G20 成员国同意为 IMF 和世界银行等提供总额 1 万亿美元的资金，大幅增加 IMF 特别提款权（SDR）规模 2500 亿美元，舒缓贫穷国家财政压力，并在金融监管、金融机构改革等方面达成更多共识。这些措施在遏制金融危机进一步扩散中起到较为明显的效果，在后来的 G20 峰会中，各国也更多地关注世界经济与金融的均衡、创新发展。此外，G20 峰会还达成加大全球金融市场监管力度的共识，并且提出将金融稳定论坛更名为金融稳定委员会（FSB），巴塞尔银行监管委员会也需进行改革。

总体而言，G20 在稳定全球金融市场、协调金融监管改革、刺激全球经济复苏等方面发挥着及时而有效的作用，其范围更大的成员代表性适应了世界经济格局的变化；更重要的是，G20 也成为 IMF 等全球金融治理机构重建国际金融新规则、新体系的主要推动力。① 不可否认的是，G20 在决策效率与实施、组织结构发展等方面还存在不足，要在未来实现更为有效的全球经济治理，G20 还需进行更深层次的制度设计与改善。

2. 金砖国家新开发银行的成立

发展中国家和新兴经济体对传统金融治理机制发起的改革呼吁有一定的成效，但多数也很难顺利实现。例如，IMF 的 2010 年份额和治理改革方案提出后，因美国等发达国家国内因素的干扰，迟至 2016 年 1 月 27 日才正式生效；新兴国家意图提升 SDR 的国际货币地位的努力也受到既有的美元霸权的掣肘。面对全球层次的金融治理改革僵局，一些新兴国家经济体转向区域层次构建相应的金融治理机构与机制，以区域层面的联合刺激或倒逼全球层面金融治理的改善与转型。金砖国家新开发银行就是以金砖国家为代表的新兴经济体做出的一大治理尝试。

2012 年 3 月，在第四届金砖国家新德里峰会上，成员国提出了成立金砖国家开发银行的构想；2014 年福塔莱萨峰会上，金砖国家宣布签署成立金砖国家开发银行和应急储备安排的协议；2015 年 7 月，金砖国家新开发银行（又称“金砖银行”）正式开业，这标志着金砖国家等新兴经济体在

① 张瑾：《G20 框架内的国际货币基金组织改革》，载《国际观察》，2013 年第 3 期，第 20—26 页。

金融治理方面的合作已迈入务实的新阶段。[①] 从金砖银行的成立目的上看，它旨在资助金砖国家及其他发展中国家的基础设施建设并为其他长期可持续发展的项目提供贷款，增强发展中国家抵御金融风险的实力。另一方面，它也是为了帮助金砖国家等发展中国家防范汇率波动的冲击，丰富现有的多边或地区融资渠道，减弱或避免未来金融危机风险。[②]

金砖银行是新兴经济体自主推动全球金融治理进程的一个代表性体现。尽管金砖银行是区域层面的金融治理“建制”举措，但它实际上并非是对全球层面的 IMF 等金融治理机制的挑战或颠覆，而是体现出一种推动“包容性改进”[③] 的态度。金砖机制不仅通过金砖银行等渠道向新兴经济体提供金融治理发展能力建设的资金，还提供了与西方传统金融治理有所不同的、强调公平平等的理念，[④] 由此倒逼 IMF、世界银行等多边机构提高金融治理效率，对全球金融治理的深化演进起到了补充、完善、激励的良性制度竞争作用。[⑤]

截至 2017 年 6 月，金砖新开发银行发展良好，是金砖国家迄今为止在财金领域取得的最重要而务实的成果之一，它逐步完成了建章立制、搭建组织架构等制度化工作，批准了 7 个项目，贷款承诺总额约 15.55 亿美元，并成功发行了首期 30 亿元的人民币绿色债券；并且，金砖新开发银行还有望成为全球主要国际性银行机构。这意味着新兴国家的金融治理尝试已初步取得成效，为全球金融治理注入了新活力，也提供了新选择。

总体而言，经历过金融危机的洗礼，国家、国家集团、政府间国际组织在国际体系治理中的作用得到进一步强化，[⑥] 在为世界提供金融稳定与

---

① 卢静：《后金融危机时期金砖国家合作战略探析》，载《国际展望》，2013 年第 6 期，第 102—116 页。

② 梁志兵、鄢莉莉：《金砖五国货币金融合作：进展、意义和前景》，载张礼卿、谭小芬主编：《全球金融治理报告（2015—2016）》，北京：人民出版社 2016 年版，第 318 页。

③ 朱杰进：《金砖国家合作机制的转型》，载《国际观察》，2014 年第 3 期，第 59—73 页。

④ “The Brics Try to Reshape the World,” *Financial Times*, 2014—07—14, http://www.ft.com/intl/cms/s/0/464d2fce-0b4b-11e4-9e55-00144feabdc0.html#axzz3FAbVDVwv.

⑤ 孙忆、李巍：《国际金融安全治理中的金砖路径》，载《国际安全研究》，2015 年第 6 期，第 67 页。

⑥ 陈伟光、曾楚宏：《新型大国关系与全球治理结构》，载《国际经贸探索》，2014 年第 3 期，第 95 页。

安全等公共物品的过程中，国家总是处于治理网络的中心地位。而对国家进一步细化来看，在推动全球金融治理的过程中，国家之间的权力博弈不容忽视，因为国家博弈结果对全球金融治理效率与安全的最终实现有着非同小可的重要意义。一方面，国家间在金融治理领域博弈时，其权力大小一定程度上会受其在全球金融结构中所获信息的约束和限制，① 国家的谈判策略也在权力再分配过程中有着更为突出的作用。② 这些因素决定了国家是否能在全球金融治理进程中有效地表达自身的利益与诉求，从而决定了国家参与金融治理的意愿和最终能够付出的程度。另一方面，尽管治理进程中的合作不断增加，国家之间的经济竞争性冲突和政治领导权争夺也不会随之自动停止，③ 国家在博弈过程中能否更大程度上地达成共识决定了未来全球金融治理是否能有更深层次的进展。

从大趋势上看，金融全球化不可逆转，监管套利、市场扩张、国家间竞争等都构成了全球金融市场兴起与繁荣的关键要素，这种市场金融的变化同时也伴随着政治权力的变迁，对国家参与全球金融治理实践并维护自身金融安全与金融竞争力带来一定的挑战；可以说，当前世界金融秩序正在往多层、多边、多元的方向发展。④ 有学者甚至认为，国家中心主义视角下的国际金融管制与规范应当走向一种终结。⑤ 从这个角度看，非国家行为体在全球金融治理中的意义与作用也有进一步考察的必要。

---

① Susan Strange, "Finance, Information and Power," *Review of International Studies*, Vol. 16, No. 3, July 1990, pp. 259 – 274.

② Benjamin J. Cohen, "Money, Power, and Crisis," A draft prepared for "A Retrospective on the Work of Susan Strange: Structure, Power, Knowledge, and Norms," Princeton University, 10 – 11 January 2014.

③ Ethan B. Kapstein, *Governing the Global Economy: International Finance and the State*, Cambridge, Massachusetts, London, England: Harvard University Press, 1994, pp. 180 – 182.

④ Philip G. Cerny, "The Infrastructure of the Infrastructure? Toward 'Embedded Financial Orthodoxy' in the International Political Economy," in Ronen P. Palan, and Barry Gills, eds., *Transcending the State-Global Divide: A Neostructurealist Agenda in International Relations*, Boulder & London: Lynne Rienner Publishers, 1994, pp. 245 – 247.

⑤ Eric Helleiner and Stefano Pagliari, "The End of an Era in International Financial Regulation? A Postcrisis Research Agenda," *International Organization*, Vol. 65, No. 1, Winter 2011, pp. 169 – 200.

三、非国家行为体参与全球金融治理的实践

20世纪80年代后期，全球化与经济相互依赖背景下的跨国网络似乎被规模不一的企业及其世界市场行为所主导。① 世界经济金融的全球化模糊了国家的界限，资金资本、人力资本、科学技术的流动使得跨国公司及产业链在扩张过程中逐渐失去了一种国家性的身份标识。② 民族国家在某种程度上似乎成为一个经济单位。③ 换言之，市场经济的全球化扩大了参与者的主体层次与范围，非国家的金融行为体在国际关系与金融治理的运作中发挥着日益重要、积极的作用。④ 它们有着共识性的规范或标准，并自发监督这些规范标准付诸实践，由此维护全球金融治理的正常秩序。

首先，金融领域的私人行为体及机构应当在国际金融标准与规范的制定中发挥足够的作用。⑤ 仅由国家、国家集团或政府间国际组织制定的金融标准存在较大的问题与不足，因为这些国家层面的行为体几乎无法完全感知或掌控跨国市场的变化，考虑不够周全，难以制定出真正符合私人领域需要的金融标准规范，因而也难以使逐利导向的行为体完全遵守这样的法规与规章。由此，私人行为体在风险管理、金融监管等方面的规则制定中需要发挥比较突出的主要作用。要实现这一点，私人领域的非国家行为体要具备获得相应金融信息的能力，使得要制定的涉及公司治理、规范性

---

① Raymon Vernon and Ethan Kapstein, "National Needs, Global Resources," in Raymond Vernon and Ethan Kapstein, eds., *Defense and Dependence in a Global Economy*, Washington D. C.: Congressional Quarterly Press, 1992, p. 15.

② Robert B. Reich, "Who is Us?," Harvard Business Review, Vol. 68, Iss. January/February, pp. 53 – 64.

③ Charles P. Kindleberger, *American Business Abroad: Six Lectures on Direct Investment*, New Haven and London: Yale University Press, 1969, p. 207.

④ Dieter Ruloff, Weltstaat oder Staatenwelt: Über die Chancen Globaler Zusammenarbeit, München: Beck, 1988, p. 81. 转引自 Adriano Lucatelli, *Finance and World Order: Financial Fragility, Systemic Risk, and Transnational Regimes*, Westport, Connecticut: Greenwood Press, 1997, p. 18。

⑤ 关于非国家行为体在国际金融标准及规范制定中所发挥的作用，可参见：George Vojta, and Marc Uzan, "The Private Sector, International Standards and the Architecture of Global Finance," in Geoffrey R. D. Underhill, and Xiaoke Zhang, eds., *International Financial Governance under Stress: Global Structures versus National Imperatives*, pp. 283 – 301。

金融行为的标准和规则更符合金融市场的动态变化。在许多金融领域，私人行为体或机构已经在发挥其规则标准制定的作用，包括会计行业、审计行业、保险行业、支付与清算系统等。比较突出的是会计行业的国际会计准则委员会（IASC），该委员会成立于1973年，原是由各国会计职业团体组成的一个国际民间组织，力图在协调的基础上制定出可被各国、各地区承认并遵守的国际会计准则（IASs）。[①] 现其成员已发展到包括104个国家的143个会计职业组织，许多国家的会计行业都在不同程度上接受了IASC制定的会计准则，尤其在发展中国家及地区，各国会计行业在行业规则及准则上逐渐协调一致。[②] 需要注意的是，即使是在有国家行为体参与的金融规则制定过程中，非国家行为体在天然逐利导向下仍有可能将规则制定作为谋求自身利益的一种工具，使国际准则规则缺乏一定的公正性与严明性。例如，在银行业监管规则的制定过程中，监管规则更多地受到巴塞尔委员会成员国私人银行的偏好的影响，这一定程度上损伤了国际银行监管规则的可信度、透明度与合法性。[③] 在更广泛的层面上，由于早期的国际金融规则与规范更多反映的是G7成员国的利益，非G7成员国的金融私人行为体的利益与诉求鲜有满足，这也挫伤了更大的全球范围内对国际金融标准与规则的认可。

第二，非国家行为体是否能真正落实并履行全球金融治理规则，很大程度上将直接影响全球金融治理成效的好坏。非国家的私人行为体是落实金融治理规则的微观主体基础，他们的不遵约、不守规行为将对破坏金融治理的进程并可能累积一定的风险。有学者曾批评许多东亚国家的财务公开数据不充分，没有很好地遵循国际会计准则，这使得一些金融问题被遮

① 葛家澍：《国际会计准则委员会核心准则的未来——美国SEC和FASB的反应》，载《会计研究》，2001年第8期，第3页。

② Christian Hoarau, "American Hegemony or Mutual Recognition with Benchmarks?" *European Accounting Review*, Vol. 4, Iss. 2, July 1995, p. 219; Ronald Ma, ed., *Financial Reporting in the Pacific Asia Region*, Singapore: World Scientific and Singapore Institute of Management, 1997; Paul Pacter, "International Accounting Standards: The World's Standards by 2002," *The CPA Journal*, Vol. 68, Iss. 7, July 1998, pp. 14 – 21.

③ Kern Alexander, Rahul Dhumale, and John Eatwell, *Global Governance of Financial Systems: The International Regulation of System Risk*, New York: Oxford University Press, 2006, p. 46.

蔽而未被显露出来，最后一定程度上加剧了亚洲金融危机的深度和广度。①实际上，私人行为体是否能遵守国际金融准则及规范，一定程度上也与当时当地的政治条件和政治环境相关。以东南亚金融危机前后的印度尼西亚会计改革为例，掌控流动资本并意图推动印度尼西亚会计准则与国际标准接轨的资本所有者及相关企业尽管获得了 IMF、世界银行等国际力量和国内自由技术人员的支持，但他们的倡议和呼吁却遭遇了国内官僚机构的遏制，缺乏合适的政治渠道以影响本国会计政策的制定；即使在金融危机冲击下，这些真正掌握资金资本动向的微观行为体也没能成功增加其影响力，这大大损害了印度尼西亚参与全球金融治理的效用。②

此外，从非国家行为体与国家之间的关系上看，倘若不能正确处理好私人利益与公共权威之间的权力平衡，将会导致严重的治理失效。例如，在韩国和泰国的案例中，私人行为体对国家及公共政策制定者的俘获是导致金融危机的破坏性影响在该国急剧扩散的一大原因，其金融体系运转遭到严重破坏。③ 具体而言，韩国的财阀集团和泰国的商业银行很大程度上分别控制了本国的金融体系，束缚了政府独立决策的能力，也损害了该国经济政策的连贯性、稳定性和可信性，甚至还加剧了韩国和泰国政府自身在组织结构方面的进一步碎片化，导致一系列的行政协调问题。④ 不仅如此，随着韩国和泰国的国内经济逐渐与国际体系接轨，政府本身对私人市场行为体就缺乏足够的约束力。如此一来，韩国和泰国的国家政府难以从

---

① M. Rahman, "The Role of Accounting Disclosure in the East Asian Financial Crisis: Lessons Learned?," mimeo, UNCTAD, Geneva, 1998, p. 13. Andrew Rosser, "Governance, Markets and Power: The Political Economy of Accounting Reform in Indonesia," in Geoffrey R. D. Underhill, and Xiaoke Zhang, eds., *International Financial Governance under Stress: Global Structures versus National Imperatives*, pp. 283 – 301.

② Andrew Rosser, "Governance, Markets and Power: The Political Economy of Accounting Reform in Indonesia," in Geoffrey R. D. Underhill, and Xiaoke Zhang, eds., *International Financial Governance under Stress: Global Structures versus National Imperatives*, pp. 283 – 301.

③ Xiaoke Zhang and Geoffrey R. D. Underhill, "Private Capture, Policy Failures and Financial Crisis: Evidence and Lessons from South Korea and Thailand," in Geoffrey R. D. Underhill, and Xiaoke Zhang, eds., *International Financial Governance under Stress: Global Structures versus National Imperatives*, Cambridge: Cambridge University Press, 2003, pp. 243 – 262.

④ Chung-In Moon, and Sang-Yong Rhyu, "The State, Structural Rigidity, and the End of Asian Capitalism: A Comparative Study of Japan and South Korea," in Richard Robinson *et al*, eds., *Politics and Markets in the Wake of the Asian Crisis*, London: Routledge, 2000; Xiaoke Zhang, *The Changing Politics of Finance in Korea and Thailand*, London: Routledge, 2002, Chapter7.

整体宏观层面上实施对国家经济及社会有利的政策，因而也难以提升本国应对金融危机冲击时的实力与能力。在20世纪八九十年代，韩国大财阀和泰国私人金融行为体为极力维护自身的既得利益而干预国家决策，这使得韩国和泰国政府都无法及时根据市场条件调整汇率，也无法重组拖累经济发展的各家公司与金融企业，因此，韩国和泰国在金融危机的冲击中损失惨重。

可以看出，目前的国际金融体系已经出现了较大的转型和调整，它从过去包含跨国联系的国家本位体系，转变为当前的一种全球体系，这种全球体系更多体现出的是地区个体的差异性。① 金融领域的非国家行为体的确很大程度上受益于全球化的发展而崛起，并获得一定的政治结构性权力，但这种权力的大小与非国家行为体在国家政治谱系中的地位相关，权力过大或过小都可能对全球金融治理的顺利开展造成阻碍，这需要在有一定的约束或监管条件下进行权力的使用。的确，以市场为导向的审慎逐利的金融非国家行为体在遏制系统性风险时能够发挥着关键的作用；② 他们对全球金融市场变动的理解将是国家行为体制定科学合理的金融治理政策的重要参考。在审慎考量和精心的制度设计下，国家行为体和非国家行为体将能实现良性合作，并为创造更为和谐稳定的全球金融治理环境做出共同的努力和贡献。③

四、全球金融治理的未来

全球金融市场的发展需要理性的治理加以引导，才能在保障安全的前

---

① Susan Strange, "Finance, Information and Power," *Review of International Studies*, Vol. 16, No. 3, July 1990, p. 264.

② Ulrich Cartellieri, and Alan Greenspan, "Global Risk Management," William Taylor Memorial Lecture 3, Washington D. C., 1996, http://group30.org/images/uploads/publications/G30_GlobalRisk-Management.pdf; G30 Working Group, "Global Institutions, National Supervision and Systemic Risk," A Study Group Report, Washington D. C., 1997, http://group30.org/images/uploads/publications/G30_GlobalInstitutionsNationalSupervisionSystemicRisk.pdf.

③ Adriano Lucatelli, *Finance and World Order: Financial Fragility, Systemic Risk and Transnational Regimes*, Westport, Connecticut: Greenwood Press, 1997, p. 38.

提下尽可能创造更多的效益。一些学者对全球金融治理的未来发展模式进行探讨，既有学者从超国家层面出发，认为应建立权威性世界金融监管局并赋予其足够的权力在世界范围内进行金融监管和风险监管；[①] 也有学者立足于国家和次国家层面，认为应建立多元多层的合作治理模式，各行为体建立一种基于共同利益需求的相互信任关系，共同管理全球金融治理事务。[②] 第一种治理模式相对而言更为乐观，认为全球金融治理可能实现最终统一的局面，国家和由国家组成的国际组织将在其中发挥主导性的政治协调作用；第二种治理模式则认为在地区或群体的私人利益有所矛盾或冲突之下，全球金融治理可能存在一定的碎片化倾向，即在一定的地区而非全球范围内实现金融治理的良性发展。[③] 从可行性上看，似乎第二种治理模式实现的可能性更大，因为成立超国家主权的金融治理机构必然要求各参与国实现一定的主权让渡，这将触及国家的根本利益，谈判难度相对更大；而多元多层合作共治的模式仅仅涉及各行为体的谈判与博弈权力和结果，可操作性相对更强。

尽管未来治理模式可能存在争论，但有一点是毋庸置疑的：当前的全球金融治理体系尚有缺陷，需要相关行为体的支持与完善。从改革和发展的视角来看，全球金融治理进程依然任重而道远。

（一）改革既有的国际、国内金融治理结构

金融危机暴露出以美元为中心的国际货币体系存在缺陷，全球金融监管体系的建设也不完善，尽管相关金融治理机构的改革持续进行，但进程十分缓慢，这主要还是因为传统发达国家不愿放弃既有的金融治理权力及地位所致。

---

① John Eatwell, and Lance Taylor, *Global Finance at Risk: The Case for International Regulation*, New York: New Press, 2000; Emilios Avgouleas, *Governance of Global Financial Markets: The Law, the Economics, the Politics*, New York, USA: Cambridge University Press, 2012, pp. 435 – 459.

② 洪小芝：《全球金融治理相关问题研究综述》，载《西南金融》，2012 年第 3 期，第 35—38 页。

③ Jean-Marc Coicaud, and Luiz A. Pereira Da Silva, "The Legitimacy of International Organizations and the Future of Global Governance," in Geoffrey R. D. Underhill and Xiaoke Zhang, eds., *International Financial Governance under Stress: Global Structures versus National Imperatives*, Cambridge: Cambridge University Press, 2003, pp. 318 – 321.

在国际层面，推动以IMF、世界银行为代表的国际金融治理机构的结构性改革早已成为共识，[①] 总的来说，重建未来国际金融体系的核心内容主要包括：改革现有的以美元为主导的国际储备货币体系，重组并增设多层级的国际金融机构，建立多层次的全球金融安全网络。[②] 显然，我们必须高度重视金融安全治理，因为全球金融安全网络的不健全是造成历次金融危机的最突出的原因。健全的金融安全保障网络既要在金融风险累积成危机前做足未雨绸缪的准备，又要具备行之有效的措施以防止金融危机的破坏性影响进一步蔓延，其主要要素包括审慎的金融监管机制、存款保险制度、最后贷款人功能等。[③] 例如，IMF等全球金融治理机构应当加强监管功能的建设，[④] 不仅要在危机救助过程中发挥作用，更应将重点关注到危机的预防与控制上。在协调保障金融安全的基础上，进一步形成良好的治理环境引导私人行为体自发地创新金融治理效率，由此将全球金融治理带入良性而可持续的发展方向。

---

① 认为IMF、世界银行等国际金融机构需要实现改革的文献数量极多，此处不一一列举，可参见Ngaire Woods，“Making the IMF and the World Bank more Accountable，” *International Affairs*，Vol. 77，Iss. 1，2001，pp. 83 – 100；Jakob Vestergaard and Robert H. Wade，“Still in the Woods：Gridlock in the IMF and the World Bank Puts Multilateralism at Risk，” *Global Policy*，Vol. 6，Iss. 1，October 2014，pp. 1 – 12；Mark Hibben，*Poor States，Power and the Politics of IMF Reform：Drivers of Change in the Post-Washington Consensus*，London：Palgrave Macmillan，2016；奈瑞·伍茨、曲博：《全球经济治理：强化多边制度》，载《外交评论（外交学院学报）》，2008年第6期，第82—95页；张明：《国际货币体系改革：背景、原因、措施及中国的参与》，载《国际经济评论》，2010年第1期，第114—137页；徐明棋：《国际金融体系改革：新问题与新的突破口》，载《世界经济研究》，2011年第11期，第33—39页；黄梅波：《国际货币基金组织改革研究》，北京：经济科学出版社2014年版；金立群、林毅夫、李稻葵、余永定等著，马克乌赞编著，贾冬妮译：《世界金融新秩序：布雷顿森林体系的历史、蜕变与未来》，北京：中信出版社2016年版，等等。

② 高海红：《布雷顿森林遗产与国际金融体系重建》，载《世界经济与政治》，2015年第3期，第22页。

③ Thomas M. Hoenig，“Financial Modernization：Implications for the Safety Net，” *Mercer L. Rev.* 49，1997—1998，pp. 787 – 792；Asli Demirgüç-Kunt and Harry Huizinga，*Market Discipline and Financial Safety Net Design*，Centre for Economic Policy Research，1999；William R. White，*Are Changes in Financial Structure Extending Safety Nets?*，Bank for International Settlements，Monetary and Economic Department，2004；Sebastian Schich，“Financial Crisis：Deposit Insurance and Related Financial Safety Net Aspects，” *OECD Journal：Financial Market Trends*，OECD，2008，No. 2，2009，pp. 73 – 111；史晓琳、吴伯磊、饶云清：《中国金融安全网：理论分析与制度设计》，北京：社会科学文献出版社2012年版。

④ Barry Eichengreen，“Policymaking in an Integrated World：From Surveillance to…?” Conference Series – Federal Reserve Bank of Boston，1999，pp. 205 – 242.

此外，IMF、世界银行等金融治理机构还需进一步调整改变当前不合理的组织结构。由于传统的全球金融治理机构大多都体现出西方发达国家的利益而忽视非西方国家的诉求，这在当前经济权力格局已然发生变化的当下是不适宜的。一方面，在份额和投票权改革上，欧美发达国家经济体向新兴发展中经济体的权力让渡比例应与各经济体的经济实力大小相匹配；另一方面，在机构高层领导人的遴选上，应更多地根据候选人的才能而非国籍进行选拔和任用。此外，在金融治理规则的制定中，也应尽可能考虑发展中国家和新兴经济体的诉求和理念，在保证不出现“逐底竞争”的前提下以一定的灵活性接纳不同国家对统一的全球金融治理规则的适应。总的来说，充实和改革国际制度以适应全球治理的需要是当前国际政治经济领域中的一大重要内容，传统发达国家与新兴国家之间的良性大国将是合作推动改革的关键所在。①

在国内层面，国家改革国内金融体系结构以尽快适应全球金融治理规则的演进将是一个大趋势。在金融全球化的压力作用下，国家对其国内金融监管与治理结构进行改革，这种改革主要包括中央银行改革、监管部门改革、推动金融自由化、加强消费者保护等。② 例如，不同国家的金融监管体系与治理结构存在差异，这导致不同国家在维持金融稳定、提高金融效率等方面也有所不同。③ 从这个角度来看，国家间竞争具体表现为国家实施的不同金融制度的效率之间的竞争，改革则是国家追求治理良效、提升本国的金融竞争力并赢得国际竞争胜利的一种方式与渠道；换言之，金融改革也是一国为在未来全球金融治理中凭借更强实力发挥更大作用的一条重要路径。此外，从非国家行为体的角度来看，国家还需进行深层次改革，为此，国家层面的公司治理等提供规范的监管治理环境和适宜的发展

---

① 秦亚青：《世界格局、国际制度与全球秩序》，载《现代国际关系》，2010 年第 A1 期，第 10—17 页。

② 对于不同国家开展金融改革的案例分析，可参见：Maximilian J. B. Hall, ed. , *The International Handbook on Financial Reform*, *Cheltenham*, Northampton: Edward Elgar, 2003。

③ N. Nergiz Dincer and Barry Eichengreen, “The Architecture and Governance of Financial Supervision: Sources and Implications,” *International Finance*, Vol. 15, Iss. 3, 2012, pp. 309 –325.

条件。①

（二）建立满足金融发展需要的新机构

国际金融的发展带来新的空白领域，既有的金融治理机制或平台在这些新领域中可能存在功能性缺失，或是相关主体受一定的条件约束不能有效利用既有的制度平台以满足自身金融治理的需要，因此，在推动既有的金融治理结构进行改革的同时，还要建立新的制度或机构，以实现重塑国际金融治理体系的目标。

举例而言，金砖国家合作机制下建立起的金砖国家新开发银行就是新兴国家群体中的核心国家为满足自身及更广大的发展中国家群体金融治理需要而建立起的一个新机构，它体现了国际社会对新兴国家参与全球金融治理的包容与接纳，② 也体现了新兴经济体对传统金融治理体系结构的补充和修缮。③ 此外，随着基础设施在国家能力建设中的重要性愈发突出，由中国牵头成立的亚洲基础设施投资银行（Asian Infrastructure Investment Bank，AIIB，简称“亚投行”）也为诸多国家开展基础设施建设提供充分的资金支持，以增强贷款国参与国家及国际治理的实力。值得说明的是，亚投行充分体现了包容性、多元性，不仅在成员构成上囊括了经济发展水平不尽相同的经济体，还在功能实践中注重与现存的多边发展银行（Multilateral Development Bank，MDB）相互合作和补充。

由此可见，要避免恶性的制度竞争和制度过剩的困境，金融治理新制度、新机构在其构建过程中应重点关注其与既有的金融治理结构之间的关系，以和谐共存为主，更多地发挥互补性作用；或是利用新制度的治理良效，倒逼传统旧制度的改革与修缮。在不同治理制度与机构的良性竞合关系中，全球金融治理领域或将涌现出更多的公共物品，这将能使得更多国

---

① Sudarat Ananchotikul and Barry Eichengreen, “Corporate Governance Reform in Emerging Markets: How Much, Why, and with What Effects?” *Journal of the Japanese and International Economics*, Vol. 23, Iss. 2, June 2009, pp. 149 – 176.

② 李巍：《金砖机制与国际金融治理改革》，载《国际观察》，2013 年第 1 期，第 33—40 页。

③ 其中一个表现在于，金砖国家应急储备安排的条款中，有 70% 的贷款额度与 IMF 的贷款条件性挂钩，因而体现出对原布雷顿森林体系下的金融治理结构的尊重。

家共享治理红利，共同发展。

（三）在国际金融制度竞争中寻求良治

传统的西方金融霸权国往往存在一定的认知误区，即认为非西方国家只有依照西方理念才可能获得金融发展的成功。就金融领域的公司治理而言，尽管普遍认为良好的公司治理体现着的是“普世原则”（universal principles），但事实上这种“普世价值”体现的仍是欧美发达国家的利益，并且被试图强加给发展中国家的国内金融治理当中。[①] 但是，显然，发展中国家在塑造自身金融实力的过程中自有其发展的逻辑，西方理念并非唯一的发展标准。并且，2008 年金融危机的爆发与蔓延似乎也意味着原本西方国家广泛推崇的金融发展逻辑和理念不甚可行。全球金融治理格局已然发生巨变。

美国等传统金融霸权国受金融危机冲击而在地位上有所削弱，而中国等新兴金融崛起国则凭借日益强大的金融实力对既有的全球金融治理体系形成挑战，要求国际金融治理格局应适应当前实力结构的变化而有所转变。由此，传统金融霸权的制度守成和新兴金融国家的制度抱负，构成了金融领域中的国际制度竞争的态势。[②] 双方的制度竞争主要集中在以下两方面：

一是规则竞争，即未来的金融治理规则及秩序将更多地体现哪一方的利益。由于发展阶段与水平存在差异，金融霸权国和金融崛起国在金融利益与诉求上有所不同，前者更注重金融自由化及治理效率的进一步提升，而后者往往更重视对本国金融安全和金融主权的保护。在不同的理念导向下，双方所倡导的金融治理规则模式不尽相同；而在全球金融治理中，掌握规则制定权并占据治理规则主导地位的一方将更有可能利用规则维护自身利益。尽管实现金融良治是霸权国和崛起国共同认可的价值目标，但达成金融良治的具体路径却可能存在分歧。从一种可能达成共识的角度来

---

① Susanne Soederberg, *The Politics of the New International Financial Architecture: Reimposing Neoliberal Domination in the Global South*, London, New York: Zed Books, 2004, p. 132.

② 李巍：《中美金融外交中的国际制度竞争》，载《世界经济与政治》，2016 年第 4 期，第 112—138 页。

看，金融霸权国和金融崛起国未来或许可以在更多地考虑广大公众利益的基础上寻求良性竞合方式的支持源泉。①

二是伙伴竞争，即不同的金融治理规则与制度都需要得到成员伙伴的自觉遵守与认可。金融治理制度的建立和运作无不需要一定成员的支持，倘若没有传统西方盟友的支持，美国主导下的IMF、世界银行等金融治理机构就无法有效运转；没有新兴发展中国家的支持，中国倡导的金砖国家新开发银行和亚投行就难以顺利成立。在追求更有效的金融治理标准与规则的过程中，金融霸权国和金融崛起国为率先占据国际金融治理规则体系中的优势地位，通过在相应的金融治理制度平台提供公共物品，满足制度成员国的需要，争夺对实施同一规则的集团伙伴的支持。

当然，对规则制定和伙伴支持的竞争与争夺并不必然导致恶果。倘若这种金融制度竞争能控制在良性竞争的范畴，保持双方的制度主导国相互包容，成员国有所重叠，治理规则的价值导向有一定的契合；那么，这样的金融制度竞争反而会带来良性的治理效果并更大范围地改善全球金融治理格局，因为此时金融公共物品的供给更为丰富，各个金融制度的运行效率因彼此之间的竞争刺激而提升，一种更包容、更多元的共识性治理理念也有可能达成。

目前，不同国家行为体，特别是传统金融大国和新兴金融大国之间已就全球金融治理问题进行着有益的协商与交流。尽管对全球金融治理的理念可能有所差异，但各方在对话中达成的共识将有利于彼此增进了解，降低误判，共谋良治方案。例如，中国与欧盟建立起中欧财金对话制度，就全球与中欧宏观经济形势与政策，国际经济金融合作，金融发展、稳定和监管合作，中欧审计监管合作等议题达成多项重要共识，有力地促进中欧在财金领域的交流与合作。不仅如此，区域范围内的金融治理合作也在升温，如在东亚及太平洋中央银行行长会议组织（EMEAP）的框架下，会议主要讨论全球和区域经济金融形势、全球因素对本地区经济体货币政策的影响、本地区经济体供给侧发展、金融稳定风险与政策应对、巴塞尔改革

① Daniel Mügge, Jasper Blom, and Geoffrey R. D. Underhill, "Conclusion: Wither Global Financial Governance after the Crisis?" in Geoffrey R. D. Underhill, Jasper Blom, and Daniel Mügge, eds., *Global Financial Integration Thirty Years On*, Cambridge: Cambridge University Press, 2010, p. 315.

对 EMEAP 区域的影响等议题。在该框架下，参与的各方也在为全球金融治理的稳定发展做出贡献。

总体而言，国际资本市场的发展仍根植于政治的逻辑，金融的国际化发展事实上也是一种政治决策的结果，若资金资本不受管束地流动，金融不稳定和危机的风险将会累积，这进一步加强了国家行为体强化监管合作的需要，① 也意味着国际金融的自由化发展需要在国家协调的背景下有序开展。② 在未来的全球金融治理中，尊重经济的自然逻辑以提升金融治理效率，这仍然是基本的导向；同时，更需以政治的逻辑构建起全方位的金融治理安全保障，尽可能降低金融风险的累积与冲击。在提升效率和保障安全的金融治理进程中，国家行为体与非国家行为体仍需探索权力平衡的路径与方案，各取所长，互补其短，共同构建稳定、良性发展的全球金融治理环境与未来。

① Geoffrey R. D. Underhill, "Markets beyond Politics? The State and the Internationalization of Financial Markets," *European Journal of Political Research*, Vol. 19, Iss. 2/3, Mar/Apr 1991, pp. 197 - 225.

② Anastasia Nesvetailova, and Ronen Palan, "The End of Liberal Finance? The Changing Paradigm of Global Financial Governance," *Journal of International Studies*, Vol. 38, No. 3, 2010, pp. 797 - 825.

第六章

全球能源治理*

晚近以来，能源已经超越了传统的地缘政治范畴，逐渐成为全球治理的关键领域。在全球化时代，以“化石能源为主、涵盖所有国家与地区”的全球能源市场基本形成。然而在这一市场中，全球主要化石能源的生产与消费错配较为严重，与之相关的能源安全、价格竞争、负外部性等诸多问题又不断涌现，加之能源是涉及国家安全、主权、战略资源的核心领域，因而能源问题呈现出“公共化”和“复杂化”的特质。为此，各国政府以及能源治理的其他参与主体逐渐抛弃了“零和博弈”的固有思维，尝试通过国际合作来治理涉及能源生产、运输和消费过程中的技术、规则等复杂问题。

基于此，为了对全球能源治理进行较为全面的梳理，本章首先探讨了全球能源治理的内涵；其次从能源安全、市场失灵、气候变化以及机制困境四个方面剖析了该领域所存在的挑战；进而介绍了应对上述挑战的主要机制及其所呈现出的结构；再者重点关注了中国参与全球能源治理的基本情况；最后分析了全球能源治理的未来发展趋势。

一、全球能源治理的内涵与焦点

全球能源治理是一个复杂的综合性概念，其自身内涵丰富，在不同时期的核心焦点也不尽相同。一方面，本章梳理了国内外多位学者对全球能

---

* 本章作者：宋亦明。

源治理的多角度界定，考察了其议题范围和基本理念，在此基础上归纳了全球能源治理的主体、手段和目的。另一方面，本章注意到全球能源治理在不同时期具有不同的关注焦点，进而对其核心焦点的变迁进行了探讨。

（一）基本内涵的丰富

全球能源治理肇始于20世纪70年代，是全球治理在能源领域的扩展。伴随世界经济及国际政治外在情境的变化，全球能源治理的概念及内涵逐渐丰富，其核心焦点也在不断变迁。就其概念及内涵而言，国内外多位学者分别从不同角度对全球能源治理进行了不同的界定。本杰明·索瓦库尔（Benjamin K. Sovacool）与安·弗洛里尼（Ann Florini）尤其关注全球能源治理的“规则”属性与“防范”功能，进而将其定义为“各国政府和国际组织制定和实施一系列规则以防止与能源相关的问题超越一定的范围，防止扩散成国际性危机”。[①] 孙阳昭和蓝虹在对全球能源治理概念的界定中尤其强调了其在关键领域的协调作用，他们指出全球能源治理“是世界各国及各相关利益方协调解决跨境能源事宜的行动，包括全球能源的供给、消费结构、总量及其配置，以及通过集体行动推动能源结构调整优化的政策措施”。[②] 马妍借鉴了联合国全球治理委员会（The UN Commission on Global Governance）对于全球治理的界定进而将其延伸至能源领域，并尤其强调了全球治理的“制度性手段”，即“国际关系行为体通过国际规则或制度解决全球性能源问题的过程，其涵盖了议程的设定与协商，规则的制定与执行，程序的实施与监督等环节”。[③] 相比之下，赵庆寺则重点关注了全球能源治理的“包容性、平等性以及协调性”，继而指出全球能源治

---

① Benjamin K. Sovacool and Ann Florini, “Examining the Complications of Global Energy Governance”, *Journal of Energy& Natural Resources Law*, Vol. 30, No. 3, 2012, p. 235.

② 孙阳昭、蓝虹：《全球能源治理的框架、新挑战与改革趋势》，载《经济问题探索》，2013年第11期，第79页。

③ 马妍：《全球能源治理变局：挑战与改革趋势》，载《现代国际关系》，2016年第11期，第55页。需要指出的是，联合国全球治理委员会在1995年的报告中对治理的权威定义是“各种公共或私人的个人和机构管理其共同事务的诸多方式的总和。它是使相互冲突的或不同的利益得以调和并且采取联合行动的持续过程。这既包括有权迫使人们服从的正式制度和规则，也包括各种人们同意或以为符合其利益的非正式制度安排”。详见：Ingvar Carlsson ed, Our Global Governance, *Our Global Neighborhood*; *The Report of the Commission on Global Governance*, Oxford: Oxford University Press, 1995, p. 2。

理“是以经济、环境与能源三者协调发展为价值导向的，多元行为体平等对话、协同保障，共同应对全球能源安全和可持续发展问题的规则、机制、方法和活动”。[①] 总之，不同学者对于全球能源治理的界定不一而足，可见其是参与主体广泛、涉及利益复杂、涵盖领域多元并且内涵丰富的综合性概念。

在此基础上，本章从主体、手段以及目的三个层面对全球能源治理的内涵进行阐述。在主体层面，全球能源治理的主体包括各国政府、国际组织、能源企业以及能源消费者；在手段层面，全球能源治理主要依托于各国政府与国际组织所开展的集体行动及制度性合作；在目的层面，防止与能源相关的问题扩散成国际性危机，缓解能源安全及市场失灵、气候负外部性等复杂问题，建立有序而合理的国际能源秩序。

（二）核心焦点的变迁

此外，全球能源治理的核心焦点也在不断变迁。最初，全球能源治理的核心在于保障能源安全。1973 年，由第三次中东战争所引发的第一次石油危机让各国充分认识到了能源安全的重要意义和战略性价值，此后各国高度重视保障能源安全。而能源安全具体可被分为供应安全、需求安全、运输安全、应用安全等，其中供应安全最为重要，因而其长期作为全球能源治理的核心焦点而备受重视。[②]

然而，随着冷战结束后全球冲突烈度的不断降低，以及主要化石能源供求格局的改变，以供应安全为核心的能源安全所受重视逐渐下降，维护能源市场稳定愈发成为了全球能源治理的焦点议题。[③] 能源的市场属性意味着其价格必然会上下浮动，然而美元币值、国际投机、垄断经营、地缘政治、突发事件等都会造成能源价格的大幅波动。例如，国际油价从 2003

---

① 赵庆寺:《中国参与 G20 全球能源治理的策略选择》，载《当代世界与社会主义》，2015 年第 6 期，第 132 页。

② 刘宏松、项南月:《二十国集团与全球能源治理》，载《国际观察》，2015 年第 6 期，第 120 页。

③ 能源供应安全、价格安全以及通道安全的威胁正在减弱，由此其受重视程度有所降低。可详见范必:《中国应对国际能源治理变局的思考》，载《开放导报》，2016 年第 3 期，第 13—14 页。

年5月的每桶约25美元大幅攀升至2008年7月的每桶147美元，而在金融危机的影响下回跌至每桶31美元，而后又攀升至每桶100美元的历史高位。国际油价的骤升骤降引起了全球能源市场的连锁反应，天然气、煤炭和电力等市场均出现了与油价同步涨跌的现象。[①] 由此，维护日趋“金融化”的能源市场的稳定成为全球能源治理的核心焦点。

然而，近年环境问题的凸显使得应对环境负外部性、提升能源效率、发展清洁能源等成为全球能源治理的新热点。国际能源署（IEA）等国际组织都非常关切能源负外部性的问题，将可持续发展的要求纳入其治理理念和实践中。例如，国际能源署在解决能源及环境问题中强调技术性解决方法的重要价值（当前已经通过了40多项“多边技术倡议”），以此促进了先进能源技术的市场应用与推广。[②] 此外，各国在推动可再生能源方面取得了较大的进展，譬如德国与丹麦大力推行电力收购制度（FIT），有效提升了两国的能源使用效率。[③]

二、全球能源治理的主要挑战

全球能源治理面临着一系列挑战，亟待解决。第一，能源供给安全、运输安全等领域内的传统风险并未消失，能源投资安全风险却日渐增加。第二，由不完全竞争、外部性、公共物品属性以及信息不对称所导致的能源市场失灵的问题愈发突出。第三，以化石能源为主的能源结构加剧温室气体排放，然而现有的能源治理机制无法应对气候变化问题。第四，能源治理机制本身存在诸多缺陷，诸机制呈现出“碎片化”和“交叠化”的态势，能源治理效果不彰。

---

① Мировойкризисиглобальныеперспективыэнергетическихрынков（世界危机与全球能源市场的前景），http：//www. finanal. ru/010/mirovoi-krizis-i-globalnye-perspektivy-energeticheskikh-rynkov? page =0，13。

② http：//www. iea. org/techno/index. asp. Apr. 21，2011.

③ Jeff Colgan，*The International Energy Agency*：*Challenges for the 21st Century*，Global Public Policy Institute，2009，p. 17.

(一) 安全风险

当前，包括供求安全在内的传统能源安全领域所面临的风险日趋缓和，但这些风险远未消失，其仍旧是能源安全的潜在挑战。在能源供给安全层面，伴随着美国的“页岩气革命”以及化石能源产能的提升，全球化石能源市场“多点供应、供大于求”的格局逐步形成，石油输出国组织（OPEC）等能源卡特尔对于能源供给的总体控制力日趋下降。[①] 另外，伴随着太阳能以及风能等清洁能源的大规模商业化推广，能源替代性逐渐增强，既有的对单一种类能源或少数能源出口国的依赖将不复存在。[②] 即便如此，由于石油输出国组织仍占据了全球石油出口的主要份额，其减产计划对能源供给产生重要影响。加之化石能源主要产区多发战争、冲突以及恐怖袭击，因而上述不利因素也将对能源供给安全带来挑战。[③]

在能源运输安全层面，威胁运输安全的风险逐渐趋缓，但风险仍然存在。当前，全球能源运输主要涉及海路与陆路运输两种模式，而前者承担了近八成的运量，因而海路运输安全备受各国关注。特别是，包括霍尔木兹海峡以及马六甲海峡在内的战略性海上通道更是能源进口国的命门所在。中国学术界与政策界曾一度对美国封锁马六甲海峡的能力表现出了深深的忧惧，日本也曾不止一次地指出台湾海峡等重要通道对于其能源进口

① 范必、徐以升、张萌、李东超：《世界能源新格局——美国“能源独立”的冲击及中国应对》，北京：中国经济出版社 2014 年版，第 103—111 页。需要指出的是，近年来，中东在化石能源版图中的地位不断下降，其石油探明储量占全球的比重从 1992 年的 63.7% 下降至 2012 年的 48.4%。而从 2002—2012 年的十年间，“非 OPEC”国家及地区的石油探明储量及产量出现了大幅增长，例如，中南美洲的石油探明储量增长了 19.7%，非洲增长了 28.2%；安哥拉的石油产量增长了 196.08%，阿塞拜疆增长了 184.04%，苏丹增长了 69.2%。详见：*BP Statistical Review of World Energy*（2013），http://www.bp.com/liveassets/bp_internet/china/bpchina_chinese/STAGiNG/local_assets/downloads_pdfs/Chinese_BP_StatsReview2012.pdf。

② 以中国为例，2005 年中国风电装机容量为 50.69 万千瓦，而在 2015 年超过了 14536.2 万千瓦。2016 年中国光伏发电和装机容量分别为 3454 万千瓦和 7742 万千瓦，均位居世界第一。详见：中国可再生能源学会风能专业委员会：《2015 年中国风电装机容量统计简报》，载《风能产业》，2016 年第 4 期，第 7 页；肖中仁：《国家能源局：中国光伏发电和装机容量位列全球第一》，http://news.cri.cn/20170210/14be5e16-8ca9-e7f9-2344-f346f30e4bb2.html。

③ 例如：伊拉克、利比亚等重要产油国国内局势动荡，民族、宗教以及各政治派别冲突不断，影响了其化石能源的投资、开采和出口。

通道的战略价值，还专门出台法规为其保障海路能源通道提供法律支持。[①]虽然《联合国海洋法公约》明确了上述海路战略通道的法律地位，为国际能源海上运输提供了重要的法律基础，但潜在的人为封锁、海盗袭扰以及自然灾害等对于能源运输安全仍存有一定的威胁。

能源安全的传统风险尚未被消除，同时新的风险也已经产生。当前，能源投资（包括能源公司兼并）安全面临着严峻而紧迫的挑战，其有碍于各种安全、政治与法律风险。在安全层面，东道国的战争冲突、恐怖袭击、自然灾害都成为能源投资安全的负面因素；在政治层面，能源投资东道国政策不透明、官僚腐败等同样有损能源投资安全；在法律层面，在全球尚无多边投资协定的外在情境下，能源投资或能源企业兼并不仅面临着合同纠纷等法律问题，而且其时常遭受严苛的安全审查甚至以“威胁国家安全”而被东道国勒令终止。[②]

（二）市场失灵

能源的“市场化”属性使得国际能源市场经常出现“市场失灵”的情况。经典的公共政策模型将市场失灵的原因归结为四点，即不完全竞争、外部性、公共物品属性以及信息不对称。[③] 首先，化石能源生产与销售领域垄断性强，难以实现充分竞争。在石油领域，世界石油市场形成之初就伴随着巨型石油公司与卡特尔组织的绝对垄断，从最初的标准石油公司（Standard Oil）到之后的石油“七姐妹”，再到石油输出国组织的诞生，石油市场一直处在垄断之中。当前石油市场的垄断呈现出分化的结构，一方面石油输出国组织控制了原油开采和销售等上游经营，而巨型石油巨头则控制了运输、提炼、成品油销售等下游经营活动。在天然气领域，运输管

---

① 薛力：《“马六甲困境”内涵辨析与中国的应对》，载《世界经济与政治》，2010 年第 10 期，第 118 页；陈淑芬：《日本海上能源通道安全法律保障机制》，载《北方法学》，2010 年第 5 期，第 122—124 页。

② 在能源领域，最具代表性的如中海油收购优尼科公司的案例。详见 Edward M. Graham and Davie M. Marchick, *U. S. National Security and Foreign Direct Investment*, Washington D. C.: Institute for International Economics, 2006, pp. 95 – 123。

③ “市场失灵”是指市场调节相互关系的后果是次优的，不可能达到有利于所有参与者的协议。另外，该部分主要借鉴了徐斌的分析框架，参见徐斌：《市场失灵、机制设计与全球能源治理》，载《世界经济与政治》，2013 年 11 期，第 80 页。

道的资产专用性使得垄断势力控制着全部生产及供应链，因而天然气市场呈现出双边垄断和区域垄断的特点。

其次，能源的市场属性、战略属性、全球属性意味着其存有明显的外部性。一方面，能源供给的增减或价格的波动会造成全球性的影响，供给和价格的显著变化会造成进口国的经济衰退。① 而严重依赖能源生产和出口的国家则容易落入“荷兰病”等能源发展陷阱。另一方面，外部性还表现在环境领域。例如，由石油开采、运输和消费所带来的生产泄漏、海洋污染等都造成了严重的环境破坏，墨西哥湾漏油事件更是造成了难以挽回的灾难。②

再者，石油具有竞争性和非排他性，其本身并非不属于公共物品，但战略石油储备（SPR）和石油闲置生产力却具备公共物品的特征，因而不可避免地出现了“蔓生的搭便车”现象。第一次石油危机后国际能源署建立了两个重要的石油短期供给管理机制，即国际石油储备项目（IEP）和紧急协调应急机制（CRM）。③ 两项机制的建设、运营及维护成本由经济合作与发展组织（OECD）成员国承担，而其对稳定石油价格的收益则为所有国家所共享。一些较小的经济体没有建立战略储备的经济实力，却受益于稳定的石油价格。④ 类似的，石油供给端的闲置生产力也具有公共物品的特质。沙特阿拉伯以及科威特等国拥有可观的石油储备，发挥着维持石油输出国组织价格平衡的重要职责，主张增产以保持石油价格的稳定，并在石油输出国组织内发挥着配额分配的约束性作用。

最后，能源市场信息的不完备性同样会导致市场失灵。能源市场的全球化程度很高，然而信息的透明度则并不高，市场供求数据不足、监管不

---

① Andreas Goldthau, “A Public Policy Perspective on Global Energy Security”, *International Studies Perspectives*, Vol. 13, No. 1, 2012, p. 69; Douglas R. Bohi and Michael A Toman, *The Economics of Energy Security*, New York: Springer, 1996, pp. 2 – 16.

② David Pearce, “Energy Policy and Externalities: An Overview”, Paper at OECD Nuclear Energy Agency Workshop on Energy Policy and Externalities: The Life Cycle Analysis Approach, November15 – 16, Paris, 2001.

③ 徐斌：《市场失灵、机制设计与全球能源治理》，载《世界经济与政治》，2013 年 11 期，第 83 页。

④ Paul N. Leiby, Daivd Bowman and Donald W. Jones, “Improving Energy Security through an International Coopreative Approach to Emergency Oil Stockpiling”, Paper at 25th Annual IAEE International Conference, Aberdeen Scotland, June 26 – 29, 2002.

确定性以及价格失真等问题严重。一方面，双边能源交易往往附带保密条款，其信息无法公开；另一方面，能源的“战略性”特质使得其非常受到主权国家的重视，涉及能源的议题往往需要经受极为复杂的政治考量，政治变量的干预必然会使得能源偏离市场配置的结果。此外，普氏（Platts）、阿格斯（Argus）以及安迅思（ICIS）等第三方能源资讯机构在缺乏监管的情况下，也会提供丧失独立性的信息，人为造成信息的不对称。①

（三）气候变化

全球以化石能源为主的能源结构不可避免地造成了温室气体的大量排放，因而能源治理面临着气候变化的严峻挑战。2015 年煤炭、石油以及天然气占全部能源的比重约为 85%，化石能源在能源结构中仍旧占据了牢固的位置。② 1965 年全球二氧化碳排放量约为 110 亿吨，2010 年则达到了 330 亿吨，同期的全球能源消耗量则分别为 38 亿吨和 120 亿吨。③ 显然，以化石能源为主的全球能源消费结构造成了大量的温室气体排放，进而加剧了气候变化。

然而在应对气候变化方面，各主要集团分歧明显。首先，虽然欧盟在用于应对气候变化的资金和技术方面具有明显的优势，但其主张在气候治理中采取普遍而严格的约束措施，因而难以得到其他国家，特别是发展中国家的支持。其次，“伞型国家”在应对气候变化中的态度相对消极，包括美国、加拿大、日本、俄罗斯等在内的主要“伞型国家”先后退出了《京都议定书》，或明确表示不参加其第二承诺期。“伞型国家”的消极态度削弱了应对气候变化现有合作的效度，增加气候治理的不确定性及合作成本。最后，发展中国家面临着经济发展与环境治理的双重压力，其应对气候变化的机会成本更为高昂。资金、技术和观念成为制约发展中国家应对气候变化的主要因素，同时其所主张的“共同但有区别的责任”原则难

---

① 随着能源和资源性商品金融化属性的增强，金融衍生品市场指数的影响愈发明显，指数投资（Index Investment）会加剧商品的价格波动。Tang K. &Xiong, W., “Index Investment and the Financialization of Commodities”, *Financial Analysts Journal*, Vol. 68, No. 6, 2012, pp. 54－73.

② BP Energy Outlook （2017） http://www.bp.com/content/dam/bp/en/corporate/pdf/investors/bp-fourth-quarter-2016-results.pdf.

③ 详见世界银行数据：http://data.worldbank.org.cn/indicator/EN.ATM.CO2E.KT。

以得到发达国家的认可。①

由于主要大国立场的转变，建立应对由能源消费而导致的气候变化的治理机制还存有较大的挑战。虽然在中美两国的推动下，《巴黎协定》得以签署并最终生效，但是特朗普总统对美国气候政策的回调和退出《巴黎协定》的最终决定使得建成能源负外部性控制机制仍旧遥遥无期。2013 年奥巴马政府提出了旨在大力发展清洁能源，降低碳污染和温室气体排放的“气候行动计划”，然而特朗普总统在就职伊始就提出了针锋相对的“美国第一能源计划”，解除了对于化石能源开采和使用的诸多限制。② 此外，特朗普在 2018 财年预算中大幅削减了负责应对气候变化的美国环保局的预算，国务院也将停止资助《全球气候变化倡议》和联合国绿色气候基金等项目。③ 不仅如此，迫于美国的压力，于 2017 年 3 月 18 日发表的二十国集团财政部长与央行行长会议声明删除了“为应对气候变化提供资金”等重要表述，在美国的影响下全球气候合作出现了倒退。④ 最终，特朗普在 6 月 1 日宣布：“为了旅行我对美国及其公民的庄严职责，美国将退出巴黎气候协定……凭良心说，我不能支持一个惩罚美国的决定。”⑤ 此外，中国自身仍需优先解决发展议题，欧盟在应对气候变化方面的标准过高而很难得到响应，其他国家更是难以领导应对气候变化的能源治理机制的建设。

在国际组织的推动下，建立应对治理气候变化负外部性的能源治理机制已成为共识，但国际社会的无政府状态使得主权国家的能源治理仍呈现出无序状态。国际能源署以及世界银行等都已将可持续发展的理念贯彻至

---

① “共同但有区别的责任”原则自 2007 年之后即受到挑战。发达国家认为发展中国家经济实力的增长以及温室气体排放的陡增意味着其必须承担更多责任，美国和欧盟在 2008 年以来的历年气候变化大会中多次要求重新阐释这一原则，德班会议所达成的协议更是完全没有提及发展中国家与发达国家的差异性。详见：John M. Broder，“Sign of New Life as UN Searches for a Climate Accord”，*New York Times*，January 24，2012。

② 王瑶：《特朗普能源政策将给全球带来哪些连锁反应》，载《中国经济周刊》，2017 年第 6 期。

③ 《特朗普公布任上首份预算蓝图，美国科学界哀叹“灰暗预算日”》，澎湃新闻网，2017 年 3 月 18 日，http：//www. thepaper. cn/newsDetail_ forward_ 1641968。

④ 《G20 公告删“反贸易保护主义”措辞，放弃气候协定》，《21 世纪经济导报》，2017 年 3 月 19 日，http：//m. 21jingji. com/article/20170319/herald/010c0205aa2f9bd630679bfd5927ecf4. html。

⑤ 迪米·巴尼·乔普森：《特朗普宣布美国退出巴黎协定》，FT 中文网，2017 年 6 月 2 日，http：//www. ftchinese. com/story/001072826。

其组织的日常运作、投资项目、评估机制等，可以说主要国际组织在应对能源的环境负外部性方面发挥着积极的作用。例如，国际能源署在解决能源及环境问题中强调技术性解决方法的重要价值，以此促进了先进能源技术的市场应用与推广。[①] 虽然在国际组织的“教授”作用下，主权国家也认识到了通过能源治理应对气候变化的重要作用，但其在能源治理中投入的资源有限、行动缓慢、国家间缺乏协调，这些都直接制约了应对气候变化的共同努力。

（四）机制困境

全球能源治理的机制困境主要体现在四个方面。首先，当前能源治理的主要机构存在诸多缺陷，治理机制“碎片化”与“交叠化”严重。例如，国际能源署主要代表了经济合作与发展组织成员国的利益，其能源合作主要存在于经济合作与发展组织内部；石油输出国一方面主要代表了少数石油出口国的利益，另一方面其内部分歧愈发突出，愈发难以形成“协调统一的石油政策”；国际能源论坛的议题仅限于石油和天然气领域，无力探讨和解决能源安全及可再生能源发展等议题；联合国框架下的综合性能源协调机制（UN-Energy）因为缺乏资源和权力而形同虚设。[②] 更为重要的是，全球能源治理表现出高度的“碎片化”与“交叠化”。这具体表现在治理机制之间目标存有冲突、缺乏协调、代表性不足、功能高度重叠等方面。[③]

其次，如同全球治理的其他领域，参与能源治理的主要机制存在法律约束力不足的困境。例如，《能源宪章条约》是能源治理领域中唯一具有

---

① 具体可参见国际能源署网站，http：//www. iea. org/techno/index. asp. Apr. 21，2011。

② 孙阳昭、蓝虹：《全球能源治理的框架、新挑战与改革趋势》，载《经济问题探索》，2013年第11期，第80页。石油输出国组织内部采取集体行动的困境可参见：Andreas Goldthau and Jan Martin Witte，*Global Energy Governance：The New Rules of the Game*，Brookings Institution Press，2010，pp. 3－11。

③ 刘宏松、项南月：《二十国集团与全球能源治理》，载《国际观察》，2015年第6期，第119—120页；“交叠化”的概念参考自奥兰·扬所说的“交叠式”。奥兰·扬对制度联系的类型进行了区分，即嵌入式（embedded）、嵌套式（nested）、集束式（clustered）以及交叠式（overlapping），详见奥兰·扬：《世界事务中的治理》，上海：上海世纪出版集团2007年版，第156—161页。

法律约束力的以解决争端机制为核心的多边条约，然而相比于双边投资保护协定以及其他治理机制，《能源宪章条约》的使用频率并不高，截至2016年，在《能源宪章条约》框架下寻求仲裁的案件仅有61个。① 再如，二十国集团同样涉及能源治理领域，然而由于制度设计层面的约束力不强，各方在峰会中达成的共识难以得到有效贯彻，其象征意义远大于实际价值。②

再者，非专业性能源治理机制的议题非常分散，其难以在能源治理领域发挥决定性作用。八国集团机制长期扮演了全球治理领导平台的作用，在2009年匹兹堡峰会后二十国集团机制取而代之，成为全球治理的重要制度平台。③ 八国集团和二十国集团探讨的议题范围非常广泛，包括促进金融危机、应对全球化挑战、促进经济增长以及国际发展援助等等，而且二十国集团机制更为侧重金融治理，无暇就能源治理议题进行更为深入的探讨。金砖机制也面临着同样的问题，在能源治理领域效果不彰。

最后，全球各主要能源治理机制内成员国的异质性明显，利益分散，难以开展共同的行动。由于能源治理的参与国涵盖了几乎所有的主权国家，而这些国家在能力、偏好和信念方面各不相同，异质性明显（例如，俄罗斯与新西兰在能源版图中具有不同的能力、偏好和信念，因而两者很难维持在能源治理领域合作的持续动力）。④

三、全球能源治理的主要机制

国际机制（正式与非正式的国际组织和制度安排）在全球能源治理中

---

① 白中红：《〈能源宪章条约〉的争端解决机制研究》，载《外交评论》，2011年第3期，第88—99页；查道炯：《中国要不要加入〈国际能源宪章条约〉?》，http：//www. thepaper. cn/newsDetail_ forward_ 1298825。

② Kirsten Westphal，“The G8 and G20 as Global Steering Committees for Energy：Opportunities and Constraints”，*Global Policy*，Special Issue，2011，pp. 19 –31.

③ 崔志楠、邢悦：《从“G7时代”到“G20时代”——国际金融治理机制的变迁》，载《世界经济与政治》，2011年第1期，第142—146页。

④ 马妍：《全球能源治理变局：挑战与改革趋势》，载《现代国际关系》，2016年第11期，第59—60页。

发挥了重要的作用。一方面，以国际能源署、《国际能源宪章》、国际能源论坛和石油输出国组织为代表的专业性能源治理机制侧重于提供技术性治理；另一方面，以八国集团、二十国集团以及金砖集团为代表的一般性能源治理机制则侧重于提供方向性引导。然而，每一项治理机制都存有缺陷，其治理行动亟待整合。此外，上述治理机制间呈现出“不对称的三角结构”，这也是全球能源治理机制的外在总体形态。

（一）专业性能源治理机制

专业性机制侧重于为全球能源治理提供重要的技术性支持，其专业化程度高、技术性强且掌握有全面的能源数据。国际能源署、《国际能源宪章》、国际能源论坛以及石油输出国组织等都是重要的专业性能源治理机制。

1. 国际能源署

国际能源署是经济合作与发展组织框架下的旨在实施国际能源计划的能源消费国组织，同时也是当前全球最为重要的能源组织之一。为了应对第一次石油危机，在美国的主导下，经济合作与发展组织筹建了国际能源署。① 该机构成立于 1974 年，其初衷在于应对石油供给中断的潜在风险，保证能源供给安全。随着国际能源市场的变化，因而国际能源署的职能出现了变迁与扩展，其使命已经不限于应对石油供给危机，还包括推动能源供给多样化，鼓励并开发清洁能源，提高能源效率，改善全球能源供给结构，鼓励开展能源技术开发与传播的国际合作等。② 截至目前，国际能源署现已拥有 29 个成员国，还不断强调与中国和印度等“协作国”（Association）的合作。③

国际能源署在全球能源治理中发挥着举足轻重的作用，然而其代表性

① 舒建中：《美国对外能源政策与国际能源机构的建立》，载《美国研究》，2013 年第 1 期，第 92—101 页。

② 国际能源署的其他职责还包括在全球范围内倡导合理的能源政策、提供自由开放的贸易平台和全球投资框架。详见：《国际能源署共同目标》，http：//www. ida. org/aboutus/whatwedo/sharedgoals/；王联合：《中国与国际能源机构：一项规范研究》，载《国际观察》，2009 年第 4 期，第 11—12 页。

③ IEA Energy：*IEA Turns*40，Issue7，p. 3. http：//www. iea. org/media/ieajournal/Issue7 _ WEB. pdf.

不足的缺陷也逐渐凸显。经过40年的发展，国际能源署在能源储备建设、信息系统共享和能源技术研发方面积累了丰富的经验；出色地履行了应对石油供给危机的主要职能；有力地推动了全球应对气候变化的研究和能源市场改革。[①] 然而国际能源署的成员范围主要限定在了经济合作与发展组织的成员国，主要体现了发达国家在能源治理领域的意志，其与中国、印度以及俄罗斯等国开展能源合作的水平有待提高。

2. 《国际能源宪章》

广义上的《国际能源宪章》包括了《国际能源宪章宣言》和《能源宪章条约》（ECT），是国际能源领域中最具权威和法律约束力的多边条约。在冷战行将结束之际，西欧国家开始谋求与东欧、俄罗斯以及苏联加盟共和国的能源合作，以此实现双方技术与能源的互补。为此，法国、德国以及俄罗斯（后在2009年正式推出）等51个国家（主要是欧洲国家和苏联加盟共和国）加入了《国际能源宪章》。该机制旨在通过可靠的法律框架，在全球能源投资、能源运输、能源贸易中为各国树立信心，降低政治和监管风险。[②] 2015年，《国际能源宪章》拉开了“转型升级”的帷幕，开启了扩大《能源宪章条约》程序和地理范围，加速条约“现代化”的进程，进而最终将欧洲范围内的“能源宪章”转变成真正全球意义上的《国际能源宪章》。[③]

《国际能源宪章》具有积极的制度及法律意义，但其在解决能源争端、推进能源治理中的作用需要进一步加强。《国际能源宪章》在能源投资方面已经具备了类似于双边投资保护条约的重要功能，发挥着促进和保护能源投资的重要作用并且为此提供的争端解决机制已成为国际能源投资者维

① IEA Energy：“What We Do”，http：//www. iea. org/aboutus/whatwedo/. 转引自马妍：《试论中国与国际能源署的关系》，载《现代国际关系》，2015年第10期，第40页。

② 国家发展计划委员会编：《能源宪章条约（条约、贸易修正案及相关文件）》，北京：中国电力出版社2000版。

③ “The Energy Charter Process”，Updated on 02 June 2015，http：//international. energycharter. org/process/overview；程春华：《能源宪章转型与全球能源治理：历程、原因及影响》，载《社会科学》，2015年第11期，第57页。

护其权益的有效途径。① 然而相比于双边投资保护协定以及其他治理机制，《能源宪章条约》的使用频率并不高，截至2016年，在《能源宪章条约》框架下寻求仲裁的案件仅有61个，远不足以解决能源合作的诸多争端。②

3. 国际能源论坛

国际能源论坛（IEF）为各国开展全球能源对话、协商探讨解决能源议题、获取重要能源数据提供了良好的制度平台。肇始于1991年的国际能源论坛是为数不多的涵盖经济合作与发展组织成员国、石油输出国组织成员国以及各主要新兴经济体专业性能源机制。该机制旨在为能源生产国与消费国提供对话平台，为其共同应对能源治理问题提供对话协商的制度保障，因而被称为“全球能源对话的中立调解人”。③ 此外，国际能源论坛还联合石油输出国组织、国际能源署以及亚太经合组织等机构建立了覆盖全球的月度石油数据共享体系“联合组织数据倡议”（Joint Organizations Data Initiative），并在推动石油及天然气数据可靠性方面贡献突出。④

国际能源论坛具有领导全球能源治理的突出要素，然而这些要素的发挥仍有待于其自身缺陷的革除。一方面，作为论坛型国际组织，各国在国际能源论坛中所达成的协议都不具有法律约束力，因而其不可避免地被贴上了“务虚”的标签。⑤ 另一方面，国际能源论坛长期关注石油和天然气领域的议题，对于保障能源安全、可再生能源发展以及气候变化等全球能源治理的议题缺乏关注，因而国际能源论坛难以为全球能源治理提供切中肯綮、行之有效的解决方案。⑥

---

① 李瑞民：《<能源宪章条约>与国际能源投资争端解决》，载《国际石油经济》，2008年第8期，第41—43页；WLDETW. “Investment arbitration under the Energy Charter Treaty：an overview of key issues”，*Transnational Dispute Management*，No. 2，2004。

② 白中红：《<能源宪章条约>的争端解决机制研究》，载《外交评论》，2011年第3期，第88—99页。

③ “International Energy Forum-What is the IEF?” http：//www. ief. org/about-ief/what-is-the-ief / overview. aspx.

④ 罗英杰：《全球能源治理：发展、动因与前景》，载《国际论坛》，2014年第3期，第43页。

⑤ 刘宏松、项南月：《二十国集团与全球能源治理》，载《国际观察》，2015年第6期，第118页。

⑥ 孙阳昭、蓝虹：《全球能源治理的框架、新挑战与改革趋势》，载《经济问题探索》，2013年第11期，第80页。

4. 石油输出国组织

石油输出国组织在全球能源治理中长期发挥了重要的作用。该组织成立于 1960 年，由包括沙特阿拉伯等在内的 11 个国际产油国组成，其旨在通过消除有害的和不必要的石油价格波动，维护国际石油市场的稳定；协调和统一成员国的政策并以最有效的手段维护其自身利益；确保石油生产国获得稳定的石油收入，确保石油消费国获得有效的、正常的、经济的石油供给，确保石油产业的投资能够获得合理的回报。[①] 上述目标设定以及石油输出国组织参与全球能源治理的实践均表明其并没有刻意制造供给短缺以抬升油价进而从石油消费国榨取更多财富。[②] 相反，石油输出国组织在维护成员国利益的同时也积极地保障全球石油供给安全，以其独特的形式参与全球能源治理。

然而伴随着石油生产格局的变化以及能源革命的推进，石油输出国组织受到了空前的挑战。一方面，奥巴马政府力推的“页岩气革命”重新改写了能源供给的基本格局，美国的页岩油产量在 2015 年达到了创纪录的 17 亿桶，不仅加速摆脱了对石油输出国组织的依赖，而且逐渐具备了对外出口的竞争力。[③] 另一方面，俄罗斯、加拿大以及巴西等非石油输出国组织国家的产量大幅增长，世界其他地区探明石油储量不断增加，中国等新兴经济体推进能源革命加速清洁能源的发展，加之组织内各成员国存有明显的分歧，因而石油输出国组织的地位受到了很大的冲击，日益失去了在全球能源治理中的结构性权力。[④]

（二）一般性能源治理机制

一般性机制强调为全球能源治理提供重要的方向性指导，具有更强的

---

① OPEC，“OPEC Statute”，2008，p. 1，http：//www. opec. org/opec_ web/en/publications/345. htm.

② 刘冬：《欧佩克石油政策的演变及其对国际油价的影响》，载《西亚非洲》，2012 年第 6 期，第 38—39 页。

③ 王瑶：《特朗普能源政策将给全球带来哪些连锁反应》，载《中国经济周刊》，2017 年第 6 期。

④ *BP Statistical Review of World Energy*（2013），http：//www. bp. com/liveassets/bp_ internet/china/bpchina_ chinese/STAGiNG/local_ assets/downloads_ pdfs/Chinese_ BP_ StatsReview2012. pdf；刘冬：《欧佩克石油政策的演变及其对国际油价的影响》，载《西亚非洲》，2012 年第 6 期，第 38—43 页。

影响力与引导性。八国集团、二十国集团以及金砖国家等都是重要的专业性能源治理机制。

1. 八国集团①

八国集团一向重视全球能源治理，近年来其对全球能源领域的治理呈现出新的态势。其前身七国集团滥觞于第一次石油危机之后，其成立的初衷之一在于维护能源供给安全、调整能源结构、发展替代能源等。虽然在此之后的很长一段时间内能源治理并非八国集团的核心议题，但自 2005 年以来，能源治理以及应对由化石能源燃烧而导致的气候变化则始终是八国集团的核心议题。② 此后，八国集团就稳定能源市场、提供多元供给、提高能源效能、发展低碳经济等诸多议题开展了探讨，力求最大限度地实现能源安全、经济发展与环境保护的协调。在八国集团格伦伊格尔斯峰会后，其对全球能源领域的治理呈现出新的态势：八国集团积极与国际能源署与世界银行开展紧密合作，不仅出台了雄心勃勃的能源行动计划，意图在全球能源治理中扮演领导角色，而且其表现出了对于环境问题的高度关切。③

虽然八国集团意欲领导全球能源治理，但其不但不具备发挥领导作用的能力，而且其本身的作用和影响力都在下降，进而逐渐被二十国集团所取代。八国集团的缺陷在于三个方面：一是不设秘书处、缺乏规则、不具强治理的结构性障碍；二是美国与其他国家在应对气候变化问题上的巨大分歧以及俄罗斯地位孤立（在乌克兰危机爆发后，俄罗斯实际上已经退出了八国集团）；三是八国集团的代表性不足，不足以动员国际社会的全部力量进行全球能源治理。④

---

① 本章对于八国集团的探讨不仅限于其本身，还包括其前身七国集团。

② 李昕：《G7/G8 参与全球能源治理：功能演变和制度缺陷》，载《国际展望》，2011 年第 1 期，第 47—51 页。

③ Chair's Summary，http：//www. g7. utoronto. ca/summit/2005gleneagles/summary. html. "Global Energy Security"，http：//www. g7. utoronto. ca/summit/2006stpetersburg/energy. html；"Declaration of the Leaders：The Major Economies Forum on Energy and Climate"，http：//www. g7. utoronto. ca/summit/2009laquila/2009-mef. pdf；"Gleneagles Summit Conclusions"，http：//www. g7. utoronto. ca/summit/2005gleneagles/index. html；Dries Lesage，Thijs Van de Graaf and Kirsten Westphal，"The G8's Role in Global Energy Governance since the 2005 Gleneagles Summit"，*Global Governance*，Vol. 15，No. 1，2009，p. 273.

④ 李昕：《G7/G8 参与全球能源治理：功能演变和制度缺陷》，载《国际展望》，2011 年第 1 期，第 57—60 页。

2. 二十国集团

二十国集团是当前全球能源治理中最具代表性和影响力的一般性治理机制。在匹兹堡峰会后，全球治理进入了全新的“G20 时代”，而在戛纳峰会后，能源治理始终是二十国集团峰会的核心议题。①

二十国集团参与全球能源治理的行动体现在了四个方面：一是支持由国际能源论坛倡导的“联合组织数据倡议”，致力于提升能源数据的透明度与真实性；二是力推“在清洁能源、可再生能源方面的投资，为发展中国家的此类相关研究计划提供技术和资金支持，促进清洁能源技术的传播和扩散”；三是关注气候变化，就如何采取措施以应对气候变化保持着接触与沟通；四是尝试削减并逐步废除化石能源补贴，以此降低能源使用成本。② 更为重要的是，二十国集团领导人峰会以及其他级别附属会议具强大的方向引导性，对于全球能源治理具有重要的引领意义。

然而，二十国集团的制度性缺陷在一定程度上限制了其治理作用的发挥。一方面，二十国集团的代表性存在明显的不均衡，主要体现了经济合作与发展组织成员国的诉求与主张，能源生产国和新兴经济体则处于相对劣势地位。另一方面，二十国集团领导人峰会及其他级别峰会的宣言、公告及声明具有引领意义却没有硬性约束，无法推动各国履行承诺，这也是二十国集团在提升能源透明度、减少温室气体排放、削减化石能源补贴等议题上进展缓慢的重要原因。③

3. 金砖国家

金砖国家是全球能源治理领域后起的新兴机制，其对能源治理的关注与参与逐渐加深。自德班峰会以来，金砖国家开启了从“政策协调上的务虚合作”向“日常和长期的务实型合作”的转型，建立了“全方

① 崔志楠、邢悦：《从“G7 时代”到“G20 时代”——国际金融治理机制的变迁》，载《世界经济与政治》，2011 年第 1 期，第 134 页；邹志强：《G20 参与全球能源治理的成效与展望》，载《现代经济探讨》，2016 年第 1 期，第 51 页。

② G20 Leaders' Statement at Seoul Summit, Nov. 11 - 12, 2010. http://www.g20.utoronto.ca/2010/g20seoul-doc.html; G20 Leaders' Statement at the Pittsburgh Summit, Sep. 24 - 25, 2009, http://www.g20.utoronto.ca/2009/2009communique0925.html；刘宏松、项南月：《二十国集团与全球能源治理》，载《国际观察》，2015 年第 6 期，第 121—127 页。

③ 刘宏松、项南月：《二十国集团与全球能源治理》，《国际观察》，2015 年第 6 期，第 127—129 页。

位、多层次、宽领域的合作治理框架”，涵盖了农业、司法、经贸、科技、反腐败、能源等诸多领域。[①] 金砖国家领导人第八次会晤对能源治理的重视达到了前所未有的高度。金砖五国均认识到了发展低碳能源、可再生能源和清洁能源的必要性，并强调了对上述领域给予充分的技术和资金支持。[②]

金砖国家参与全球能源治理是大势所趋，然而其治理能力有待进一步提升。[③] 第一，金砖国家关注的议题涵盖广泛，且主要关注贸易、金融、基础设施和人文交流四大领域，能源治理在分散的多项议题中并未占据核心位置。[④] 第二，金砖国家尚未建成能源治理机制，其能源治理多停留在观念共识层面，亟待采取具体行动。第三，金砖国家需要在全球能源治理中寻求更准确的定位，避免形成与二十国集团等其他机制的无效竞争，以防止全球能源治理出现“零国集团”的无序状态。[⑤]

（三）能源治理机制网络的结构特征

上述专业性、一般性以及其他能源治理机制共同组成了多元、多层、分散的能源治理机制网络。然而由于各机制存有明显的异质性，各机制主导国的能力也各不相同，因而各机制在全球能源治理网络中的位置也存有一定的差异。本章按照主导国家及代表利益为标准，将各项能源治理机制划分为“发达经济体主导的能源治理机制”，“新兴经济体主导的能源治理机制”以及“能源输出国主导的能源治理机制”三大类。此外，能源治理机制网络还包括“联合国主导的能源治理机制”以及“区域性能源治理机

---

① 朱杰进：《金砖国家合作机制的转型》，载《国际观察》，2014 年第 3 期，第 60—62 页。

② 《果阿宣言》指出：“我们认识到扩大低碳燃料和其他清洁能源解决方案的必要性，并认识到了可再生能源所需投资规模。我们相信，在这一领域的国际合作应聚焦于获取清洁能源技术和融资。我们注意到可持续发展、能源可及性和能源安全对全球共同繁荣和未来至关重要，强调所有人都应该有能力消费清洁和可再生能源。”详见：金砖国家领导人第八次会晤《果阿宣言》，http：//politics. people. com. cn/n1/2016/1016/c1001-28782629. html。

③ 张春宇：《建立金砖国家能源合作机制大势所趋》，载《中国石油报》，2013 年 4 月 2 日第 2 版。

④ 中国国家主席习近平在德班峰会上提出了推进金砖国家务实合作的“四大倡议”，即分别涵盖上述四个领域。

⑤ 伊恩·布雷默：《零国集团时代：谁是新世界格局中的赢家和输家?》，北京：新华出版社 2013 年版，第 7—38 页。

制”等。总的来说，全球能源治理机制网络呈现出“以发达经济体主导的能源治理机制为主，以新兴经济体和能源输出国主导的能源治理机制为辅的不对称的三角结构”特征（详见图6.1）。①

具体来说，首先，发达经济体主导的治理机制在全球能源治理机制网络中居于主导地位。以经济合作与发展组织国家为代表的发达经济体具有能源治理的先发优势，最早关注能源议题，致力于维护能源安全，其所主导筹建的国际能源署、国际能源论坛、《国际能源宪章》、八国集团等机制对全球能源治理提供了强有力的技术性支持和方向性领导。

其次，新兴经济体主导的能源治理机制处于从属地位，其作用愈发凸显。当前，全球能源消费格局出现了从“一元化”向“多极化”的转变。发达国家进入后工业时代，其对能源的消费需求逐渐下滑，而以中国、印度为代表的新兴经济体对能源的需求大幅攀升，成为了能源的主要消耗国。由此，新兴经济体对于能源议题出现了前所未有的重视，其加强了与国际能源署、国际能源论坛等机制的合作，同时也依托于金砖集团尝试开展全球能源治理。

最后，能源输出国主导的能源治理机制日渐式微。伴随着石油等化石能源供给结构的变化与能源革命的推进，传统的能源输出国日渐失去了对化石能源的垄断权力，其所主导的治理机制愈发难以适应能源治理的情境变化。② 例如，石油输出国组织不仅当前受到了严峻的挑战，未来还可能面临更大的困境。此外，联合国主导的能源治理机制以及区域性能源治理机制的影响力更为有限，在全球能源治理网络中仅能起到补充作用。③

---

① 叶玉：《全球能源治理：结构、挑战及走向》，载《国际石油经济》，2011年第8期，第45—47页。然而，这呈所提出的“三角结构”与之并不相同。

② 郑启航：《全球能源格局变了》，人民网，http://energy.people.com.cn/n/2015/0207/c71661-26524103.html。

③ 一方面，联合国框架下的综合性能源协调机制（UN-Energy）因为缺乏资源和权力而形同虚设；另一方面，能源具有较高的市场化和全球化程度，区域机制对于能源等全球议题的解决能力十分有限。叶玉：《全球能源治理：结构、挑战及走向》，载《国际石油经济》，2011年第8期，第45页。

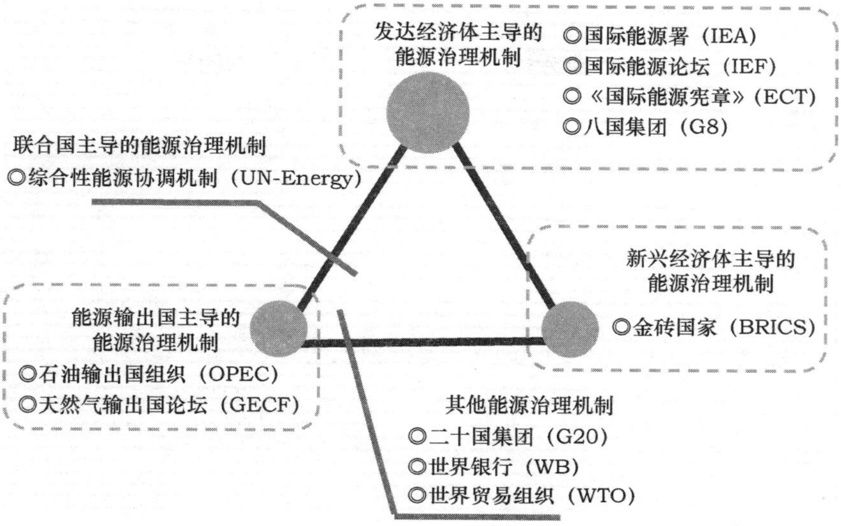

图 6.1 能源治理机制网络及其结构特征

资料来源：由笔者个人绘制。

四、中国与全球能源治理

中国是当前全球能源治理进程的重要参与者。一方面，中国参与了多项能源治理机制，与能源治理各主体开展了丰富的合作，发挥了日益重要的作用；另一方面，中国参与全球能源治理还停留在对话、交流以及政策协调的初步阶段。为此，中国在外交层面需要构建“三位一体”的能源治理体系，在内政层面继续推进改革，加速融入全球能源治理体系。

（一）中国参与能源治理的基本现状

长期以来，中国一向扮演了全球能源治理进程的重要参与者和治理机制的积极建设者，在全球能源治理中发挥了积极的作用。中国参与全球能源治理的进程肇始于1983年，当时其成为世界能源理事会（WEC）成员国并在 1984 年加入了国际原子能机构（IAEA）。[1] 以此为标志，中国自此以“后来者”的身份开始参与全球能源治理进程，并且参与程度由浅入深。

此后，中国在全球与区域层面开展了一系列能源合作，依托不同的机制和平台开展能源治理。一方面，中国与全球性的能源机构紧密合作，依托其平台与其他国家广泛交流。中国于 1996 年与国际能源署签署了《关于在能源领域里进行合作的政策性谅解备忘录》并建立了战略对话机制，加强了与国际能源署以及经济合作与发展组织国家在提升能源效率、稳定能源供给、加强环境保护等方面的合作；于 2005 年与石油输出国组织首次建立了对话机制；于 2009 年开始深入介入二十国集团的全球治理进程。另一方面，虽然区域能源治理机制尚在起步阶段，但中国也积极参与其中，例如，亚太经济合作组织（APEC）、中美日韩印五国能源部长会议、亚洲能源部长级圆桌会议、中亚区域合作能源协调委员会（CAREC）、亚太清洁发展和气候变化新伙伴关系等。[2] 此外，中国还以对话国以及观察员国的身份，与国际能源论坛和《国际能源宪章》等机制开展了多种形式的合作，在二十国集团和金砖集团等框架下发挥了关键性作用（详见表 6.1）。

表 6.1　中国参与国际能源机制（开展能源合作）的基本情况

组织名称	参与程度	合作情况	合作的领域和范围
《能源宪章条约》	对话性合作	2001 年成为组织观察员	（1）积极参与《能源宪章条约》 （2）在国内应用《能源宪章条约》的概念和原则

① 范必：《中国应对国际能源治理变局的思考》，载《开放导报》，2016 年第 3 期，第 15 页。

② 中国参与了 14 个多边能源合作机制，详见：《张国宝：国家能源局共参与 14 个国际多边合作机制》，新华网，http://news.xinhuanet.com/video/2008—08/18/content_9469151.htm。

续表

组织名称	参与程度	合作情况	合作的领域和范围
欧盟	实质性合作	（1）定期首脑会晤峰会 （2）每2—3年在中、欧轮流举办中国—欧美能源合作大会，建立定期对话交流机制 （3）中欧能源工作会议，成立于1996年，是中欧能源合作的指导、协调和监督机制	（1）能源技术合作，以技术培训为主，建立八个能源政策和管理培训中心 （2）能源贸易，以煤炭为主，建立清洁能源机制（CDM） （3）联合开发，进行油气、新能源和可再生能源产业化合作
亚太经合组织	实质性合作	中国是重要的成员国，能源合作工作组是协调机构之一，是中国开展双边、多边、区域经济合作的重要对话平台	主要是经贸合作
上海合作组织	实质性合作	成立上海能源俱乐部，中国是成员国。2004年9月，通过了《上海合作组织成员国多边经贸合作纲要》，共127个项目，能源是优先领域	（1）能源安全和战略合作 （2）能源的生产、运输和消费合作 （3）油气、煤炭和电力的合作 （4）提升能源利用率，开发清洁能源和技术，利用可再生能源
东盟	实质性合作	中国加入了《东南亚友好合作条约》并签署了联合宣言，建立了“10+1”和“10+3”区域合作机制	能源领域经贸合作
经济合作发展组织	对话性合作	1995年启动对话和合作计划（CCNM），2002年中国成为该组织科技委员会的观察员	能源信息统计、分析以及对话和交流合作
海湾合作委员会	实质性合作	2004年7月双方签署经济、贸易、投资和技术合作协议，启动和建立自由贸易区	油气领域的贸易、投资、技术合作

续表

组织名称	参与程度	合作情况	合作的领域和范围
亚洲合作对话	对话性合作	2002年成为成员国，亚洲合作对话机制，讨论亚洲能源安全和合作问题。2004年6月在青岛发表《青岛倡议》，开展区域性国际合作	（1）加强信息交流 （2）鼓励能源勘探与开发 （3）加强节能、能效、再生能源与环境保护的科技和商业合作 （4）探讨和加强建立区域性能源和电力输送网
东亚峰会	对话性合作	中国签署了《东亚能源安全宿务宣言》，提出东亚地区能源合作的目标和措施，制定适应各国国情的能源政策和战略	（1）提高能源效率和环境保护 （2）减少传统能源依赖，稳定地区和国际能源市场，提供经济可承受的能源
中美日韩印五国能源部长会议	对话性合作	对话和交流的机制和平台。会议发表了《联合声明》，在能源领域拥有共同利益，采取共同措施，促进五国和全球能源安全	（1）能源安全和战略石油储备 （2）能源机构多样化和替代能源 （3）投资和能源市场 （4）国际合作 （5）节能和提高能效
博鳌亚洲论坛	对话性合作	中国是成员国，进行对话和交流的平台，能源领域是论坛的重要议题之一	（1）东亚和西亚的能源合作 （2）讨论亚洲的能源与环境区域合作和经济、投资、可持续发展问题
亚洲能源部长级圆桌会议	对话性合作	亚洲主要石油进口国与八个中东产油国的对话机制，推动各方在能源领域的互信与合作，保证亚洲的能源供给安全	石油的经济、稳定、安全和可持续发展
中亚区域合作能源协调委员会	实质性合作	中亚八国，提供一个能源安全合作平台，实施能源合作计划，目的是保障稳定、经济、环境友好的油气供应	油气资源合作

续表

组织名称	参与程度	合作情况	合作的领域和范围
亚太清洁发展和气候变化新伙伴关系计划	实质性合作	中国是六个成员国之一，遵照《联合国气候变化框架公约》原则和各国国情开展国际合作，该计划是对《京都议定书》的补充	主要通过技术合作，促进技术转让、开发和应用，减少大气污染，增强能源安全，应对气候变化

资料来源：徐斌：《市场失灵、机制设计与全球能源治理》，载《世界经济与政治》，2013 年第 11 期，第 90—91 页。

总之，中国参与全球能源治理进程尚不够深入，“形成共识多于采取行动”。中国与上述大部分机制的合作还停留在对话、交流以及政策协调程度，部分具体合作计划与项目虽然已经开始，但仍处于探索阶段。

（二）中国参与能源治理的调整方向

今后，中国参与全球能源治理的总体战略和具体方式都需要有所调整。在外交层面，中国需要推动构建和完善“既能服务于自身能源利益，同时顺应全球能源治理总体趋势的能源治理体系”。在这一过程中，中国需要着重把握以下三个方向：

第一，深化二十国集团框架下的能源治理合作，宏观把握全球能源治理的方向与进程。在联合国主导的能源治理机制相对羸弱的背景下，以“大国协调”为特质的二十国集团成为在全球层面开展能源治理的重要制度平台。[①] 中国在今后一方面需要继续支持二十国集团在提升能源数据的透明度与真实性、鼓励开发能源技术并提升能源使用效率、关注气候变化和削减化石能源补贴方面的行动；另一方面，中国需要与具有议程设定权力的轮值主席国保持沟通，将能源治理列入优先议程，加强二十国集团在

① 庞中英：《中国应推动 G20 成为大国协调的主要机制》，http：//news. xinhuanet. com/2014—09/04/c_ 1112361310. htm？ prolongation = 1。

全球能源治理中的方向引领与宏观把握能力。[①] 中国通过推动加强二十国集团在全球能源治理中的作用，有助于增强各国信息交流与沟通，增进互信，降低交易成本，进而实现更有效的国际能源治理合作。

第二，继续参与区域能源治理的既有机制，依托其推进能源的技术性治理。一方面，中国需继续积极参与亚洲能源部长级圆桌会议、亚洲合作对话、中、美、日、韩、印五国能源部长会议等机制，加强现有机制框架下的技术性和项目化合作；另一方面，加大提供区域能源公共物品的力度，进而尝试主导构建能源治理规则。[②] 具体来说，中国可以借助“一带一路”的战略契机，加强对“一带一路”沿线国家的能源投资、深化能源合作，进而保障能源管线的建设与维护、加快能源交易中心的建设步伐、全面提升中国在区域能源治理中的影响力。

第三，为加入《国际能源宪章》做好充分的准备，同时支持全球能源治理的法律化进程。在 2015 年能源宪章部长级会议上，中国签署了《国际能源宪章宣言》，由受邀观察员国转变为签约观察员国。就中国自身能源利益而言，加入《国际能源宪章》有助于推动能源过境运输谈判、帮助能源企业应对风险，可以说《国际能源宪章》在多个层次上与中国对外能源政策相契合。[③] 就全球能源治理而言，《国际能源宪章》是唯一对促进和保护能源投资具有国际法律约束力的多边条约，其有助于规范和保障能源投资，对于全球能源治理意义非凡。对此，一方面，中国需要为加入《国际能源宪章》做好充分的准备，应对可能带来的挑战；另一方面，中国还需要大力支持全球能源治理的法律化进程，尝试推动《国际能源宪章》的现代化、全球化和多元化。[④]

中国不仅需要在外交层面构建“三位一体”的能源治理体系，在内政层面还需继续推进能源领域的改革。中国需要进一步落实能源发展战略，

---

① 何兴强：《中国与 G20 框架下的全球能源治理》，载《国际石油经济》，2016 年第 9 期，第 22—23 页；邹志强：《G20 参与全球能源治理的成效与展望》，载《现代经济探讨》，2016 年第 1 期，第 52—54 页。

② 徐斌：《市场失灵、机制设计与全球能源治理》，载《世界经济与政治》，2013 年 11 期，第 92 页。

③ http：//www. nea. gov. cn/2015—05/29/c_ 134282011.

④ 程春华：《能源宪章转型与全球能源治理：历程、原因及影响》，载《社会科学》，2015 年第 11 期，第 55 页。

以自身实际行动参与能源治理。《能源发展战略行动计划（2014—2020年）》提出了中国的能源战略，即控制煤炭消费总量的“节约优先战略”，保障能源自给自足的“立足国内战略”，应对气候变化的“绿色低碳战略”以及促进能源产业发展的“创新驱动战略”。[①] 今后，中国需要进一步落实上述四大能源发展战略，以自身实际行动保障自身能源安全、推进能源消费革命、优化能源结构、拓展能源国际合作、推进能源科技创新，进而为全球能源治理贡献“中国力量”。

五、全球能源治理的发展趋势

本章分别从治理主体立场的变化以及重要机制的发展变迁这两个维度探讨了全球能源治理的发展趋势。一方面，欧盟和中国将在能源治理中发挥更为积极的作用，而美国的立场转向保守，进而成为全球能源治理的消极因素。另一方面，《国际能源宪章》、国际能源署以及二十国集团等主要治理机制有可能出现新的发展，其机制变迁也将对全球能源治理产生新的影响。

（一）治理主体立场的变化

未来，全球能源治理进程仍有可能主要依赖于部分“声势显赫”的主体的推动，因而这些治理主体的立场变化对于全球能源治理至关重要。[②] 一方面，“声势显赫”治理主体自身的行动与否以及行动选择直接影响了全球能源治理的根本效果；另一方面，此类主体主导了全球主要能源治理机制的建设进程，能够有效影响治理机制的行动方向。因而“声势显赫”的治理主体具有影响全球能源治理进程的强大权力，对于能源治理总体方向以及具体行动的选择都影响深远。中国、美国与欧盟是全球能源治理的

① 国务院办公厅：《能源发展战略行动计划（2014—2020年）》（全文），http：//news. xinhuanet. com/energy/2014—11/20/c_ 127231835. htm。

② Richard W. Mansbach and John A. Vasquez, *In Search of Theory*: *A New Paradigm for Global Politics*, New York: Columbia University Press, 1981, pp. 96 – 103.

重要领导国。一方面，上述三者经济体量庞大、能源消耗量和温室气体排放总量巨大，是全球能源治理中“最具经济实力的参与者”“最主要的治理责任方”以及“最重要的利益攸关方”。另一方面，上述三者属于同一量级的能源治理参与者，具有突出外交能力、制度建设能力，是能源治理机制的关键建设者。①

第一，依托于突出的资源禀赋，具有先进治理观念和强烈治理意愿的欧盟将以更积极的姿态参与能源治理，进而发挥更大的作用。2009 年 6 月，欧盟将能源与气候一揽子规划转化为法律，并提出了“20—20—20 目标”，即在 1990 年温室气体排放总量的基础上削减 20% 的排放、可再生能源占能源消费总量的 20%、将能耗水平降低 20%。此外，欧盟最先启动了规模最大的国际碳排放交易制度（EU-ETS），在抑制化石能源的气候负外部性方面期待了建设性的引领作用。欧盟具有突出的资源禀赋、先进的治理观念和强烈的治理意愿，在未来还将继续发挥全球能源治理引领者的作用。

第二，特朗普执政期间，美国的能源与气候政策全面转向保守，其在短期内将成为全球能源治理的消极因素。特朗普在执政伊始就公布了其酝酿已久的“美国第一能源计划”，不仅全盘否定了奥巴马政府的“气候行动计划”，还“以保守的姿态发展美国能源产业，以孤立的姿态参与全球能源治理”。② 一方面，特朗普退出《巴黎协定》，取消了自我限制的“气候行动计划”，为美国能源工业松绑，破除了对化石燃料开采及使用的多项限制；另一方面，美国的“本土主义”日渐抬头，提供国际公共物品的能力和意愿不断下降，在全球治理呈现出全面收缩的态势。由此，美国在未来不但不会引领全球能源治理进程，还有可能成为这一进程的阻碍力量。

---

① 中国、美国以及欧盟成员国在 2015 年的国民生产总值分别为 11.0 万亿、18.0 万亿以及 16.3 万亿美元；其在 2013 年的二氧化碳排放总量分别为 102.5 亿吨、51.9 亿吨以及 31.1 亿吨；包括美国和欧盟大多数国家在内的经济合作与发展组织 2015 年能源消耗量约为 50 亿吨，同期中国能源消耗量约为 30 亿吨。详见：http：//data. worldbank. org. cn 以及 BP Energy Outlook（2017）http：//www. bp. com/content/dam/bp/en/corporate/pdf/investors/bp-fourth-quarter-2016-results. pdf. 上述数据由笔者统计而得。

② 王瑶：《特朗普能源政策将给全球带来哪些连锁反应》，载《中国经济周刊》，2017 年第 6 期。

第三，伴随着能源利益更深地内嵌入全球能源体系，中国推动能源治理的立场更为鲜明也更为积极。随着能源对外依存度的上升、能源投资摩擦增多以及能源的环境负外部性的显现，中国参与全球能源治理的立场更为积极。2016 年二十国集团杭州峰会期间，在中国的推动下，各国共同发布了《二十国集团领导人杭州峰会公报》，强调了能源治理的重要意义并向全世界展现了以创新、协调、绿色、开放、共享五大发展理念为核心的能源治理“中国方案”。[①] 当前，中国已经充分认识到了参与全球能源治理对于维护自身能源安全，抑制能源的环境负外部性等方面的重要意义。未来，中国将以更积极的姿态参与全球能源治理进程，进而成为该进程中不可或缺的至关重要的积极力量。[②]

（二）重要机制的发展变迁

除了主权国家外，国际机制在全球能源治理中也发挥了非凡的作用。其往往能够调动全球资源、掌握有全面的信息和数据、具有更好的专业性和技术性，而且基本摒弃了主权国家狭隘的利益观念，从而可以充分发挥其在能源治理中的技术性和全球性优势。[③] 近年来，《国际能源宪章》等主要能源治理机制不断进行自我改革，以此适应全球能源供需格局的外在变化和能源治理的全新要求。在能源治理的诸多机制中，《国际能源宪章》、二十国集团和国际能源署的改革及发展最值得关注。

2015 年，《国际能源宪章》开始了全新的调整与深层次的转型，未来有望成为最具权威和法律约束力的“能源法典”。1991 年的《欧洲能源宪章》和 1994 年的《能源宪章条约》主要面向欧洲和苏联加盟共和国，旨在通过可靠的法律框架鼓励并保护欧洲在苏联地区的能源投资。而 2015 年通过的《国际能源宪章》立足于扩大其所覆盖的地理范围，加速条约“现

---

① 《二十国集团领导人杭州峰会公报》，http：//news. xinhuanet. com/world/2016—09/06/c_ 1119515149. htm；《G20 杭州峰会：中国特色大国外交的成功实践》，http：//news. xinhuanet. com/politics/2016—11/02/c_ 1119832872. htm。

② 叶玉：《全球能源治理：结构、挑战及走向》，载《国际石油经济》，2011 年第 8 期，第 50 页。

③ 主权国家体系所引发的治理责任错位制约着全球治理进程，详见卢静：《当前全球治理的制度困境及其改革》，载《外交评论》，2014 年第 1 期，第 111—112 页。

代化”的进程。为此,《国际能源宪章》以组织结构转型和文化制度升级为两条主线,一方面开展了对包括秘书处、分支机构和咨询小组等在内的组织结构的全球化改造;另一方面在文化制度上推行“现代化与多元化”战略,以此吸引更多国家加入该体系,进而有助于重塑《国际能源宪章》体系的制度优势。[①] 未来,包括中国在内的各个国家还将就《国际能源宪章条约》开展大量修订工作,力求尽快将欧洲范围内的“能源宪章”转变成为真正全球意义上的《国际能源宪章》。

二十国集团在全球能源治理中的作用将愈发明显,其在观念和方向上的引领作用将会进一步加强。虽然二十国集团存在执行力较差和技术性不足等固有弊病,但其在统筹不同能源治理机制、提供观念和方向引导方面具有其他机制所无可比拟的优势。一方面,二十国集团得到了世界银行、世界贸易组织、经济合作与发展组织等重要国际组织的专业性支持;另一方面,其成员国涵盖主要能源生产及消费国,因而其能够影响此类国家所主导的其他能源机制。由此,二十国集团能够在国际能源署、国际能源论坛、《国际能源宪章》等不同能源治理机制间发挥“居中协调”的功能。[②] 更为重要的是,二十国集团领导人峰会所达成的涉及能源的重要成果(如《领导人宣言》或《联合公报》等)对于之后全球能源治理具有至关重要的引领意义。今后,二十国集团在全球治理中的地位不仅无法代替,还有强化的趋势,因而其协调能源治理各机制、发挥观念和方向领导等方面的作用会得到进一步加强。

国际能源署具有其他治理机制难以媲美的先发优势和技术积累,未来很有可能成为全球能源治理在技术层面的“最终组织”。[③] 国际能源署历经40多年的发展,在能源储备建设、信息系统共享和能源技术研发方面积累了丰富的经验。在此基础上,国际能源署愈发重视与新兴能源消费市场和

---

① 程春华:《能源宪章转型与全球能源治理:历程、原因及影响》,载《社会科学》,2015年第11期,第56—59页。

② 邹志强:《G20参与全球能源治理的成效与展望》,载《现代经济探讨》,2016年第1期,第53页。

③ 何兴强:《中国与G20框架下的全球能源治理》,载《国际石油经济》,2016年第9期,第22—23页;Florini Ann, “The International Energy Agency in Global Energy Governance”, *Global Policy*, No. 9, 2011。

能源供给国之间的合作，进而形成了两个政策取向。一方面，国际能源署充分认识到了新兴经济体在能源消费格局中的份额不断提升，因而提出了“协作国”倡议，不断加强与新兴经济体在能源治理中的合作；另一方面，国际能源署彻底转变了与石油输出国组织的对立关系，两者在全球能源治理中的合作越发紧密。今后，国际能源署不仅握有技术和信息优势，其凝聚不同治理主体的能力还会进一步加强，因此很有可能成为全球层面的技术性能源治理的“最终组织”。

第七章

全球环境治理*

20 世纪 70 年代，全球治理开始进入联合国议事日程，此后联合国为推动全球环境问题的解决召开过三次重要会议，还通过了许多与环境相关的法律、规章和制度；此外，民族国家层面也开始关注全球环境治理，成为推动全球环境治理的重要行为体，非政府组织也加入了全球环境治理进程。经过几十年的发展，全球环境保护和治理机制逐渐建立并在不断完善。这一章首先介绍全球环境治理的缘起，其次介绍现有的全球环境治理机制，第三是分析当前全球环境治理面临的困境，第四是中国参与全球环境治理的进程。

一、全球环境治理的缘起

20 世纪 70 年代，随着全球环境问题日益突出，全球环境治理提上国际社会的议程。过去半个世纪中，联合国历史上共召开过三次里程碑式的会议，第一次是 1972 年召开的联合国人类环境大会，通过《联合国人类环境宣言》，从此拉开了全球环境保护的序幕。第二次是 1992 年在巴西里约热内卢召开的联合国环境与发展会议，通过《联合国环境与发展宣言》，会议还签署了《联合国气候变化框架公约》和《生物多样性公约》，成为联合国建立全球环境保护协调机制的重要尝试。第三次是 2002 年在南非约翰内斯堡召开的可持续发展世界首脑会议，通过了《约翰内斯堡可持续发

---

* 本章作者：耿喜梅。

展宣言》。这一部分首先介绍全球环境问题存在的挑战，其次介绍了全球环境治理的进程，最后介绍参与全球环境治理的行为主体。

（一）全球环境问题的挑战

自进入工业社会以后，人类改造自然的能力空前增强。人类生产力的惊人进步、人口激增、城市化的加速发展以及对自然资源的滥用大规模地改变了环境的组成和结构，改变了环境中物质的循环和能量的传递关系，对地球环境造成了前所未有的巨大压力。以生态破坏和环境污染为主要表现形式的环境问题日趋严重。[①] 20 世纪 70 年代，随着全球环境问题的继续恶化，环境问题的跨国化和全球化趋势日趋明显。有学者把当前全球环境问题归结为七大类：气候变化和大气污染、水资源缺乏、水体受到污染、土地荒漠化、森林面积锐减、生物多样性的丧失、废弃物的置放和转移。[②] 联合国环境署网站发布的报告中，也指出今后环境问题发展的趋势包括：空气和土壤恶化、水资源匮乏、滥伐森林、海洋污染，以及生物多样性削减等。[③]

20 世纪 60 年代，人们开始关注环境问题。最早对环境问题关注的当属罗马俱乐部。1968 年意大利资本家出面，邀请西方发达的资本主义国家的知名科学家、教育学家、经济学家和垄断资本家等几十人，组成了一个叫罗马俱乐部的非正式的国际协会。《增长的极限》是丹尼斯·梅多斯等人受罗马俱乐部的委托为它提供的第一个研究报告。[④]《我们共同的未来》报告中指出，贫穷、环境退化和人口增长三者之间不可避免地相互联系着，而且这些基本的问题不可能在隔绝状态中成功地加以解决；[⑤] 而且提出的“可持续发展”思想为 1992 年里约热内卢联合国环境与发展大会铺

① 张海滨：《环境与国际关系：全球环境问题的理性思考》，上海：上海人民出版社 2008 年版，第 29 页。

② 陶坚、林宏宇主编：《中国崛起与全球治理》，北京：世界知识出版社 2014 年版，第 358 页。

③ Joint report from the United Nations Development Programme and the United Nations Research Institute for Social Development ："Global Trends：Challenges and Opportunities in the Implementation of the Sustainable Development Goals", 2017, p. 38.

④ 丹尼斯·梅多斯：《增长的极限》，北京：商务印书馆 1984 年版，中文版前言第 1 页。

⑤ 世界环境与发展委员会：《我们共同的未来》，长春：吉林人民出版社 1997 年版。

平了道路，被誉为人类可持续发展宣言。

当前全球环境问题已经严重威胁到人类的生存，无论是臭氧层的破坏、水污染的加剧还是生物多样性的丧失，要解决这个问题都需要国家之间的合作。全球环境问题的特殊性（外部性、公共物品），任何一个国家或地区不可能独善其身，环境问题的最终解决必须通过国际合作才能实现。[①] 全球环境问题的出现要求进行全球合作，它对传统国家主权、安全观提出了挑战。但是目前以传统国家主权为核心，世界处于无政府状态的全球政治结构很难满足全球环境的治理需要。[②]

总之，全球环境问题是全球环境治理的根源所在。全球环境问题的形成，可以理解为自利者（民族国家、厂商、家庭）追求自身利益最大化过程中负外部性的累积和放大并超过环境自净力的结果。全球环境是国际性公共产品，它不能用“俱乐部产品”的方式来进行生产和提供，只能依赖于建立一套有约束力的国际间联合生产体系，并重新设计现代商业和工业的运行规则。[③] 也就是说，针对全球环境问题，唯一的出路就是国家与非国家行为共同参与，进行全球环境治理。

（二）全球环境治理的进程

自 1972 年人类环境会议以来，环境问题一直是国际社会关注的一个重要议题。全球环境治理经过 30 多年的努力，已经形成了一个多层次、多主体共同参与的全球环境治理体系。[④]在联合国成立之初，环境问题并未列入联合国议事日程。20 世纪 70 年代，随着环境问题越来越突出，1972 年 6 月，联合国召开人类环境会议，并通过了《人类环境宣言》和行动方案，规定了解决环境问题的基本原则，从此揭开了联合国历史的新篇章，也开启了全球环境治理的进程。为了制度化协调全球环境治理问题，1973 年联

---

① 李正升：《开放宏观视角下的全球环境问题》，载《学术探索》，2013 年第 12 期，第 78 页。

② 曲聪：《全球环境问题与国际政治》，载《中国城市经济》，2011 年第 30 期，第 325 页。

③ 王朝科：《国际政治经济学视域下的全球环境问题》，载《山西财经大学学报》，2008 年第 7 期，第 7 页。

④ 孙凯：《演进中的全球环境治理体系》，载《中国海洋大学学报（社会科学版）》，2006 年第 4 期，第 35 页。

合国环境规划署（UNEP）成立，总部设在肯尼亚内罗毕，从此联合国环境规划署成为联合国环境机制的核心机构。最初，联合国环境规划理事会由58个会员国组成，理事会由大会选出，任期三年，可连选连任。理事会每年举行一次，任务是审查世界环境状况，促进各国政府间在环保方面的各项国际合作，为实现和协调联合国系统内各项环境计划而进行政策指导等。

自1972年在瑞典斯德哥尔摩召开第一届人类环境大会，之后建立的联合国环境计划署致力于解决全球环境议题，但当时还处于冷战时期，两大军事阵营的对峙无法真正实现环境领域的全球治理。冷战结束后，1992年联合国在巴西的里约召开的联合国环境与发展大会，真正地迎来了全球环境治理的时代。当时178个联合国成员国派出高级政府代表团出席会议，共有102位国家元首或政府首脑出席了大会。这些大会通过了一系列的成果文件，即《里约环境与发展宣言》《21世纪议程》《关于森林问题的联合声明》《联合国气候变化框架公约》和《生物多样性公约》。

在2013年2月举办的环境署第27届理事会上，成员国决定升级自1972年环境署成立以来由58个成员国参加的理事会为普遍会员制的联合国环境大会，使联合国193个成员国共同在部长级层面商讨全球环境和可持续发展议题并做出决策。联合国环境大会被认为是人类环境保护史上又一次里程碑式的会议。第一届联合国环境大会于2014年举行，主题是“可持续发展目标和2015年后发展议程，包括可持续消费和生产”，旨在商讨和确定一系列目标和指标，推动联合国千年发展目标的成功实现。第一届联合国环境大会是一次历史性的大会，它不仅明确了联合国环境规划署未来几十年的工作领域，还将加强综合可持续发展环境层面的制度框架和纲领性平台。来自各国政府、商界和民间的1200多名代表讨论了可持续发展、野生动物保护、绿色经济融资等议题。

第二届联合国环境大会于2016年5月23日至27日，在肯尼亚首都内罗毕联合国环境规划署总部召开，主题是“落实《2030年可持续发展议程》中的环境目标”。全球环境领域的最高决策者，将共同商议并通过各项决议，呼吁全球民众行动起来，共同应对当前国际社会所面临的严峻环境挑战。这次会议由全体会议和高级别会议两部分组成：其中全体会议将审议联合国环境署执行主任报告，并就落实气候变化巴黎协定、化学品废物、野生动植物非法贸易等国际环境政策和治理问题进行讨论并做出决议。这次会议将为实现2030年可持续发展议程中的环境目标勾勒蓝图、指明方向，并在“健康环境、健康公民”主题下，讨论环境与人类健康之间的关联，就提高环境可持续性，保障人类健康提出政策建议。作为上述会议成果，此次会议重点审议通过《联合国环境署2018—2021中期战略》《联合国环境署2018—2019工作方案》和《第二届联合国环境大会高级别会议成果文件》等三份重要文件，这些文件将反映各国环境部长们对于环境议程的共同愿景，详细描述了联合国环境署将如何以成果管理方式应对环境挑战、落实2030年可持续发展议程，并明确联合国环境署重点工作领域、主要目标、预期成果和预算安排。

联合国环境规划署第27次理事会正式通过了推广中国生态文明理念的决定，中国生态文明理念被正式写入联合国决议，首次以联合国文件形式得以体现。生态文明理念的提出正是中国为了处理好人与自然的关系、实现发展与保护共赢而确定的国家可持续发展途径。2016年5月，中国环境保护部部长陈吉宁率中国代表团参加了第二届联合国环境大会，陈吉宁围绕中国落实2030年可持续发展议程环境目标相关情况做主题发言。陈吉宁指出，中国是最早提出并实施可持续发展战略的国家之一，过去15年全力落实千年发展目标，并取得一系列重要进展。其中，中国粮食产量连续12年增长，用占全世界不足10%的耕地养活了世界近20%的人口；2000年以来，累计解决4.7亿农村居民的饮水安全问题，完成人工造林面积6000多万公顷，酸雨区占国土面积比例由历史高峰值的30%左右降至2015年的8.8%；单位GDP能耗和二氧化碳排放在过去5年间分别下降18%和20%。[①] 这些成绩，既增进了中国人民福祉，也对全球可持续发展做出了重大贡献。并且，中国环境保护部和联合国环境署在第二届联合国环境大会上共同发布《绿水青山就是金山银山：中国生态文明战略与行动》报

---

① 《陈吉宁部长在第二届联合国环境大会部长级对话会上的发言》，2016年5月26日，http：//www.fmprc.gov.cn/ce/ceke/chn/sgzc/jgsz/dbc/lhghjdh/t1401338.htm。

告。报告中指出，生态文明作为“十三五”规划的一部分，中国承诺到2020年将用水量减少23%，能源消耗减少15%，单位GDP二氧化碳排放量降低18%。[①]

总之，从1972年联合国环境到2014年联合国环境大会，参与全球环境治理的成员不断拓展，以联合国为平台的全球环境治理机制正在完善。

二、全球环境治理机制

1975年，美国学者约翰·鲁杰首次提出了国际机制的概念。很快引起国际关系学界的广泛兴趣。经过一段时间讨论，产生了对国际机制的权威定义：“国际机制是一系列隐含或明示的原则、规范、规则和决策程序，它们聚集在某个国际关系领域内，行为体围绕它们形成相互预期。”一般来看，能够承担一定的全球或区域环境治理功能，分享环境治理权威的治理主体共有六类：国家、次国家政府、政府间国际组织、国际非政府组织、企业和科学机构。而全球环境治理的功能（Governance Function）则包括议程设置、建立框架、环境监测、履约核查（Verification）、规则制定、建立规范、强制执行、能力建设、资金供给九个方面。[②] 这里讨论的全球环境治理机制主要包括四个方面，分别是指全球环境治理平台、全球环境协议、全球环境筹资和援助机制、全球气候变化协调机制。

（一）全球环境治理平台

环境问题自1972年纳入联合国的议程以来，联合国内部逐步设立了一些有关环境与发展问题的机构。这主要涉及联合国大会下属的环境规划署、开发计划署，联合国经济及社会理事会下属的可持续发展委员会等

---

① 《绿水青山就是金山银山：中国生态文明战略与行动》报告发布，2016年5月26日，http://www.pzhly.gov.cn/xwdt/gnwdt/605868.shtml。

② 杨晨曦：《全球环境治理的结构与过程研究》，长春：吉林大学博士论文，2013年，摘要第1页。

(如表 7.1)。这些机构为各国在全球环境保护和可持续发展方面提供了合作的平台。下面分别介绍这些机构。

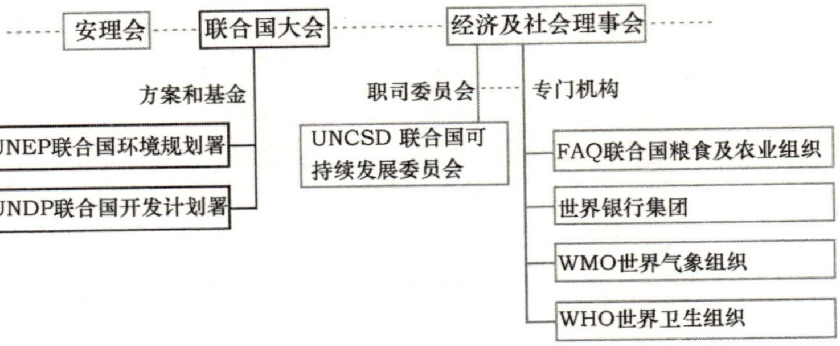

表 7.1　联合国国际环境合作框架主要机构关系简图

注：实线表示有直接汇报关系，虚线表示无附属关系。

资料来源：蔺雪春：《变迁中的国际环境机制：以联合国环境议程为线索》，载《国际论坛》，2007 年第 3 期，第 17 页。

1. 联合国环境规划署

联合国环境规划署（UNEP），1973 年成立，总部设在肯尼亚内罗毕，联合国环境规划署是联合国环境机制的核心机构。最初，联合国环境规划理事会由 58 个会员国组成，理事会由大会选出，任期 3 年，可连选连任。理事会每年举行一次，任务是审查世界环境状况，促进各国政府间在环保方面的各项国际合作，为实现和协调联合国系统内各项环境计划而进行政策指导等。联合国环境规划署负责协调各国在环境领域的活动，可以说联合国“环境署是全球环境领导机构，负责制定全球环境议程，促进在联合国系统内统筹落实可持续发展环境层面的工作，并担当全球环境的权威倡导者”。联合国环境规划署的成立对于国际环境保护起到了巨大的推动作用，随后的许多国际合作都是在环境规划署的召集、协调下得以实现的。

2. 联合国开发计划署

联合国大会下面还设有联合国开发计划署（UNDP），实施联合国技术援助计划，并响应《21 世纪议程》的要求，利用其遍布全球的办事处网络支持《21 世纪议程》的执行。联合国开发计划署的目标是增强国家应对贫困的能力，并且以可持续发展的方式降低贫困。目前，联合国开发计划署在135个发展中国家设有工作组，他们在帮助这些发展中国家制定与环境保护相协调的国家发展战略，从而走一条可持续、低碳、环境友好性的发展道路。

3. 可持续发展委员会

可持续发展委员会（CSD）是由经济及社会理事会根据其1993年第207号决议设立的职司委员会。1992年12月22日通过的联合国大会第47/191号决议规定了委员会的职能。可持续发展委员会由53个成员组成，每个成员任期3年，委员会每年举行一次会议，为期两到三周，由经济和社会事务部可持续发展司为其提供实质性和技术性服务。委员会向经济及社会理事会汇报工作并通过其向联合国大会第二委员会汇报工作。在1992年联合国环境与发展大会（即地球问题首脑会议）提出可持续发展战略后，为确保《21世纪议程》和《里约环境与发展宣言》得到有效落实设立的可持续发展委员会（UNCSD），旨在确保联合国环境与发展会议（UNCED）后续行动的有效开展。

4. 联合国政府间气候变化委员会（IPCC）

认识到潜在的全球气候变化问题，世界气象组织（WMO）和联合国环境规划署于1988年建立了政府间气候变化专门委员会（IPCC）。它对联合国和WMO的全体会员开放。联合国政府间气候变化委员会设立的目的是收集科学知识，研究气候变化的影响，并制定应付气候变化的措施。1992年6月，在联合国环境与发展大会上，各国政府签署了《联合国气候变化框架公约》，这是迄今为止在国际环境与发展领域中影响最大、涉及面最广、意义最为深远的国际法律文件。

5. 环境非政府组织

联合国环境署、开发计划署、可持续发展委员会在全球环境保护和环境治理方面发挥着巨大的作用。同时联合国负责环境问题的这些部门与国际环境非政府组织有着合作关系，这些国际环境非政府组织也经常出席是联合国环境会议。由于环境非政府组织的特殊性，它们不代表某一国家的特殊利益，不受国家私利的影响，能够比较客观地对环境问题做出评价，在推动全球环境问题的解决方面能够发挥其特殊的作用。环境非政府组织发展很快，1972年人类环境会议就有134个非政府组织正式登记参加会议，还有一些非政府组织通过一些非正式的行动，如宣传、倡议和游说等宣传国际环境保护思想，对会议的成功召开起到了很大的作用。到20世纪80年代，环境非政府组织在全球环境治理过程当中更为活跃，据估计，在发达国家就有13000多个环境非政府组织，发展中国家大约有2230个环境非政府组织，比较著名的如“绿色和平”组织、“国际地球之友”组织等。

（二）全球环境协议

全球环境协议的实施是指使已经签署的环境协议产生效果。在国际环境领域中的每个议题领域几乎都有相关的条约协议达成，这只是实现国际环境保护的第一步，关键的还是这些条约、法律的实施，使条约、法律有效实施。国际环境条约如果得不到实施，就不能调整相关行为体的行为，甚至可能成为“一纸空文”。国际环境条约的实施过程包括国际环境条约主体行使其由国际环境法赋予或承认的有关利用，保护和改善环境权利并履行其依国际环境条约承担的关于利用、保护和改善环境义务的活动。

国际环境公约是指国际社会为保护环境、解决各种环境问题，特别是全球环境问题而缔结的用于规范各国相应的环境保护事务的责任和义务的条约。国际环境公约的产生和发展，与世界工业的发展、人类环境意识、资源意识的发展密切相关，是人类反思的里程碑。目前，全世界有500多个与环境有关的国际公约和协定，其中，近60%是1972年斯德哥尔摩人类环境会议以来形成的。在过去的40多年，以联合国环境规划署为核心，发布的许多与环境相关的条约、公约、议定书、宣言、行动计划等文件，成为全球环境治理的重要依据。如：1972年出台《联合国人类环境宣言》规定了解决环境问题的基本原则；《行动计划》成为后来联合国开展环境行动的指南。1992年联合国环境与发展大会在里约热内卢召开，通过了《联合国环境与发展宣言》（又称《里约宣言》），以及《生物多样性公约》《气候变化框架公约》《21世纪议程》。其余的一些重要的国际环境条约如表7.2所示。那么，这些条约、公约是如何签署的呢？下面以《生物多样性公约》为例进行分析。

《生物多样性公约》于1992年签署，1993年生效。它是第一个关于生物多样性保护和可持续利用的全球协议，是国家行动的指南。该公约设定了三个主要目标：生物多样性保护，对其组成部分的可持续利用，公平与公正地共享基因资源利用带来的利益。该公约也提到了很多生物多样性问题，包括栖息地保护、个人财产权利、生物安全和土著人的权利等。该公约以其综合与生态手段对生物多样性实行保护而闻名，并很快得到了众多的拥护。作为该公约的补充协议，《卡塔赫纳生物安全协议》在2000年1月得以通过，以解决转基因生物越境贸易和意外释放带来的潜在风险问题。截至2004年，已有188个国家批准了该公约。由于这是生物多样性的保护第一次被完整、全面地提出，也是遗传多样性第一次被纳入有约束力的全球公约中，因而《生物多样性公约》堪称国际环境保护的里程碑。

表7.2 1992—2002年签订的较有影响的环境条约

	条约名称
20世纪70年代	《保护世界文化和自然遗产公约》（1972）、《防止倾倒废物及其他物质污染海洋公约》（1972）
	《濒危野生动植物物种国际贸易公约》（1973）
20世纪80年代	《联合国海洋公约》（1982）、《保护臭氧层维也纳公约》（1985）
	《关于消耗臭氧层物质的蒙特利尔议定书》（1987）
	《控制危险废物越境转移及其处置巴塞尔公约》（1989）
20世纪90年代	《联合国气候变化框架公约》（1992）、《生物多样性公约》（1992）、《联合国防治荒漠化公约》（1994）
	《关于在国际贸易中对某些危险化学品和农药采用事先知情同意程序的鹿特丹公约》（1998）
2001年	《关于持续性有机污染物的斯德哥尔摩公约》

资料来源：蔺雪春：《变迁中的国际环境机制：以联合国环境议程为线索》，载《国际论坛》，2007年第3期，第15页。

（三）全球环境筹资和援助机制

在1989年的国际货币金融组织和世界银行发展委员会的年会上，法国提出建立一种全球性的基金，用以鼓励发展中国家开展对全球有益的环境保护活动。1990年11月，25个国家达成共识建立“全球环境基金”（Global Environmental Fund，GEF），由世界银行、联合国开发计划署和联合国环境规划署共同管理，目的是帮助发展中国家解决环境问题。全球环境基金主要是以赠款或其他形式的优惠资助、为受援国（包括发展中国家和部分经济转轨国家）提供关于气候变化、生物多样性、国际水域和臭氧层损耗四个领域以及与这些领域相关的土地退化方面的资金支持，以帮助发展中国家开展有益于全球环境保护的活动，促进受援国有益于环境的可持续发展。全球环境基金自成立以来参加了世界范围内各类创新性项目，包括支持保护区的管理，保护生物物种计划，能源效率项目、太阳能家庭系统和取缔氟氯烃计划。从1991—2000年全球环境基金对发展中国家的资助累计已达50多亿美元。

当前国际环境基金除了全球环境资金，还有一个是《维也纳臭氧层损耗物质公约》的《蒙特利尔议定书》下的多边基金，两者互为补充。国际社会所实行的常规发展援助可以广泛用来资助环境保护项目和活动。当前发展中国家迫切需要得到更多的额外援助，以促进本国经济的持续和稳定发展。而实现这一目标，保护和改善全球环境是一个不可缺少的重要条件。因而近年来国际社会一直强调发展援助必须考虑各国的环境需求。以往的发展援助从实施效果上看尚存在很多弊端，如由于一些发展中国家的自生能力低、一些援助的条件极为苛刻，亦或援助和受援双方都没有正确的政策，因此发展中国家接受了一些对环境有害的技术援助，这种局面是在今后的援助中必须加以改变的。环境发展援助主要来自联合国开发计划署、多边组织（如欧盟）、双边协议、多边的地区开发机构、非政府组织、私人财团和基金会等。

（四）全球气候变化协调机制

《联合国气候变化框架公约》及其《京都议定书》——“共同但有区别责任”原则的确立。《联合国气候变化框架公约》的首要目标，是将温室气体的排放稳定在能够阻止全球气候遭受人为干扰威胁的水平上。全球气候变化的责任问题，一直是发达国家与发展中国家谈判的焦点。在公约筹备谈判中，有些发达国家坚持要求写下各国“共同的责任”，坚持了1年以上不肯放弃；发展中国家认为“有区别的责任”是对历史和现实的尊重。直到1992年“政府间谈判委员会”最后一次会议，才在公约正文的“原则”中确立了“共同但有区别责任”的提法。公约于1992年地球首脑会议上签署，1994 年开始实施。然而，对于全球气候变化的控制对策及实施，发达国家和发展中国家之间存在着根本分歧。发达国家之间由于各自利益不同，在此问题上也存在一定分歧。1995 年的柏林会议通过了“柏林授权”，启动了具体的谈判过程以敦促发达国家履约。

1997 年，在日本召开的京都会议审查了公约的各项承诺及执行情况，并最终通过了《京都议定书》以备签署。议定书规定，到 2010 年所有发达国家排放的二氧化碳等 6 种温室气体的数量，要比 1990 年减少 5.2%，发展中国家没有减排义务。对于一些主要的发达国家来说，2008—2012 年必须完成的削减目标是：与 1990 年相比，欧盟削减 8%，美国削减 7%，日本削减 6%，加拿大削减 6%，东欧各国削减 5%—8%。议定书需要在占全球温室气体排放量 55% 的至少 55 个国家批准后才能生效。美国人口占全球人口的 3%—4%，而所排放的二氧化碳却占全球排放量的 25% 以上。美国曾于 1998 年签署了议定书，但 2001 年布什政府却以“减少温室气体排放将会影响美国经济发展”和“发展中国家也应该承担减排和限排温室气体的义务”为借口，宣布拒绝执行《京都议定书》。美国的退出对公约的执行无疑是一个巨大的打击。由原则确认发达国家对气候变化负主要责任到为发达国家规定具体量化的减排目标，气候变化谈判举步维艰。发展中国家是否应该承担限排或减排义务问题，始终成为谈判的主要议题之一。2005 年 2 月 16 日，历经 7 年正式谈判，议定书终于正式生效。但是，美国至今仍拒绝签署这一协议。

全球气候治理最新进展是 2015 年的法国巴黎召开的气候大会，达成包括《巴黎协定》和相关决定的巴黎成果，在国际社会应对气候变化进程中又向前迈出了关键一步。《巴黎协议》中各国按照“国家自主贡献”目标希望 21 世纪全球温升能控制在 2 摄氏度以内。同时邀请联合国政府间气候变化专门委员会（IPCC）于 2018 年发布关于 1.5 摄氏度目标的特别报告。为不断提升减排力度，《巴黎协定》明确了从 2023 年开始以 5 年为周期的全球盘点机制（global stocktake），包含对减缓行动和资金承诺等比较全面的盘点，促进未来各国逐步提升气候雄心，弥合实际气候行动与目标之间的差距。[①]

三、全球环境治理面临的困境

全球环境是典型的全球公共物品，随着全球环境问题的日益恶化，人们迫切需要在全球环境领域实施联合整治。一般而言，国际社会对全球环境治理体制的功能需求包括：第一，对全球环境状况及相关信息的收集、解释与评估；第二，提供全球环境政策的论坛，建构治理主体之间的合作框架，并且发挥协调的功能；第三，促进多边环境协议的遵守和履行，应对具体的环境问题；第四，筹集和分配环境治理资源；第五，调解和仲裁环境冲突的功能。[②] 然而，建立一个有效的全球环境治理机制远未达到，全球环境治理也面临着诸多挑战。

（一）对全球环境治理有效性的置疑

目前，毋庸置疑的事实是全球环境治理机制已经存在，但针对全球环境治理几十年来的治理效果令人置疑。因此，有学者开始探讨影响全球治理效果的原因，王宏斌指出，长期以来，由于各个治理主体的身份失衡——主要表现为全球环境治理中联合国的身份失位、欧美国家的身份越位和新兴国家（发展中国家）的身份缺位，致使全球环境治理效果差强人意。[③] 于宏源、王文涛指出，在全球环境治理领域，由于领导力缺乏和制度碎片化导致人类无法有效地协同应对环境危机。从治理主体碎片化角度来说，主体的“碎片化”指的是原有环境治理的南北主线不断削弱，污染大国和污染小国的矛盾凸显出来。随着新兴发展中大国崛起，发展中国家之间发展程度和差距越来越大，发展中国家谈判阵营的立场差异和分歧逐渐扩大，应对气候变化等全球环境问题的潜在矛盾逐渐表面化，尤其在减

① 《〈巴黎协定〉开启2020年后全球气候治理新阶段》，新华网，2015年12月14日，http：//news. xinhuanet. com/world/2015—12/14/c_ 128528644. htm。

② 薄燕：《全球环境治理的有效性》，载《外交评论》，2006年第6期，第57页。

③ 王宏斌：《治理主体身份重塑与全球环境有效治理》，载《经济社会体制比较》，2016年第3期，第137页。

排目标和责任等方面。薄燕指出，全球环境治理体制的协调功能存在许多问题。首先是政府间国际组织之间缺乏协调，例如，联合国环境规划署、可持续发展委员会、联合国发展署和世界气象组织以及经合组织都着手进行气候变化的项目，但是它们之间缺乏协调和分工。其次，不同多边环境协议的协调也不够，从多边环境协议的秘书处来看，它们的所在地分散在世界各地，例如《生物多样性公约》及其《卡那塔赫生物安全议定书》和《蒙特利尔议定书》多边基金秘书处设在在蒙特利尔，《濒危野生动植物种国际贸易公约》和《控制危险废物越境转移及其处置巴塞尔公约》的秘书处设在日内瓦，而《联合国气候变化框架公约》《联合国防治荒漠化公约》《保护野生动物迁徙物种公约》的秘书处设在波恩。此外，各多边环境协议的缔约国大会及其辅助机构也非常分散。[①] 归纳起来，有关全球环境治理机制有效性低下主要是由于多边环境协议之间的协调性较弱，全球环境治理机构之间的沟通性较弱，再加上国家集团之间就各自利益的博弈，以及全球环境治理所需要的资金筹集困难，最终都导致了全球环境治理有效性较弱。

（二）国家集团之间的政治博弈导致生态治理效应降低

前面提到全球环境治理的议题可以划分为多个方面，但是，事实的治理过程中，这些不同议题之间存在相关性。例如，臭氧层被破坏会导致全球变暖，热带雨林减少会导致土地荒漠化等。可以说，全球生态的相互依赖性要求将全球生态看作一个整体进行治理，而不仅仅是将环境问题人为地分割为各个“议题领域”。[②]

全球环境治理的效果取决于治理能力的强弱，而外在治理能力又决定于体系内部的统一和协调。基于利益的分歧、价值观的不同和对权力的追逐，全球环境治理体系内部的分化使其难以形成外在治理合力。[③] 以国际气候治理为例，当今国际气候治理最重要的平台就是联合国框架下气候变

---

① 薄燕：《全球环境治理的有效性》，载《外交评论》，2006 年第 6 期，第 59 页。

② 孙凯：《演进中的全球环境治理体系》，载《中国海洋大学（社会科学版）》，2006 年第 4 期，第 35 页。

③ 黄新焕、叶琪：《全球环境治理体系的构建与战略选择》，载《经济研究参考》，2016 年第 16 期，第 5 页。

化大会，每年在不同的国家召开一次，几乎所有的联合国成员都会参加，但联合国气候大会存在三股力量：一是以美国为“伞形国家”，包括美国、日本、澳大利亚、加拿大等国，因为这些国家在地图连接起来好像一把伞，也喻为“地球的保护伞”，故称为“伞形国家”，这是在2009年哥本哈根会议期间形成的；二是以德国、法国等欧洲国家为主的欧洲国家集团，他们虽为发达国家，但与“伞形国家”的利益关切又有所区别，对全球气候治理的态度比较积极，也是全球气候治理的重要力量；三是“77国集团+中国”，包括有中国、巴西、印度和南非组成的“基础四国”，以及其他发展中国家。

（三）全球环境治理筹资困难

在1989年的国际货币基金组织和世界银行发展委员会年会上，法国提出建立一种全球性的基金，用以鼓励发展中国家开展对全球有益的环境保护活动。1990年11月，25个国家达成共识建立“全球环境基金”（Global Environmental Fund，GEF），由世界银行、联合国开发计划署和联合国环境规划署共同管理，目的是帮助发展中国家解决环境问题。

全球环境基金主要是以赠款或其他形式的优惠资助、为受援国（包括发展中国家和部分经济转轨国家）提供关于气候变化、生物多样性、国际水域和臭氧层损耗四个领域以及与这些领域相关的土地退化方面的资金支持，以帮助发展中国家开展有益于全球环境保护的活动，促进受援国有益于环境的可持续发展。全球环境基金自成立以来参加了世界范围内各类创新性项目，包括支持保护区的管理，保护生物物种计划，能源效率项目、太阳能家庭系统和取缔氟氯烃计划。从1991—2000年全球环境基金对发展中国家的资助累计已达50多亿美元。

以全球环境基金为主要形式的公约资金机制，是全球气候治理的最主要融资机制。当前国际环境基金除了全球环境资金，还有一个是《维也纳臭氧层损耗物质公约》的《蒙特利尔议定书》下的多边基金，两者互为补充。在国际气候融资领域，联合国气候变化融资高级顾问团（UN AGF）将资金来源分为四大类：公共赠款和优惠贷款、发展银行类型拨款、广义碳市场整体融资，以及私人资本融资。根据资金的特点，应对气候变化的资金一般又可归为公共资金、公共—私人资金和私人资金三大类。虽然存在着各种类型的资金筹集方式，但是在具体的资金筹集过程中，还是困难重重。

四、全球环境治理与中国

作为全球最大的发展中国家之一，中国非常重视全球环境保护，2012年中国共产党十八大以来，生态文明已纳入了中国特色社会主义“五位一体”（经济、政治、文化、社会和生态文明建设）的总体布局。“五位一体”中经济建设是根本，政治建设是保障，文化建设是灵魂，社会建设是条件，生态文明建设是基础。中国的生态文明建设就是围绕人口、资源、环境的突出问题，构建资源节约型、环境友好型社会，不断优化国土空间开发格局，节约能源资源，提高自然环境和生态系统的保护力度。可以看出，在经济发展的新常态的背景下，党和政府把中国国内生态文明建设提高国家战略的高度。这也与全球环境治理高度一致。

在国际社会，中国积极参与全球环境治理的各项活动。蔺雪春把中国参与全球环境治理归纳为五个方面：第一，参加国际环发会议或论坛，出席有关国际公约缔约方大会。这些会议、论坛既有联合国或其下属机构召开的，也有区域性或跨地区的。中国代表团参加了1972年、1992年、2002年三次重要的全球环境大会，中国政府还参加了《联合国气候变化框架公约》《巴塞尔公约》等多次缔约方会议，更积极参与本地区及跨地区环境与发展会议、论坛。第二，签署、批准或加入国际环发条约、协议、修正案。主要包括五大类，即大气类、危险物质类、海洋环境资源类、生物资源类、海岸线公约。其中较有影响的有《联合国气候变化框架公约》及其《京都议定书》《生物多样性公约》《控制危险废物越境转移及其处置巴塞尔公约》《消耗臭氧层物质蒙特利尔议定书》《关于持久性有机污染物的斯德哥尔摩公约》《关于化学品和农药的鹿特丹公约》《联合国海洋法公约》等。第三，参与国际环境治理项目合作（包括双边、多边、区域合作），合作方法有资金援助、技术支持、人才开发、知识培训等。在双边合作方面，主要伙伴是欧洲和北美等发达国家和地区，合作领域包括能力建设、环境监测、环境统计、ISO14000 管理体系、大气污染防治、水环境管理、生态保护和环境技术评估等。第四，主办大规模高等级的环发问题国际会议或论坛，其中即包括政府间国际会议或论坛，也有国际民间环境论坛。第五，国内非政府组织积极参与国际环发会议或论坛。[①]

2016 年 4 月 22 日，150 多个国家代表聚在纽约联合国总部，出席气候变化《巴黎协定》高级别签署仪式，中国国务院副总理张高丽代表中国在这份协定上签了字。从推动达成《巴黎协定》到推动协定签署，中国持续扮演“关键性”角色。在此前的 3 月 31 日，中美元首发表第三份气候变化联合声明，宣布两国将于 4 月 22 日同时签署《巴黎协定》。《华盛顿邮报》认为：“美中发出的早期信号非常重要——如果这些排放大国都能迅速采取履约行动，就会比较容易达到必要的门槛。”[②] 在国际社会，中国遵循《巴黎协定》倡导的“自由贡献”的原则参与全球气候治理；在国内社会，中国把“生态文明”建设作为党和国家的工作的重点之一。2012 年，党的十八大就明确提出“大力推进生态文明建设”，坚持节约资源和保护环境的基本国策，坚持节约优先、保护优先、自然恢复为主的方针，着力推进绿色发展、循环发展、低碳发展，形成节约资源和保护环境的空间格局、产业结构、生产方式及生活方式，从源头上扭转生态环境恶化趋势，为人民创造良好的生产生活环境，为全球生态安全做出贡献。[③]

为什么中国在国际、国内都非常重视生态环境建设呢？这是因为，第一，中国从 2007 年超越美国成为二氧化碳排放第一大国后，又陆续成为世界能源消费第一大国、世界第二大经济体，人均排放也超过了欧盟，煤炭、水泥、钢铁、铝、铜等重要高耗能产品的消费量均超过世界一半。一些发达国家认为，如果没有中国参与的全球环境治理（全球气候治理），发达国家不愿意再承担过多的责任，提供更多的资金援助。第二，2013 年中国北方地区遭遇严重雾霾后，中国领导人充分意识到了国内国际责任，

---

① 蔺雪春：《全球环境治理机制与中国的参与》，载《国际论坛》，2006 年第 2 期，第 40—41 页。

② 新华社每日电讯，http：//news. xinhuanet. com/mrdx/2016—04/22/c_ 135303213. htm。

③ 《大力推进生态文明建设》，载《中国共产党十八大报告（全文）》，2012 年 11 月 8 日。

加大了对气候治理的力度，把推进“生态文明”发展，建设“绿色中国”“美丽中国”作为政府工作的重要任务。

在20年国际气候制度的发展中，中国从参与者渐成长为领导者，尤其是中国《巴黎协定》达成过程中做了不懈努力。《巴黎协定》能够被利益诉求完全不同的各缔约方接受，其中一个重要的原因在于处理各方理解“共同但有区别的责任”的分歧时，既充分考虑了不同发展阶段国家应对气候变化能力水平的不同，也充分意识到了只让发达国家承担责任的“一刀切”行为的不合理性，达成了一种最大限度照顾各方关切的微妙平衡。①

全球环境治理是人类共同面临的问题，对于治理当今全球环境问题，需要全人类的共同合作，需要发达国家和发展中国家共同参与，需要国家政府和非政府组织的共同参与。具体来说，可以从以下几方面加强努力。第一，加强非政府组织在全球环境治理中的作用。目前，国际环境非政府组织的法律地位还仅限于联合国赋予的咨询地位。国际社会在今后应致力于确定非政府组织的国际法主体地位，使其以合法身份参与国际环境治理，在环境治理中发挥其更大的作用。第二，加强发展中国家之间的沟通合作，打造好“南南合作”的平台。发展中国家应在谈判大会上加强团结，投入更多的精力在会下加强沟通交流，相互协调，相互理解，相互照顾，采取折中让步等做法达成共识，尽量不要或避免在公开的会议场合进行激烈地争论。第三，加强环境与气候变化中的资金融资与技术转让渠道的多元化。解决全球环境问题需要大量的资金和技术做支持，但在融资领域也是最难达成协议的，因此，在今后应对全球环境问题时，要加强环境融资渠道的多元化，利用各种途径获得可用于环境治理的资金。

① 杨驿昉、徐博雅、王韬：《从<京都议定书>到<巴黎协定>：中国如何成为全球气候治理领导者》，2015年12月14日，http：//business. sohu. com/20151214/n431619565. shtml。

第八章

中国参与全球治理的意愿、能力和行动*

在当今的全球治理平台，中国是一个不可或缺的行为体。国际社会需要中国参与其中，共同商讨全球金融危机应对和全球经济治理、全球气候治理、全球能源治理、全球环境治理、全球安全治理等，中国也有意愿参与全球层面的治理，并积极贡献中国智慧、提出“中国方案”，为全球治理奉上中国的努力。这一章主要从中国参与全球治理的意愿、能力和行动三个维度架构中国参与全球治理的概貌。

一、中国参与全球治理的意愿

当前的国际社会为形势所迫呼唤中国的积极参与，中国也有意愿积极参与国际社会的全球治理。中国党和政府领导人多次场合和文件中表达了中国积极参与全球治理的意愿和决心。这一部分首先梳理了中国高层关于全球治理的表述；其次，以合作意愿为分析框架，分析了中国参与全球治理的合作意愿；最后分析了中国参与治理意愿的动因。

（一）中国高层关于全球治理的表述

在全球治理领域，中国高层领导人在许多重要的讲话中表达了中国积

---

* 本章作者：耿喜梅。

极参与治理的国家意愿。2013 年 3 月，习近平就任中国国家主席后首次出访前夕接受金砖国家媒体联合采访时，就谈到了全球治理。他说道："全球经济治理体系必须反映世界经济格局的深刻变化，增加新兴市场国家和发展中国家的代表性和发言权。""新兴市场国家和发展中国家希望全球经济治理体系更完善、更符合世界生产力发展要求、更有利于世界各国共同发展。"①

2015 年 10 月，中国首次明确提出全球治理理念，当时中国最高领导人习近平在主持中共中央政治局第二十七次集体学习时说，随着全球性挑战增多，加强全球治理、推进全球治理体制变革已是大势所趋。② 习近平总书记明确指出，全球治理体制变革正处在历史的转折点上。国际力量对比发生深刻变化，新兴国家和一大批发展中国家快速发展，国际影响力不断增强。中国作为最大的发展中国家和新兴市场国家之一，国力不断增强，全球治理亟需"中国方案"③。

2015 年 10 月底，中共召开的十八届五中全会公报中指出，"坚持开放发展，必须顺应我国经济深度融入世界经济的趋势，奉行互利共赢的开放战略，发展更高层次的开放型经济，积极参与全球经济治理和公共产品供给，提高我国在全球经济治理中的制度性话语权，构建广泛的利益共同体。""积极承担国际责任和义务，积极参与应对全球气候变化谈判，主动参与 2030 年可持续发展议程。"④"制度性话语权"这一概念首次公开出现于党的高层文件。

2015 年 11 月，在土耳其安塔利亚出席二十国集团（G20）领导人第十次峰会时，习近平指出，我们需要发扬伙伴关系精神，促使二十国集团顺利完成转变，巩固作为全球经济治理主要平台的地位。2015 年 12 月，中国正式接任二十国集团主席国，习近平在发表的致辞中提

① 《关于全球治理，习近平有哪些深刻阐述?》，新华网，2016 年 8 月 30 日，http：//news. xinhuanet. com/world/2016—08/30/c_ 129263290. htm。

② 《中国首次明确提出全球治理理念》，新华网，2015 年 10 月 14 日，http：//news. xinhua-net. com/2015—10/14/c_ 1116824064. htm。

③ 贾庆国：《全球治理亟需"中国方案"》，载辛平健编：《全球治理的中国贡献》，北京：机械工业出版社 2016 年版，第 V—VI 页。

④ 《中国共产党第十八届中央委员会第五次全体会议公报》，2015 年 10 月 29 日。

出二十国集团应当努力的方向：我们应该致力于构建创新、活力、联动、包容的世界经济，通过创新驱动发展和结构性改革，为各国增长注入动力，使世界经济焕发活力。我们要树立人类命运共同体意识，推进各国经济全方位互联互通和良性互动，完善全球经济金融治理，减少全球发展不平等、不平衡现象，使各国人民公平享有世界经济增长带来的利益。①

2016年7月1日，习近平在“庆祝中国共产党成立95周年大会上的讲话”中强调：“中国将积极参与全球治理体系建设，努力为完善全球治理贡献中国智慧，同世界各国人民一道，推动国际秩序和全球治理体系朝着更加公正全球方面发展。”② 2016年9月杭州峰会上，习近平首次全面阐释中国的全球经济治理观，并指出，面对当前挑战，我们应该完善全球经济治理，夯实机制保障；还提出，要加强宏观政策协调、创新增长方式，推动全球经济治理更加公平、包容、高效。③

2016年9月27日，习近平总书记在主持中央政治局第三十五次集体学习时强调，随着国际力量对比消长变化和全球性挑战日益增多，加强全球治理、推动全球治理体系变革是大势所趋。习近平强调，全球治理格局取决于国际力量对比，全球治理体系变革源于国际力量对比变化。我们要积极参与全球治理，主动承担国际责任，但也要尽力而为、量力而行。④总之，习近平强调，要提高我国参与全球治理的能力，着力增强规则制定能力、议程设置能力、舆论宣传能力、统筹协调能力。

由此看出，中国首先提出全球治理的理念，其次发展到中国参与全球治理能力。近些年，中国高层密集地对全球治理进行了官方表态，中国高层的关于中国参与全球治理的表述，直接指导并引领着中国参与全球治理的实践。

---

① 《关于全球治理，习近平有哪些深刻阐述?》，新华网，2016年8月30日，http：//news. xinhuanet. com/world/2016—08/30/c_ 129263290. htm。

② 习近平：《在庆祝中国共产党成立95周年大会上的讲话（单行本）》，2016年7月。

③ 习近平：《在二十国集团领导人杭州峰会上的开幕辞》，2016年9月4日。

④ 习近平：《提高我国参与全球治理的能力》，http：//finance. sina. com. cn/roll/2016—09—29/doc-ifxwmamy9944503. shtml 。

（二）合作意愿——一种分析中国参与全球治理的框架

在中国现代汉语词典中，“意愿”一词是指“愿望、心愿”①。在英文中，“意愿”一词对应的英文应该是“Will”，在研究国家实力时，学者莱伊·克莱因提出著名的“克莱因公式”，即：Pp =（C + E + M）×（S + W），Pp 代表“Perceived power”是指被确认的权力，C 代表 Critical mass 是指基本实体（包括人口加领土），E 代表“Economic capabilities”是指经济实力，M 代表“Military capabilities”是指军事实力，S 代表“Strategic purpose”是指战略意图，W 代表“Will to pursue national strategy”是指贯彻国家战略的意志。由此可见，“Will”也是国家实力的重要组成部分。按照国际关系理论著名学者约瑟夫·奈的硬实力和软实力的二分法，“Will”应该属于软实力的组成部分。因此，在行动之前，行为体的意愿也具有重要的作用。在国际关系史上，有过行为体具有能力但不具有意愿的事实，例如一战前的美国只把势力范围定位在美洲，当时的美国没有冲出美洲、卷入全球事务的意愿，这是其开国总统华盛顿提出的“孤立主义”外交政策所致，美国的这种外交政策一直延续到一战前。一个对外政策或战略的顺利实施，不仅需要国家能力，也需要国家意愿。

针对什么是合作意愿这一概念，现有的研究成果表示，合作意愿是指“行为体通过做出或者履行国际承诺以应对全球性问题的过程中，承担成本和获取收益的心愿和愿望”②，合作意愿可以分高合作意愿和低合作意愿。薄燕还指出，合作意愿和合作能力作为一种中间变量或者因果机制，整合了影响国家合作行为的国际层次和国内层次的因素（图 8.1）。

因此，无论合作意愿作为自变量，还是中间变量，都会影响着国家的对外政策。从中国高层领导人对全球治理的表述中，可以看出，中国高层有意愿参与全球各个领域的治理，从贸易、金融、投资，到减贫、气候变化等领域。从更深层次上分析，中国参与全球治理的意愿是由中国的价值观决定。中国的价值观其实是表达“中国方案”背后的深层次思考，中国

---

① 《现代汉语词典（第六版）》，北京：商务印书馆 2012 年版，第 1546 页。

② 薄燕：《合作意愿与合作能力：一种分析中国参与全球气候变化治理的新框架》，载《世界经济与政治》，2013 年第 1 期，第 142 页。

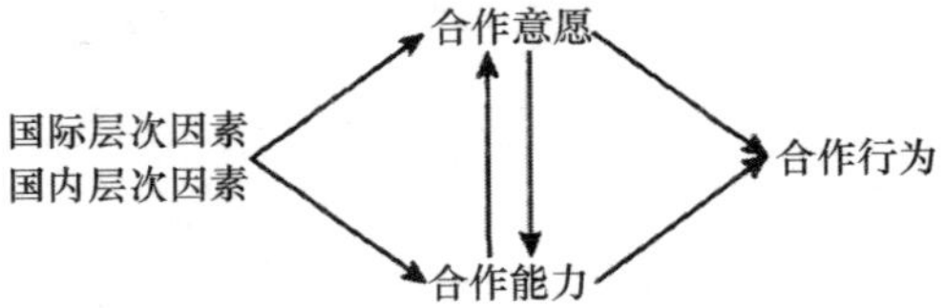

图 8.1 合作意愿和合作能力影响合作行为的因果路径

资料来源：薄燕：《合作意愿与合作能力：一种分析中国参与全球气候变化治理的新框架》，载《世界经济与政治》，2013 年第 1 期，第 144 页。

的传统文化是一种和合文化，合而不同，追求“天人合一”的境界。例如，2008 年中国北京举办的奥运会开幕式上展现了中国古老的哲学理念——人与自然和谐。与之不同的是，2012 年英国伦敦举办的奥运会展现的是英伦三岛的历史、文化和现代社会风情，开幕式从英国历史的田园风光开始，而后被高耸的象征着工业革命的烟囱取代，肇始于英国的工业革命改革了英国，也改变了全世界的生活方式，终使 19 世纪成为“英国的世纪”；2014 年俄罗斯索契冬奥会开幕式上俄罗斯展现的是俄罗斯民族的自强不息精神。奥运会虽是体育盛事，但精心准备的开幕式都是各国文化的浓缩展示。

中国参与全球治理的意愿也是中国“和合文化、和合不同”的展现，即尊重差异、尊重特性、多种价值、立场互相尊重、互相包容、互相理解地共存。中国作为最大的发展中国家和新兴市场经济体，在许多全球治理领域既要与西方七国集团为代表的发达国家打交道，也要和其他发展中国家打交道。在历史上，西方国家开创了以殖民与掠夺为纽带“宗主国—殖民地”殖民体系，中国开创了进贡回赠为纽带“天朝—朝贡国”朝贡体系。西方的殖民体系终演化为新旧帝国争夺世界殖民地的世界大战。历史虽然已经翻过了世界大战的那一页，但根植于文明深处的价值观是不变的。西方文明是开放的，从欧洲到美国，还有人试图把西方价值推广成“普世价值”；中华文明是内敛的，塑造了兼容并包的中国价值观。

第二次世界大战后不久进入冷战状态，形成两大军事集团，其中在 20 世纪 70 年代出现过战略分化，形成了战略“大三角”，但是 1944 年在二战接近尾声时在美国东北的新罕布什尔州的布雷顿森林市召开的世界经济会议，以及其后形成的贸易领域和金融领域的各种机制至今还发挥着作用，这就是众所周知的三大组织及其所承载的机制——国际货币基金组织、世界银行、世界贸易组织。这是西方国家主导的贸易和金融的平台，这是西方国家制定的游戏规则。西方国家为了加强联系，于1975年成立的七国集团，六个主要的西方国家加上一个亚洲国家——日本。令人奇怪的是，日本虽然是亚洲国家，其文化传统、价值观念、生活方式都明显地传承着东方文化的特征，但是日本的外交战略却一度定位在“脱亚入欧”，加强同西方国家的联系，跻身西方富国俱乐部。即使在亚洲，日本提出“雁型模式”的发展战略，希望日本是引领亚洲发展的领头雁。

但是到了21世纪，经历了半个多世纪的西方国家主导的国际机制受到了国际社会现实的挑战，日本经济第二的位置被中国所取代，美国自2001年“9·11”事件后深陷全球反恐的泥潭，2008年，发源于美国金融危机涉及西方的一些主要经济体。据国际货币基金组织2016年10月的《世界经济展望》中指出，继美国增长减缓，英国投票退出欧盟后，全球经济增长今年仍将低迷不振。报告预测，2017年及之后，主要在新兴市场强劲表现的带动下，全球将小幅加快。[①] 在1999年，东亚经历金融危机后，西方的七国集团接纳了发展中国家和新兴市场国家共同搭建了二十国集团的架构，除欧盟外的19个国家，有发达国家，有发展中国家，有西方所谓的民主国家，也有西方所谓的非民主国家，有欧洲美洲的国家，也有亚洲、非洲、拉丁美洲的国家，有西方文明、东方文明，也有伊斯兰文明的国家。在这样一个全球治理的平台上，无疑需要兼容并蓄，需要和谐共处，需要求同存异。

如果按照西方马克思主义派学者沃勒斯坦的“世界体系论”的观点，[②] 在世界体系中，中国无疑是从边缘或半边缘向中心发展。新中国改革开放30多年的发展，所取得的成就举世瞩目，中国就像拿破仑所说的“沉睡的狮子”，不过现在已经觉醒。中国的发展不是孤立的发展，中国是在二战

---

① 国际货币基金组织网站，http：//www. imf. org/external/index. htm。

② 倪世雄等：《当代西方国际关系理论》，上海：复旦大学出版社2001年版，第332—334页。

后西方世界塑造的世界体系中发展，中国的发展是在全球化的背景下的发展，中国的发展是在全球开放的自由贸易体系背景的发展。过去30多年的发展中国在很大程度上得益于对外资外贸的利用，中国是这个体系的受益者。

中国在经历了30多年的快速发展后，融入和塑造全球治理体系的进行正在不断加速和深化。2009年5月，美国《时代周刊》高级编辑、美国高盛公司资深顾问乔舒亚·库珀·雷默在英国伦敦外交政策中心网站发表了题为《北京共识》的调查论文，指出中国通过艰苦努力、主动创新和大胆实践，摸索出一个适合本国国情的发展模式。他把这一模式称为“北京共识”。“北京共识”既是对中国国内发展成就的一种总结，也是对世界发展模式的贡献。在当今全球治理转型的背景下，中国有责任也有义务推动全球治理理念的创新发展，通过发掘中华文化中积极的处世之道和治理理念同当今时代的共鸣点，继续丰富打造人类命运共同体等主张，弘扬共商、共建、共享的全球治理新理念。

事实上，中国也在一些领域逐步表达了自己的意见，提出了“中国方案”。例如，首先在全球气候变化治理领域，在中国积极参与其中之前，相关谈判举步维艰，取得实质性成果更是奢望。2015年9月，习近平主席访美期间就气候变化问题加强合作，为巴黎联合国气候变化大会取得成功做出努力，此后，法国总统访华期间两国元首就巴黎气候变化大会达成共识，终使得2015年12月12日法国当地时间达成《巴黎协定》的共识。作为气候变化的积极参与者，“中国方案”、中国行动和中国智慧为大会成功做出了不可替代的贡献。①

其次，在二十国集团的全球治理发展过程中，中国也贡献了中国智慧，提出了“中国方案”。二十国集团在1999年12月成立时，是作为危机应对机制，在2016年中国杭州峰会上，习近平总书记提出要推动二十国集团从危机应对机制向长效治理机制转型，让二十国集团在全球经济治理中发挥核心作用。在2015年9月，二十国集团研究的著名专家加拿大学者约翰·柯顿就曾指出，自1999年二十国集团创立至今，中国一直在其中扮

① 贾庆国：《全球治理亟需“中国方案”》，载辛平健编：《全球治理的中国贡献》，北京：机械工业出版社2016年版，第5—6页。

演谨言慎行、不断成长的主导角色。在2016年峰会的准备过程中，中国在默默积蓄力量，以前所未有的领导和组织力度主办此次峰会。峰会将以二十国集团既有的议程为基础，增加中国自己的提议，提出全球治理的体系的结构框架。①

再次，在全球金融治理领域，中国也积极贡献中国智慧和中国力量。在全球金融治理的层面，中国积极推动既有的国际金融组织——国际货币基金组织和世界银行的投票权改革，推动国际货币基金组织的特别提款权（SDR）制度更加合理化，同时也推动SDR在国际货币的官方储备中发挥更大的作用；中国也积极推动创建新的国际金融治理机构，2014年7月，中国与巴西、俄罗斯、印度、南非共同创建并成立了金砖国家新开发银行。2015年，由中国倡议并主导创建了亚洲基础设施投资银行，以此来积极推动并完善国际金融体系。②

最后以全球贸易治理为例透视中国的参与，中国是世界贸易组织的第143个成员，自2001年入世以来，中国由世贸组织的一般成员向重要成员转变，正走向全球贸易治理的前台。中国积极参与世贸组织多哈回合谈判，积极参与世贸组织的机构改革，并在谈判中积极提出提案，如在世贸组织第七届贸易部长会上，中国在发言中指出："世贸组织需要通过必要的改革，不断完善规则，强化自身职能，增强对其他重要国际协调机制的影响力，在全球经济治理中承担更高的责任，发挥更大的作用。"总之，中国在国际贸易规则的制定过程中维护自身及其他发展中国家的利益。"中国方案"是中国智慧的结晶，也是既考虑全球利益，又立足国家利益的战略考量，"中国方案"也是中国价值观的外观体现。

（三）中国参与全球治理意愿的动因

在全球治理领域，中国是具有参与全球治理的意愿。国家最高领导人在许多重要的讲话中表达了中国积极参与治理的国家意愿。这里进一步要

① 约翰·柯顿著，郭树勇等译：《二十国集团与全球治理》，上海：上海人民出版社2015年版，中文版序，第8页。

② 卢静等：《全球治理：困境与改革》，北京：社会科学文献出版社2016年版，第58—83页。

思考的是中国为什么拥有如此热情高涨地参与全球治理的意愿，或者更学术地说中国参与全球治理对中国的国家利益有什么影响？笔者认为中国参与全球治理是利大于弊，最重要的中国在参与全球治理的过程中能够在制度性权力和话语权方面有所获得。透视一下目前许多领域（诸如贸易、金融等）的游戏规则，不难发现，许多游戏规则都是西方国家制定的并占有主导地位的，庞中英教授把这种现象称为“世界治理中国”，“治理”在这里是一个动词，它意思是说中国是“被”治理的对象，“被”什么治理呢？“被”西方国家制定的游戏规则所治理。[①] 中国积极主动地参与全球治理有助于改善中国在全球治理中的被动局面。

中国想要在全球治理体制变革的过程中谋求制度性权力和话语权。中国在经历了30多年的快速发展后，近年来，中国每年对世界经济增长贡献率均超过30%，而原有的多边治理机制不断反映出国际社会的这种变化，原有的多边治理机制落后于国际社会的实践。在全球治理体制变革的过程中，分享现在全球治理机制中的制度性权力将是中国外交战略的重点。

什么是制度性权力呢？制度性权力是指在规则、规范形成的过程中，确定规则、规范的行为体所拥有的能力。比如，在2016年3月，十二届全国人大四次会议新闻中心的记者会上，中国外交部长王毅表示自上一年中国在国际体系当中的制度性权利得到了显著的提升，中国在国际货币基金组织当中的份额、投票权上升到第三位。人民币加入特别提款权一揽子货币篮子。这就是制度性权力。制度性权力与制度性权利是一个硬币的两个面，对中国而言，这既是中国拥有的一种权利，在国际社会也是中国的国家实力体现。

制度性权力实质是类似于国际政治经济学学者苏珊·斯特兰奇在《国家与市场》[②] 中所阐明的结构性权力，它是在特定领域形成游戏规则的能力，确定游戏规则的人也就是决定过程和结果的人。随着经济全球化的深入发展，国际政治经济格局发生巨大变化，全球治理机制和国际规则体系已经不能很好地适应当今世界需要，无论是发达国家还是发展中国家，围绕巩固和强化自身竞争优势，积极参与重构国际规则的博弈，争取全球经

---

① 庞中英：《重建世界秩序：关于全球治理的理论与实践》，北京：中国经济出版社2015年版，第3—7页。

② 苏珊·斯特兰奇著，杨宇辉译：《国家与市场》，上海：上海人民出版社2006年版。

济治理的制度性权力。

新一轮全球治理机制和国际规则的调整与创新，为中国参与国际规则制定和全球治理提供了极好机会。正如何帆指出，目前来看，现有国际规则虽然正面临诸多挑战，但基本的框架和结构并未发生根本性的颠覆，改变的只是主要规制者的阵容或排序而已。另外，国际公共产品供给不足会影响到中国的自身利益。[①] 因为中国是当前国际社会的重要参与者，如前美国副国务卿罗伯特·佐利克所提出的"利益攸关方"，在"一荣俱荣、一损俱损"的全球化时代中国需要积极参与全球治理。

在全球化时代，随着贸易、金融、投资的跨国化，跨国公司成为全球化的一个重要符号。在这样的国际背景下，中国企业也不例外，中国企业在"走出去"战略的指导下，纷纷走出国门。如张蛟龙指出，中国积极参与全球治理，政府并不是唯一的行为体，中国的跨国企业不能缺位。中国跨国企业积极参与全球治理能更好地保障自身利益，同时对政府在国际社会治理方面推动中国方案起到支撑作用。[②]

在全球投资治理领域，王碧珺指出，目前中国已经是全球第二大外商直接投资目的地和第三大对外直接投资国。而目前国际上缺乏一个有约束力的全面覆盖投资促进、保护、便利和自由化的多边投资协定。[③] 这一缺失问题对中国既是挑战也是机遇。中国可以一开始就参与到全球投资治理体系的构建中，发出自己的声音和利益诉求。

在全球公共卫生领域存在诸多亟需解决的问题，而这些问题的解决需要良好的全球卫生治理，实现全球卫生治理的五大功能，即达成价值观念的共识、制定相应的规则、实现治理的多元化、动员和分配资金、提供领导和协调等。[④] 全球卫生领域不同于传统的全球贸易、全球投资领域的治理，中国虽然是新兴经济力量，但在全球卫生这样的非传统安全领域，中

① 何帆：《中国为何要参与全球治理?》，中国智库网，2017 年 1 月 17 日，http：//www.chinathinktanks. org. cn/content/detail/id/3012208。

② 张蛟龙：《参与全球治理：中国跨国企业的角色》，载《国际关系研究》，2017 年第 4 期，第 127 页。

③ 王碧珺：《中国参与全球投资治理的机遇与挑战》，载《国际经济评论》，2014 年第 1 期，第 104 页。

④ 许静、刘培龙、郭岩：《全球卫生治理机制及中国参与的建议》，载《中国卫生政策研究》，2013 年第 11 期，第 1 页。

国可积极地参与全球卫生治理，发挥中国的影响力。

同样，在国际网络空间安全治理、跨国犯罪全球治理、国际恐怖主义治理、全球粮食安全治理等非传统安全领域的治理，中国都可以积极发挥影响力，以“新型大国关系”“和谐世界”“义利观”“命运共同体”为主导理念，推动非传统安全领域的治理。“新型大国关系”“和谐世界”“义利观”“命运共同体”等概念是富有中国特色和中国元素的全球治理理念。[①] 正是在这样的背景下，中国的传统文化中挖掘中国的价值观，在全球治理的各个领域贡献中国智慧，提出“中国方案”，展现中国担当，以促进全人类的共同福祉，打造“人类命运共同体”。

二、中国参与全球治理的能力

合作能力则是指“行为体通过做出或者履行国际承诺以应对全球性问题的过程中，承担成本和获取收益的条件和力量”[②]，能力既包括表达和保护国家利益的能力，具体指议程设置、规则制定和话语能力等；也包括国家制定应对方案和政策的能力。合作能力与前面提到的合作意愿共同影响着一国的对外行为。刘世强指出，自党的十八大以来，以习近平同志为核心的党中央从推进治国理政的总体视野出发，审时度势、主动谋划，提出了一系列有关全球治理的新主张、新论断。[③] 这些合作意愿与中国提出的“提升国际公共产品的供给能力”，“国际议程设置和政治动员能力”将共同影响中国在全球治理领域的行动。

（一）对中国官方治理能力的解读

习近平总书记还强调，全球治理格局取决于国际力量对比，全球治理

---

① 陶坚、林宏宇主编：《中国崛起与全球治理》，北京：世界知识出版社 2014 年版，前言第 17 页。

② 薄燕：《合作意愿与合作能力：一种分析中国参与全球气候变化治理的新框架》，载《世界经济与政治》，2013 年第 1 期，第 142 页。

③ 刘世强：《十八大以来中国参与全球治理的战略布局与能力建设探析》，载《当代世界与社会主义》，2017 年第 4 期，第 160 页。

体系变革源于国际力量对比变化。因此，要提高我国参与全球治理的能力，着力增强规则制定能力、议程设置能力、舆论宣传能力、统筹协调能力。①

因此，这里主要从以下四个方面探讨中国参与全球治理的能力。

第一，规则制定能力。国际社会的规则是全球治理的主要工具和依据。现行国际社会的规则体系主要是建立在二战后国际权力格局基础上的。经过60多年的发展，国际权力格局发生了重大变化，而国际规则基本上延续了原有的规则体系。目前也到了国际规则调整的时期，尤其是随着新兴国家的集体性崛起，国际权力结构发生了很大变化，这使得变革与重塑国际规则变得越来越重要。正是在这样的背景下，中国要积极研究并相应调整国际合作的战略，积极利用多边渠道多种方式，发挥中国的作用，逐步推动国际政治经济规则向有利于中国的方向演进。

从理论上讲，国际规则是世界各国在国际事务互动中制定并共同遵循的行为规范，是国际博弈的“交通规则”，其本质是国际关系中权力与义务均衡的结果。② 可现行国际规则主要是第二次世界大战以来，由美欧国家操纵制定的产物，首先体现的是这些发达国家的利益。例如，二战后产生的现行国际经济规则，主要是在美欧国家，特别是在美国的主导和操纵下形成的，这也是美欧等发达国家的利益和需要。以1944年布雷顿森林体系为分析对象，美欧国家从它们的现实情况和利益出发，在制定贸易、金融两大领域的国际规则，其目的不外乎维持自己的优势，扩大自己的利益。布雷顿森林体系下的国际规则使得美欧发达国家不仅掌控着国际组织的领导权，而且攫取超额的经济利益。比如前面提到的美国人一直垄断着世界银行行长的位置，在国际货币基金组织中也具有绝对的否决权。

中国是国际规则体系中的后来者，随着中国综合国力的提升，逻辑上中国也应该在规则制定方面有所提升，但是原有的国际规则制定者的美国和欧洲国家不会主动放弃他们拥有的权力，因此中国要提升国际规则制定

---

① 习近平：《提高我国参与全球治理的能力》，http：//finance. sina. com. cn/roll/2016—09—29/doc-ifxwmamy9944503. shtml。

② 赵龙跃：《中国参与国际规则制定的问题与对策》，载《人民论坛·学术前沿》，2012年第16期，第85页。

的权力，必需有所作为，归根结底要培养参与国际规则制定所的需要大量专业人才。试想一下，如果没有中国代表参加的国际会议或国际组织，怎么可能出现兼顾中国具体国情和利益的规则。目前，新兴经济体和发展中国家与其在国际组织和国际事务中的地位和影响不相称的问题，其中的一个重要原因就是在国际组织中缺乏自己的代言人。[①] 因此，中国要加强相应的人才培养，加强基础教育阶段和高等教育阶段衔接，加强高等教育中国际战略、国际政治、国际经济、国际金融、国际法律等相关专业的建设，并培养复合型人才。从长远看，人才的培养和储备是未来中国致胜之关键。

第二，议程设置能力。"议程设置"是指相关行为体通过采取措施使得自己关心或重视的议题得到优先关注的过程。"国际议程"或"全球议程"是指在特定历史时期内，那些被认为具有全球重要性并受到相关国际组织或国际会议严肃关注的议题或问题。"国际议程设置"是指相关行为体将其关注或重视的议题列入国际或全球议程，获得优先关注的过程。[②] 国际议程设置能力是一国是否真正握有国际话语权的重要考量指标，关系到一国在国际社会关系互动中能否得到客观的认知评价，营造有利的国际舆论环境，维护国家利益，塑造良好国家形象，获得国际威望。[③] 赵长峰、左云祥指出，国际政治中议程的设置与传播学意义上的议程设置不一样，国际政治中议程设置的主体是国家，议程设置的领域范围主要是国家间的政治、经济、军事、文化等宏观层面，国家权力、国际制度、规则属性的权力倾向和代表国家谈判的个人的协调能力技巧都影响着国际议程设置，而且国际议程设置能力也是为国家利益服务的。[④]

国际议程设置分为三种模式，分别是权威模式、机制模式和开放模式。权威模式是指国际政治议程设置是由国际政治中实力强大的国家（或

---

① 赵龙跃：《中国参与国际规则制定的问题与对策》，载《人民论坛·学术前沿》，2012 年第 16 期，第 90 页。

② 韦宗友：《国际议程设置：一种初步分析框架》，载《世界经济与政治》，2011 年第 10 期，第 45 页。

③ 陈正良、高辉、薛秀霞：《国际话语权视阈下的中国国际议程设置能力提升研究》，载《中国矿业大学学报（社会科学版）》，2014 年第 3 期，第 93 页。

④ 赵长峰、左云祥：《国际政治中的议程设置浅析》，载《当代世界与社会主义》，2013 年第 6 期，第 122 页。

国家集团）提出。这是国际政治中最基本的模式。机制模式是指国际政治议程设置是由两个以上国家通过民主和平等的方式，共同关心的问题领域签订双边或多边协议，从而定期就某个涉及双边或多边关系的议题进行谈判。开放模式是指两个或两个以上的国家随时就事关各方利益的某个国际议题临时举行会议以磋商会谈。① 按照这三种划分模式，中国应该积极利用好第二种模式——机制模式，在参与的双边或多边的国际议题谈判中，力争更好地维护中国的国家利益。

二战后，美国主导和推动建立了一套反映其自身实力和价值观念的国际政治和经济新秩序，美国积极筹建并参与了许多在国际政治舞台上发挥重要作用的国际组织，这为美国提供了进行国际议程设置的关键平台。②随着中国经济实力的发展，也到了中国在国际舞台上谋求议程设置的时候，正如开篇提到中国最高层也明确提出了要提高我国参与全球治理的能力，着力增强规则制定能力、议程设置能力。虽然中国崛起为中国更多介入国际议程提供了历史性契机，但它不会自动转化为议程设置能力。目前，中国外交不仅仅需要宏大的哲学式的话语构建，更需要扎扎实实的议程设置能力，但这也是中国目前相对薄弱的环节，还需要继续努力。中国高层近年来对新型智库的建设投注大量心血，正是对有效知识供给不足的应对。③

第三，舆论宣传能力。舆论宣传通常是新闻学研究的内容，但是在国际政治中，舆论话语权也与国家利益息息相关。国际舆论话语权就是一个国家的媒体在国际传播中发出自己声音的权利以及通过自己的声音影响国际舆论的实力。④ 当今世界国际竞争已不再是单纯的经济硬实力比拼，国民素养、媒体传播能力等要素同样在以各自的途径、方式为国家营造国际

---

① 赵长峰、左云祥：《国际政治中的议程设置浅析》，载《当代世界与社会主义》，2013 年第 6 期，第 125—126 页。

② 赵芳：《二战后美国设置国际议程能力研究》，北京：对外经济贸易大学硕士论文，2014 年，第 30 页。

③ 杨成：《提高中国外交的议程设置能力—构建国际关系新格局的关键》，载《文化纵横》，2016 年第 2 期，第 28 页。

④ 唐润华：《外争权利 内增实力—新形势下如何提升国际舆论话语权》，载《中国记者》，2011 年第 7 期，第 15 页。

形象、争取在国际上的话语权。① 一个国家的舆论话语权和它的影响力是相辅相成的，国家有了影响力，才可能具有话语权，有多少话语权就会有多大的影响力。同样，有影响力的国家才会有真正的话语权。只要国家的影响力足够大，它的话语权就会与之相匹配，也就拥有更多的话语权。国际社会出现的“中国威胁论”和“中国衰落论”都不是对中国最真实的解读，这些“抹黑”中国的行为跟西方的媒体宣传密不可分。

当前国际舆论话语权被西方垄断。长期以来，西方国家及其媒体依仗其经济科技等方面的优势，一直垄断着国际传播，形成了国际舆论的话语霸权。凭借这种垄断，西方媒体从西方国家的利益出发，在国际传播中充满了偏见和成见，经常有意无意地歪曲真相，混淆是非，损害广大发展中国家的利益。在这样的背景下，必须打破西方国家对舆论话语权的垄断地位，在国际舆论界发出中国的声音，才能让外界了解更真实的中国。归根结底，改变这种局面，要增强中国媒体自身的综合实力，提高我国的舆论话语权能力。中国作为全球治理机制的重要参与方，对地区和国际事务的发言权逐渐提升。可以说，世界越来越需要中国发出声音、提供智慧、拿出方案。这在客观上要求中国在构建新国际关系理论体系中不断提升国际话语权。当前，中国参与全球治理、提升国际话语权还面临诸多困难和挑战。从内部看，中国综合国力与发达国家相比仍存在较大差距，特别是缺乏制定国际规则的经验，在全球治理中还没有构建起自己的话语体系。从外部看，西方发达国家已经建立一整套话语体系，其核心是主导国际规则的制定和运用，维护其在国际体系和全球治理中的领导地位。在这种形势下，我们必须在参与全球治理中把握机遇，在实践创新中提升国际话语权。②

那么，如何提高我国的舆论话语权呢？笔者认为应对各方面的因素加以综合考量。一方面，要加强媒体建设，积极推进建立新世界信息传播秩序。在信息全球化面前，中国媒体应该及时地调整自身的对外传播战略。

① 牛文文：《打造中国媒体的国际话语权》，载《中国报业》，2007 年第 5 期，第 13—15 页。

② 孟祥青、王啸：《在参与全球治理中提升国际话语权》，载《人民日报》第 7 版，2015 年 10 月 15 日。

应该对自身传统文化有客观认识，认清自己的优势与不足，并主动介入国际热点问题，建立新的国际信息传播秩序，寻求新的合作发展途径。① 其次，要改进对外报道的方式方法，淡化宣传痕迹，增强媒体议题设置能力，加强交流传播，及时全面公开信息，先发制人抢占舆论制高点。再次，要坚持国家利益至上原则，按新闻传播规律办事，按国际关系通行规则办事，最大限度地争取在国际舆论领域的表达权和参与权。最后，要坚持改革创新，坚持科学发展，大力改进传播内容质量，拓展海外传播渠道，扩大市场和受众覆盖，不断提高自己的综合实力。

第四，统筹协调能力。“统筹”是指“统一筹划”，② “协调”是指“使配合得适当”。③ 在国际政治中，统筹协调能力是指在国际事务中能够统一筹划，使国际社会中的行为体相互配合得当，运用各种外交技巧来推动国际事务的开展。在国际事务中，一般是大国掌控着这种权力和能力。正如前面提到的，国际社会的规则制定能力、议程设置能力、舆论话语权一样，并且与前面三者密切相关，统筹协调能力首先也是一种软实力，无论是组织国际会议，还是规则制定、议程设置，或是操纵舆论话语权，都需要处于领导地位的那个国家具有较高的统筹协调能力。前面也提到，目前国际社会的议程设置往往是由两个以上国家通过民主和平等的方式，对共同关心的问题领域签订双边或多边协议，从而定期就某个涉及双边或多边关系的议题进行谈判，这更需要“引领国”具有较高的统筹协调能力，而不是给人“霸权国”的印象。

（二）对中国参与全球治理角色的解读

随着中国参与全球治理实践的深入，中国政府多次在不同场合公开表达中国参与全球治理的意愿和主张，学界也对中国参与全球治理的参与能力进行了大量研究。目前学术界，有大量文献是在研究中国是如何参与全球治理的，以及在全球治理进程中中国所扮演的角色，或中国所发挥的作

---

① 黄子阳：《浅析如何提升中国媒体的国际话语权》，载《新闻世界》，2013 年第 9 期，第 291 页。

② 《现代汉语词典（第六版）》，北京：商务印书馆 2012 年版，第 1309 页。

③ 《现代汉语词典（第六版）》，北京：商务印书馆 2012 年版，第 1440 页。

用。这里主要概述中国在全球治理中所扮演的角色，主要从角色定位、角色转变、身份建构三个点进行分析。

1. 中国在全球治理中的角色定位

2013 年，黄超对国内外研究“中国参与全球治理”的成果做了述评，她指出国内外对“中国参与全球治理”有四种判断，即否定派、质疑派、肯定派和积极派。[①] 但党和政府多次公开文件和场合提出中国要参与全球治理，如，2012 年党的十八大报告指出“加强同世界各国交流合作，推动全球治理机制变革，积极促进世界和平与发展”；2016 年庆祝中国共产党成立 95 周年大会上的讲话中强调：“中国将积极参与全球治理体系建设，努力为完善全球治理贡献中国智慧”；2017 年“一带一路”国际高峰论坛演讲中，习近平指出，“欢迎各国结合自身国情，积极发展开放型经济，参与全球治理和公共产品供给，携手构建广泛的利益共同体。”[②] 可见，中国政府对全球治理持积极参与态度。

不少学者认为中国是全球治理重要的参与者与建设者，但还不是全球治理的“主角”。如蔡拓指出，中国正在成为全球治理的有生力量，特别在全球经济治理中作用突出，中国参与全球治理的自觉性、积极性都有明显提高，但至今仍是全球治理中的“配角”[③]；卢静指出，长期以来发达国家是“治理者”和治理体系的“中心”，而发展中国家则处于“被治理者”的“外围”地位的全球治理结构；[④] 王义桅指出，中国为全球提供公共物品，如在纪念联合国成立 60 周年峰会上，中国注资 20 亿美元支持南南合作，支持发展中国家的“后 2015 年发展议程”，国家电网公司其他国家提供成熟的特高压技术，并且中国推动全球治理的公平性，认为全球治理不是美国和西方国家对全世界的治理，而且所有国家都应该参与其中的

① 黄超：《中国参与全球治理的理论述评》，载《国际关系研究》，2013 年第 4 期，第 61 页。

② 习近平：《携手推进“一带一路”建设——在“一带一路”国际合作高峰论坛开幕式上的演讲》，2017 年 5 月 14 日。

③ 蔡拓：《中国如何参与全球治理》，载《国际观察》，2014 年第 1 期，第 6 页。

④ 卢静：《中国参与全球治理的角色责任与任务》，载《理论研究》，2015 年第 9 期，第 44 页。

治理。[①]

在全球能源治理领域，高淑琴指出，一些西方学者把中国国家石油公司的海外投资称为“新重商主义”，她指出中国既不融入美国主导的国际能源机制，也不反对经合组织为中心全球能源治理机制，而是打造一个中国主导的全球能源治理体系，全球能源治理的未来将会呈现碎片化和多极化。[②] 盖·克里斯托弗森（Gaye Christoffersen）指出西方国家制定的全球能源领域的规则和制度牢牢地控制国际石油和天然气市场，中国的出路是通过开展能源外交来增强在全球能源治理领域的能力。[③] 赵庆寺指出，二十国集团（G20）是中国首次以创始国和核心国身份参与的全球经济治理机制，中国要用好 G20 的平台，提高中国在全球能源治理中的影响力。[④]

在全球经济治理领域，詹姆斯·帕拉代斯（James F. Paradise）指出文献，许多文献都表明中国改革开放之初寻求加入西方主导的世界经济秩序，随着中国经济体量的增长，中国对现有规则的适应，中国寻求在全球经济治理领域发挥更多的作用，如建立或加入地区贸易协定，建立金砖国家银行和亚投行金融机构，推动人民币成为特别提款权货币，增加中国的信用等级。[⑤] 周宇指出，2008 年金融危机发生后，发达国家领导人期待中国能够在全球经济治理机制中发挥与其经济实力对应的责任，另一方面，中国有必要通过参与全球经济治理，联合其他新兴市场国家，建立符合发展中国家利益需要的国际规则和秩序。[⑥] 查日升指出，中国参与全球经济治理，不能再安享或被动成为全球价值链的被治理者，应该奋起直追，向

---

① Wang Yiwei , “China Plays Growing Role in Global Governance”, *China Today*, December 1, 2016.

② Shuqin Gao, China and Global Energy Governance: Integration or Confrontation?, *Global Governance* , 23 (2017), pp. 307 - 325.

③ Gaye Christoffersen, The Role of China in Global Energy Governance, *China Perspectives*, June 1, 2016.

④ 赵庆寺：《中国参与 G20 全球能源治理的策略选择》，载《当代世界与社会主义》，2015 年第 6 期，第 132—133 页。

⑤ James F. Paradise, The Role of “Parallel Institutions” in China's Growing Participation in Global Economic Governance, *Journal of Chinese Political Science*, June 1, 2016.

⑥ 周宇：《全球经济治理与中国的参与战略》，载《世界经济研究》，2011 年第 11 期，第 31 页。

全球价值链的高端攀升，甚至成为全球价值链的治理者。①

2. 中国在全球治理中的角色转变

中国在全球治理中的角色转变主要是指中国从原来消极被动到积极主动参与的转变。刘贞晔在2015年从国家利益诉求与身份地位的变化来考察中国参与全球治理的历史进程，指出从改革开放后至2000年前后，中国对全球治理经历了从谨慎参与向全面参与转变；新世纪以后，对全球治理的参与日益深化并有所作为。② 胡键指出中国参与全球治理体系是一个从学习、适应到全面融入的过程，要适应全球治理的新形势，加快中国国际角色的转换，实现中国角色的重新定位，积极且有效地融入到全球治理体系之中。③ 石晨霞指出，中国在参与全球治理机制的过程中既要坚持民主平等、权责统一、合作共赢的原则，又要对自身的角色有明确的定位并适时转变，以更加积极、稳健、自信的大国姿态参与全球治理机制的发展与变革。④

比如，在全球气候变化治理领域，潘家华指出，随着中国社会和经济的发展，在全球气候治理进程中，中国正受到国际社会的关注。中国作为发展中国家的地位受到一些发达国家和发展中国家的置疑。中国迅速增长的对外投资和对外援助引人注目，致使一些国家呼吁中国要承担更多的国际社会的责任。潘家华还指出，中国在许多领域的领导话语权还是非常有限，中国参与气候变化治理，中国的角色不管是“被”定位，还是中国自愿转换角色，中国都要保持低调、加强经济、平衡权利与义务，根据能力做出承诺。⑤

在全球经济治理领域，王红缨等分析了四个问题领域，分别是国际贸

---

① 查日升：《中国参与全球经济治理模式研究——基于全球价值链治理视角》，载《宏观经济研究》，2015年第5期，第15页。

② 刘贞晔：《中国参与全球治理的历程与国家利益分析》，载《学习与探索》，2015年第9期，第41页。

③ 胡键：《中国参与全球治理的制约性因素分析》，载《学术月刊》，2015年第11期，第63页。

④ 石晨霞：《全球治理机制的发展与中国的参与》，载《太平洋学报》，2014年第1期，第18页。

⑤ Pan Jiahua, Wang Mou, Climate Regime Building in a Changing World and China's Role in Global Climate Governance, *Chinese Journal of Urban and Environmental Studies*, June 2014, v. 2, iss. 1, pp. 1 – 9.

易、国际投资、全球金融和援助发展。她指出，在国际贸易和投资领域的治理中，中国大部分是遵循现在规则，在全球金融的援助领域的治理中，中国公开批评现有的金融体系，重建对外援助机制。中国在这四个领域的治理中，推动国际秩序向着更有利于发展中国家的方向发展。① 韩国学者李正华（Jong-Wha Lee）和日本学者泰那卡（Akihiko Tanaka）对王红缨等人的观点评进行了回应。前者认为，王红缨等虽然指出中国是当前全球经济秩序的支持者，但并没有进一步指出为什么中国的参与能够更好地推动全球经济治理，也没有谈到中国在 G20 中扮演的角色；② 后者认为，王红缨等虽然分析了中国在分别是贸易、投资、金融和援助四个领域的参与情况，但是没有解释中国参与这四个领域背后的动因。③

2016 年，《中国方案与全球治理的未来——全球治理指数报告》中指出，新兴国家在全球治理中的作用和地位正日渐提高。全球经济治理方面，新兴国家积极推动国际货币基金组织和世界银行的改革。同时，以 G20 等多边合作组织为依托，新兴国家逐渐成为多边主义全球治理的参与者和推动者。中国是具有地缘政治影响的大国，也是经济总量居于世界第二位的大国。全球治理的改革，需要中国承担责任和贡献智慧。④

总之，随着中国经济实力的发展，中国在全球治理中的发挥着越来越重要的作用。一方面，在某些领域，国际社会中的发达国家希望中国加入其中，与发达国家共同承担国际社会的责任；另一方面，中国也从自身利益出发，审时度势地确定中国要扮演的角色。

3. 中国在全球治理中的身份建构

中国参与全球治理的价值观是“中国方案”深层因素，中国传统文化倡导“和合文化，合而不同”，中国参与全球治理也是中国“和合文化”的外在体现，即尊重差异、尊重特性、多种价值、立场互相尊重、互相包

---

① Hongying Wang, Erik French, China in Global Economic Governance, *Asian Economic Policy Review*, September 2014, pp. 254 – 271.

② Jong-Wha Lee, Comment on “China in Global Economic Governance”, *Asian Economic Policy Review*, September 2014, pp. 272 – 273.

③ Akihiko Tanaka, Comment on “China's Participation in Global Economic Governnce”, *Asian Economic Policy Review*, September 2014, pp. 274 - 275.

④ 华东政法大学政治学研究院等：《中国方案与全球治理的未来——全球治理指数报告》，2016 年版，第 6 页。

容互相理解地共存。秦亚青指出，全球治理本身是一个协商过程，是一个参与和身份重塑的过程，要真正改变全球治理失灵现象，就需要以多元主义的世界观、以伙伴关系的思维方式、以参与治理过程的实践活动建构起一种真正的全球身份认同。① 习近平在主持中共中央政治局第27次集体学习时说，要推动全球治理理念创新发展，积极发掘中华文化中积极的处世之道和治理理念同当今时代的共鸣点，继续丰富打造“人类命运共同体”等主张，弘扬共商共建共享的全球治理理念。② 这一部分主要探讨中国参与全球治理的理念对全球治理中国身份的塑造。

中国传统文化理念不同于西方的理念。高奇琦指出，与西方世界主义更多是一种个体参与全球治理的观念不同，和谐世界主义可以成为一种国家参与全球治理的基础理论，并且可以为中国参与全球治理提供指导和参考。③ 蔡拓指出，中国倡导“人类命运共同体”理念，中国不仅要积极参与全球治理，而且要争取对全球治理做出特殊贡献，以新的理念去引领全球治理。中国提供更多全球公共物品是中国积极参与全球治理的理性选择。④ 虽然中国拥有丰富的传统文化，但在中国的国际政治经济学和全球治理研究领域，中国的学术贡献较少，⑤ 中国学界对全球治理的研究滞后于中国参与全球治理的实践。想要为中国参与全球治理提供理念指导，中国学界和中国智库还有很大的发展空间。

目前，G20平台和“一带一路”战略是中国参与全球治理的重要平台，也是最能彰显中国领导力的平台。余永定指出，随着中国全球视角的开拓，中国正在建立与一些重要的多边国际组织的关系，加入一些重要的

---

① 秦亚青：《全球治理失灵与秩序理念的重建》，载《世界经济与政治》，2013年第4期，第4页。

② 新华网：《中国首次明确提出全球治理理念》，2015年10月14日，http：//news. xinhuanet. com/2015—10/14/c_ 1116824064. htm。

③ 高奇琦：《和谐世界主义：中国参与全球治理的理论基础》，载《当代世界与社会主义》，2016年第4期，第144页。

④ 蔡拓：《中国参与全球治理的新问题与新关切》，载《学术界》，2016年第9期，第5页。

⑤ Pang Zhongying, Wang Hongying, Debating International Institutions and Global Governance: The Missing Chinese IPE Contribution, *Review of International Political Economy*, December 2013, v. 20, iss. 6, pp. 1189 – 1214.

多边条约，相对于七国集团，G20 扩大的发展中国家的发言权。[①] 金灿荣指出，中国是一个负责任的大国，所以中国一直有意愿在国际社会担负起维护经济稳定、治理全球性问题的责任。尤其是在 2008 年金融危机当中，中国发挥的作用明显。这反映出中国对维持国际社会的发展与稳定既有意愿，也做出了实际贡献。中国对于 G20 的发展既起到了发起者的作用，也一直是积极的参与者和主导者。[②]

当前，中国参与全球治理和中国的“一带一路”战略也有密切关系。胡玫指出，“一带一路”倡议搭建了中国对外直接投资和产能输出的平台，中国与“一带一路”沿线国家可以进行产业对接和生产要素资源整合。[③] 曹嘉涵指出，“一带一路”倡议与 2030 年议程理念相通、目标一致，相互对接有助于中国与沿线国家增信释疑，增强“一带一路”倡议的国际吸引力，提升中国参与南南合作的水平，帮助中国在新的国际发展治理体系乃至整个全球治理架构中获得更多话语权和影响力。[④] 刘再起、王蔓莉也指出，“一带一路”战略是中国参与全球治理的现实选择，将显著提升中国参与全球治理的话语权，将深刻变革中国参与全球治理的话语体系。[⑤]

总之，正如前外交部副部长何亚非指出的，中国需要把握历史机遇，通过更好地参与和改革全球治理机制，发挥建设性引领作用，并将中国国家利益与国际社会的共同利益有机整合，实现由大国向强国转变的中国梦。这是中国的历史选择，也是历史对中国的选择。[⑥] 这也是中国对全球治理中自身身体的建构，中国要在全球治理中贡献“中国智慧”、打造全球治理的新平台，努力扮演更重要的角色。[⑦]

---

① Yu Yongding, G-20 and China: A Chinese Perspective, *China and World Economy*, January-February 2005, v. 13, iss. 1, pp. 3 – 14.

② 金灿荣：《热话题与冷思考——关于二十国集团与全球治理中的中国角色的对话》，载《当代世界与社会主义》，2016 年第 4 期，第 6 页。

③ 胡玫：《“一带一路”倡议下中国参与全球治理的思考》，载《北京工商大学学报（社会科学版）》，2016 年第 5 期，第 15 页。

④ 曹嘉涵：《“一带一路”倡议与 2030 年可持续发展议程的对接》，载《国际展望》，2016 年第 3 期，第 37 页。

⑤ 刘再起、王蔓莉：《“一带一路”战略与中国参与全球治理研究——以话语权和话语体系为视角》，载《学习与实践》，2016 年第 4 期，第 69—71 页。

⑥ 何亚非：《选择：中国与全球治理》，北京：中国人民大学出版社 2015 年版，第 5 页。

⑦ Li Hong, China's Shifting Role in Global Governance, *China Today*, July 2015.

三、中国参与全球治理的行动

从全球气候治理到全球金融治理，从全球贸易治理到二十国集团杭州峰会的成功召开，都包含着中国参与全球治理的实践。在21世纪初期，中国在合作共赢理念的指导下，积极参与全球治理，积极融入国际社会。这一部分主要选取了四个方面对中国全球治理的实践进行分析，前三个方面分别是全球气候治理、全球金融治理、全球贸易治理，第四个方面选取了二十国集团这一平台。前三个为问题领域，后一个是综合治理的平台，两方面相互呼应，从而去透视中国参与全球治理的行动。

（一）中国参与全球气候治理的行动

中国是全球气候变化治理的关键参与者。[①] 对于中国参与全球气候治理，中国学者一般认为这是正面的、积极的行为，而很多西方学者和媒体对中国行为的评价却是负面的。虽然他们承认中国在一些具体议题上表现出灵活性，但是他们因为中国拒绝为发展中国家规定具有约束力的国际减排义务而怀疑中国的合作意愿，因此使用了以下术语来描述中国："保守的"（conservative）、"防守的"（defensive）、"不合作的"（uncooperative）、"没有建设性的"（unconstructive）、"倔强对抗的"（recalcitrant）。[②] 鉴于中外不同的解读，最好的办法就是回到中国参与全球气候治理的具体行动上来，透视中国参与全球气候治理的理念和行为。

从20世纪80年代末到现在，中国参与国际社会在气候变化领域进程已经20多年了，总起来，中国参与全球治理的行为主要表现为两个方面：一是国际谈判，二是国际履约。[③] 在整个的气候外交过程中，中国表现得

---

① 薄燕：《全球气候变化问题上的中美欧三边关系》，载《现代国际关系》，2010年第4期，第15页。

② 薄燕：《合作意愿与合作能力——一种分析中国参与全球气候变化治理的新框架》，载《世界经济与政治》，2013年第1期，第136页。

③ 薄燕：《合作意愿与合作能力——一种分析中国参与全球气候变化治理的新框架》，载《世界经济与政治》，2013年第1期，第146页。

较为谨慎，中国气候外交首要的原则是立足国家主权和国家利益，坚持在《联合国气候变化框架公约》和《京都议定书》框架之下"共同但有区别的责任"的原则，旨在为中国获取发展空间和平等的地位，这也是中国参与全球气候谈判的底线。[①] 近些年，中国以更积极主动的姿态参与全球气候峰会，比如，2015 年 11 月 30 日，习近平在气候变化巴黎大会开幕式上，向国际社会传递了中国积极应对气候变化、担当发展中国家责任的积极信号。6 月，中国如期向联合国提交 2020 年后应对气候变化的"国家自主决定贡献"，计划于 2017 年启动全国碳排放交易体系，并且明确了于 2030 年左右达到碳排放峰值。而且，中国把应对气候变化的行动列入"十三五"发展规划中，做出"铁腕"治理环境的国内外承诺。此外，中国还倡导共同但有区别的责任原则、公平原则和各自能力原则，推动各国在全球气候治理的理念和原则问题上达成一致。习近平表示，我们要创造一个各尽所能、合作共赢、奉行法治、公平正义、包容互鉴、共同发展的未来，并号召各国达成一个全面、均衡、有力度、有约束力的气候变化协议，为推进全球气候治理贡献了中国理念和智慧。

在 2016 年 9 月 3 日，二十国集团杭州峰会上，中国和美国领导人先后向联合国秘书长潘基文交存中国和美国气候变化《巴黎协定》批准文书。这一举动为推进全球气候治理，助力《巴黎协定》早日生效释放了强有力信号。中国推动《巴黎协定》的达成、生效和实施，是中国作为负责任大国推进建立公平有效的全球应对气候变化机制、构建合作共赢国际关系的伟大实践，也是推动建设"人类命运共同体"的必经之路。在 2016 年国庆长假期间，10 月 5 日联合国秘书长潘基文宣布，应对气候变化的《巴黎协定》将于 2016 年 11 月 4 日正式生效。这份协定凝聚着中国积极参与全球治理、与国际社会携手推进应对气候问题的努力。在巴黎气候峰会召开前期，中国与美国、法国、印度、巴西等主要经济体分别发表了应对气候变化的多个联合声明。中国始终坚持协定是落实《联合国气候变化框架公约》、加强行动的阶段性成果，坚持"共同但有区别的责任"原则，在协议中得到了体现，赢得广大发展中国家的支持。

---

① 辛本健编：《全球治理的中国贡献》，北京：机械工业出版社 2016 年版，第 234 页。

（二）中国参与全球金融治理的行动

在布雷顿森林体系崩溃之后的40年时间里，由主要发达国家联合垄断国际金融事务的局面基本终结。[①] 在布雷顿森林体系崩溃之后的40年里，国际金融体系建立在“一超多强”的实力结构之上，即美国作为金融超级大国，而日本、德国、英国、法国等作为金融强国，处于国际金融体系的中心位置，其他广大的发展中国家完全处于边缘。[②] 目前，随着新兴国家的快速崛起，导致了全球经济实力结构发生了深刻变化，中国与俄罗斯、印度、巴西、南非共同构建金砖国家合作机制，并建立了金砖国家新开发银行，以期集体提升自身在国际金融体系中的发言权和影响力。就中国自身而言，其参与全球金融治理的行动可以归结为三个方面。

首先，与其他金砖国家合作形成合力，集体表达在国际金融治理中利益诉求。一方面，进入21世纪以来，尤其是2008年资本主义世界中发生了金融危机，致使全球金融治理的结构也有所变化，金融危机后以美国为首的西方国家因应对危机的需要开启了G20领导人峰会的机制，这为金砖国家在G20的框架下集体与西方发达国家谈判搭建了平台。另一方面，进入21世纪以来，国际经济实力对比相比20世纪70年代最大的变化就是，以中国、印度、俄罗斯和巴西为代表的新兴国家出现了群体性的崛起，从而冲击了西方发达国家占压倒性优势地位的传统经济格局。[③] 然而，在后布雷顿森林时代的40年里，新兴国家在国际金融治理中几乎毫无发言权，特别是在国际金融机构中的份额严重不足。这种经济实力结构与金融代表权不对称的局面也为新兴发展中国家争取发言权和代表提供了机会。在这种背景下，2008年11月和2009年3月，金砖四国财长在这两次G20峰会召开前会晤，共同协商改革国际金融体系的问题，以提高新兴和发展中经济体的发言权和代表权问题。

其次，加强中国自身在国际金融机构中的发言权和代表权。中国与其

---

① 李巍：《金砖机制与国际金融治理改革》，载《国际观察》，2013年第1期，第33页。

② 卢静等：《全球治理：困境与改革》，北京：社会科学文献出版社2016年版，第58—59页。

③ 卢静等：《全球治理：困境与改革》，北京：社会科学文献出版社2016年版，第59—60页。

他金砖国家一道申诉的国际金融利益具体表现为——在国球金融机构（主要指国际货币基金组织和世界银行）中争取更大的发言权和代表权。争取在国际金融机构的发言权和代表权一方面可以表现为人事任命方面，以往主要国际金融机构的领导人职位都是西方发达国家所垄断。2008 年 2 月 4 日，林毅夫被任命为世行首席经济学家兼负责发展经济学的高级副行长。2011 年 7 月 13 日，朱民被提名为国际货币基金组织 IMF 副总裁，7 月 26 日，他正式出任 IMF 副总裁职位。从林毅夫到朱民，从世界银行副行长到 IMF 副总裁，这些走入国际金融机构的中国人背后的助力无疑是中国国家实力的提升。另一方面表现为在国际金融机构中份额所占比。国际货币基金组织 2016 年 1 月 27 日宣布，《董事会改革修正案》已从 1 月 26 日开始生效，这意味着中国正式成为 IMF 第三大股东。该修正案是 IMF 推进份额和治理改革的一部分。根据方案，约 6% 的份额将向有活力的新兴市场和发展中国家转移，中国份额占比将从 3. 996% 升至 6. 394%，排名从第六位跃居第三位，仅次于美国和日本。[①] 虽然这些变化没有撼动美国在国际金融治理的绝对地位，但也表明了中国自身在国际金融机构中的发言权和代表权在逐步提升。

然后，积极推动人民币国际化进程。中国努力加强与新兴经济体进行合作，推动国际金融机构的配额和投票权改革，构建公正合理的全球经济治理体系。2010 年，世界银行和 IMF 分别通过了增加发展中国家份额和投票权的改革方案。经历了坎坷的国内批准进程，2015 年 12 月 18 日，美国国会参众两院终于批准了 IMF 2010 年份额和治理改革方案，标志新兴经济体在国际金融治理中的地位向前迈进一步。2015 年 11 月 30 日，国际货币基金组织执董会表决通过了将人民币纳入 SDR 国际储备货币篮子的决定，并规定人民币在 SDR 中的份额将仅次于美国和欧盟，达到 10. 92%，向世界宣示人民币符合 IMF 制定的规则和标准，将会进一步加强人民币资产的吸引力，提高人民币在国际货币体系中的地位。

（三）中国参与全球贸易治理的行动

21 世纪伊始，中国加入世界贸易组织标志着中国真正参与到全球贸易

① http：//finance. 21cn. com/news/cjyw/a/2016/0130/16/30558421. shtml.

治理中来。中国年均 GDP 增速达到了 10.5%，经济总量跃居世界第二；在世界贸易中的排名从原先的第六位跃升至世界第二大贸易国，货物出口跃升至全球第一。10 年里，中国由世贸组织的一般成员向重要成员转变。其标志，即为此次国际金融危机使中国在全球范围内获得全新影响力，中国自此走向了全球贸易治理的前台，成为全球贸易治理的重要角色，以积极协商、平等互利、认真负责的态度参与全球贸易治理。15 年过去了，中国本应合法获取“市场经济地位”，可遭到美日欧方面的反对。中国在全球贸易领域还要继续挣扎。

世界贸易组织（WTO）于 1995 年 1 月 1 日启动，替代 1947 年成立的关贸总协定，成为当今世界多边贸易体制的组织和法律基础，也是全球贸易治理最主要的平台。然而由于 WTO 的治理结构最近一次修改是基于 1986 年乌拉圭回合谈判所确定的日程，当时不可能设想 30 年后世界贸易出现的新情况和新问题并设计出应对的规定，因而出现了如今 20 世纪的贸易治理结构“管理”21 世纪贸易的严重脱节现象。WTO 面临着短期和长期的诸多挑战，需要适应世界经济贸易格局的变化趋势，完善自身治理结构，平衡各方利益诉求，协调各成员共同推进多边贸易体制的变革与完善。

中国加入 WTO 后，面对 WTO 的存在的障碍和困难，中国作为重要成员尽力从各方面进行支持。中国全面履行入世承诺、接受过渡期审议和定期审议。中国通过例会等方式监督其他成员履行义务情况，对美国、欧盟、日本等 WTO 主要成员违反 WTO 规则的措施提出质疑，对在双边经济合作中久拖未决的问题在多边场合表达关注，通过 WTO 多数成员集体的呼声推动问题的解决。中国掌握和运用世贸规则，妥善处理贸易摩擦与争端，维护贸易争端解决机制的权威性。2009 年，面对国际金融危机给经济全球化与贸易自由化造成的冲击，面对多哈回合谈判一筹莫展的局面，中国积极参与了对 WTO 今后的改革与不断完善的讨论。在 WTO 第七届贸易部长会上，中国在发言中指出：WTO 需要通过必要的改革，不断完善规则，强化自身职能，增强对其他重要国际协调机制的影响力，在全球经济治理中承担更高的责任，发挥更大的作用。

此外，中国还加入了由巴西牵头发起的发展中国家重要农业谈判集团和由印尼牵头的由 45 个发展中成员组成的农业谈判组织；受邀参加了

WTO“绿屋”会议，参与WTO主要成员的决策会议，开始进入WTO规则制定的核心层；中国已有6位专业人员、学者和专家进入WTO秘书处和专家组与上诉机构，担任主席或成员，他们的出色工作得到各成员的好评，在这些机构中发挥的影响与作用不断提升。

近些年，中国自己也开创了以中国的方式参与全球贸易的方式。比如，中国提出“一带一路”倡议，与沿线各国分享中国发展机遇，实现共同繁荣；中国发起成立亚洲基础设施投资银行、金砖国家新开发银行，开创了发展中国家组建新型多边金融机构的先河；加强中非论坛、中阿论坛，建立中拉论坛，拓宽与发展中国家的合作渠道，等等。

（四）中国参与二十国集团治理的行动

中国是二十国集团创始成员。中国参加了历次二十国集团财长和央行行长会议和峰会。2005年，中国成为二十国集团主席国，成功举办了第七届二十国集团财长和央行行长会议、两次副手级会议以及研讨会等活动。2008年金融危机爆发后，二十国集团升格为领导人会议。在2008年华盛顿首次二十国集团峰会上，中国首次以塑造者、创始国和核心参与方身份参与全球经济治理机制。此后，中国国家主席不仅出席了历次峰会，而且在会上发表了一系列重要讲话，宣介中国政府采取的相关举措，阐明中国对全球经济治理的立场，并提出一系列应对金融危机的重要主张。

中国是二十国集团的建设者和贡献者。早在1997年亚洲金融危机中，中国就已承担起“负责任地区大国”的责任，以自身负责任的行动使得那场危机没有演变为全球性危机。2008年金融危机过后，中国成为全球经济增长的领航者。中国以自身增长为全球经济做出了重要贡献。数据显示，从2008—2013年的5年间，中国一国贡献了全球总GDP增长量的37.6%。2014年，中国对全球经济增长的贡献是27.8%。2015年以来，中国经济增长有所放缓，但中国对世界经济增长贡献率依然达到30%。中国的贡献，不仅首先源自中国自身稳增长、调结构、促改革、惠民生的政策措施，更是来自于增长路径的设计和互利共赢的实际行动。①

① 《二十国集团：中国作用和贡献》，新华网，http：//news.xinhuanet.com/ttgg/2015—11/15/c_ 1117146473.htm。

中国参与全球治理重要的实践就是巩固二十国集团在国际经济合作中的首要地位，推动全球经济治理更加公平、包容、高效。① 2015 年，中国继续强化二十国集团作为国际经济合作首要平台的地位。11 月 15 日至 16 日，习近平在安塔利亚二十国集团领导人第十次峰会上提出加强宏观经济政策沟通和协调，推动改革创新，构建开放型世界经济和落实 2030 年可持续发展议程四点具体建议。2016 年 9 月，在中国的杭州举办了二十国集团领导人第十一次峰会，并积极推动二十国集团从危机应对型向长效机制的转变。杭州峰会为世界经济发展指明了新方向，规划了新路径，注入了新动力。杭州峰会的举行恰逢世界经济增长和二十国集团转型的关键节点。通过了《二十国集团创新增长蓝图》，制定一系列以科技创新为核心的具体行动计划，决心从根本上寻找世界经济持续健康增长之道。蓝图第一次聚焦全球增长中长期动力，第一次制定结构性改革优先领域、指导原则和指标体系。杭州峰会达成的“杭州共识”将使二十国集团在理念上有共识、行动上有计划、机制上有保障。“放眼长远、综合施策、扩大开放、包容发展”的“杭州共识”，其世界意义还在于，中国从边缘走向全球治理的舞台中心，世界迎来经济秩序重建新时代。②

目前，中国正以中国理念和实践引领全球治理新格局。2015 年，习近平总书记在主持召开中央政治局第二十七次集体学习时，就提出了中国的全球治理观和完善全球治理机制的实践方向，即要审时度势，努力抓住机遇，妥善应对挑战，统筹国内国际两个大局，推动全球治理向着更加公正合理方向发展，为我国发展和世界和平创造更加有利的条件。

面对全球治理在当前面临的严重挑战和困难，作为新兴国家代表的中国理应为推动全球治理改革提供智慧和方案。“中国方案”的三个特点：一是中国尊重主权和不干涉内政的原则，坚持促进国际关系民主化；二是坚持开放包容、合作共赢的原则，力求建立一种灵活高效的“新多边主义”治理机制；三是倡导一种你中有我，我中有你的“命运共同体”。③

---

① 刘玮：《2015：习近平以中国理念和实践引领全球治理新格局》，http：//money. 163. com/16/0103/09/BCD6A7UE00253B0H. html。

② 石建勋：《G20 杭州峰会的三大意义》，载《人民日报（海外版）》，2016 年 9 月 8 日。

③ 华东政法大学政治学研究院等：《中国方案与全球治理的未来——全球治理指数报告》，2016 年，第 34 页。

根据《全球治理指数》的评估结果，报告提出了关于全球治理改革的近期、中期和远期规划方案。近期以2020年为节点，近期方案重点放在推动全球经济的持续增长、强化G20等国际和多边组织地位和功能以及中国为世界提供公共产品和服务等方面。中期以2030年为节点，中期方案的重点是推动全球经济的包容性增长、鼓励新兴国家的参与以及进一步为世界提供公共产品和服务。远期以2050年为节点，全球治理改革的远期方案以推动联合国改革为首要目标，力图促进联合国在全球治理中发挥重要影响，建立完善的全球治理机制。

当前，中国已倡议筹建亚洲基础设施投资银行，出资设立丝路基金，签署协议成立金砖国家开发银行，并谋求在二十国集团、金融稳定理事会、国际货币基金组织、世界银行等机构组织里与自身贡献和能力相匹配的权力。如今的互联网领域发展不平衡、规则不健全、秩序不合理等问题日益凸显，不同国家和地区信息鸿沟不断拉大，网络侵权、网络犯罪等频发，网络攻击、网络恐怖等威胁世界。在全球社会治理方面，随着中国全球化进程参与度的深入，减贫、防艾、禁毒、色情等社会问题已非一国力量可以解决，迫切需要国际社会合作以联手应对。

站在全球治理体系变革的十字路口，以习近平同志为核心的党中央政治局两次集体学习，围绕全球治理"怎么看""怎么办"做出顶层设计；从主场外交到多边会晤，习总书记针对复苏乏力、需求疲弱等症状，为世界经济开出标本兼治、综合施策的中国良方。在2016年中，"一带一路"战略从瓜达尔港正式开航到雅万高铁开工建设，从《建设中蒙俄经济走廊规划纲要》正式签署到中欧班列实现常态化运输，都彰显了的中国行动。杭州峰会一揽子沉甸甸的行动计划，《巴黎协定》高级别签署仪式手起笔落，也彰显了中国空前的统筹协调能力。在合作共赢的理念指导下，在"一带一路"的框架下，21世纪的中国积极贡献着中国智慧，提出"中国方案"，中国以更积极的姿态参与着全球治理。

尽管中国有意愿参与全球治理，但是在中国积极参与全球治理中还在许多方面存在不足，因为中国要参与的是一个以西方为主导的全球治理体系。作为"后来者"，中国参与全球治理还需要练好"内功"，增强自身软实力。最重要的是，正如习近平总书记指出的，参与全球治理需要一大批熟悉党和国家方针政策、了解我国国情、具有全球视野、熟练运用外语、通晓国际规则、精通国际谈判的专业人才。要加强全球治理人才队伍建设，突破人才瓶颈，做好人才储备，为中国参与全球治理提供有力人才支撑。[①] 这才是中国进一步参与全球治理致胜的关键所在。

① 《习近平：提高我国参与全球治理的能力》，http：//finance. ifeng. com/a/20160928/14910768_ 0. shtml 。

第九章

全球治理：挑战与前景*

即使不将“全球治理”的理论和实践追溯到但丁、格劳秀斯、康德、拿破仑等人的著述和伟业，相对成功，同时也相对更为人们认可的“全球治理”至少也可以从第二次世界大战后联合国的成立和运行开始算起。尤其是冷战后到今天为止，全球治理在理论和实践领域均获得了突破性的进展，尤其是实践领域，全球治理所涉及的问题领域之广泛、涉及人数之广泛，令人震惊。在全球化进一步发展，人类需要共同面对问题越来越多的世界，全球治理在多个方面深刻影响了全人类的生活方式和外来发展，并将继续深刻地影响全人类的命运，“人类命运共同体”① 变得越来越不仅仅是一个口号。

与此同时，不仅“全球化”本身受到越来越多的质疑，全球治理在理论和实践上也面临诸多的挑战。在 21 世纪的开端，回首“全球治理”半个多世纪以来的发展，认真总结全球治理面临的挑战，全面思考全球治理的未来，有着重大的现实意义。

一、全球治理的困境

全球治理面临的困境和挑战非常多，同时因为全球治理本质上是一种多领域的治理，在不同领域，各个国家和主体的认知和治理模式截然有

---

* 本章作者：张云雷。

① 国纪平：《为世界许诺一个更好的未来——论迈向人类命运共同体》，载《人民日报》，2015 年 05 月 18 日第 1 版。

别，困境也并不完全一致。本书的前述章节已经基本分领域谈了全球治理的不同领域，对分领域内的全球治理的各个层面及不同的问题已经做了比较到位的分析和阐述。因此，本章的研究主要从“全球治理”本身分析其面临的重大困境。当前的全球治理研究在相对比较全面的基础上反思了全球治理的主要困境，本章概括为如下几点：全球治理的主体不够“全球”；全球治理中的责任赤字；全球治理不是“有效”治理；全球治理领域太窄；全球治理面对全球化负效应。而这些困境目前来看仍然没有很好的解决方案，导致全球治理前景黯淡。

（一）全球治理的主体代表性不够

全球治理的主体代表性不够，实际上指的是全球治理的参与度不足的问题，这也就是一些学者归纳的“参与赤字”① 和“全球治理机构代表性不足”② 的问题。全球治理存在不同层面和不同领域的行为主体，比如个人、社团、公司、国家、不同的国际组织（其中次国家行为体和超国家行为体通常都带有强烈的功能特质，具有不同领域的代表性），它们都能成为全球治理的主体。全球治理领域的全球性，要求参与全球治理的主体的广泛和多元。但是，由于各种原因，全球治理的主体并不具有想象中的全球性。

首先，由于国际政治经济旧秩序的存在，全球范围内的“中心—边缘”结构并没有得到明显的改变，发达国家与发展中国家的差距并没有随着全球化的进展而真正大幅度缩小，全球结构性权力的变化并没有想象中那么快速，因此全球治理的结构仍然主要是一个大国主导、小国参与的模式，广大发展中国家在很大程度上并没有异常畅通的发声渠道，也没有与发达国家相匹配的能力来进行参与，它们依旧很难真正有效地参与全球治理。

同时，并不是所有国家都有意愿参与全球治理。比如，发达国家认定为事关人类未来的重大问题，某些仍然在温饱线上挣扎的发展中国家就没

---

① 蔡拓、杨雪冬、吴志成主编：《全球治理概论》，北京：北京大学出版社 2016 年版。

② 卢静等：《全球治理：困境与改革》，北京：社会科学文献出版社 2016 年版。但笔者认为，卢静的概括并不全面，她忽略了全球治理主体代表性不够的诸多方面。

有什么意愿去参与，对它们来说，最重要的事情是吃饱饭，而不是其他。这会使得全球治理中出现小国“顽固不群”的现象。① 另外，对于全球治理来说，共同利益与私人利益（或者个体或团体利益）之间的冲突或者孰轻孰重，是最内核的问题。由于全球化的发展仍然处于初步阶段，国家仍然是国际社会中最重要的行为体，甚至某种程度上来说，大大小小的非国家行为体都有大大小小的个体或群体利益，能够使得共同利益战胜个体利益的情况总是少之又少。比如，在反恐治理的过程中，各国对恐怖主义认定标准各执己见，反恐成为某些国家本国利益的实现工具，从而使得反恐的不同全球治理方式经常应和者众、参与者寥，从而限于停顿。② 全球治理的各类主体不可能是完全意义上的全球性利益的代表，再加上所谓“搭便车”的行为，导致全球治理中的参与积极性事实上并不能得到完全的保证。

这两个方面的作用，使得全球治理的主体在广泛性上远远没有达到全球治理的要求，这会从根本上破坏全球治理的合法性和有效性，阻碍全球治理机制的真正形成和健康发展，使得全球治理变成一句根本无法实现的空话，或者变成少部分人追求自身利益并压迫其他群体的工具。

（二）全球治理中的责任赤字

伴随着全球化的发展，一系列事关人类整体生死存亡及生产生活的重大全球性问题开始凸显，单靠现存的各自为政的国际体系根本无法应对这样的全球性问题，因此，全球治理就应运而生了。也因此，全球治理要求在全球层面上就具体的领域进行协调和合作，需要各国及全人类从全球利益出发做出相应的调整、付出相应的代价、获得共同的利益，总之，要提供“全球公共物品”。但你的付出并不一定给你自身直接带来好处，你的付出是为了全人类的利益，这个过程中，有人会付出更多，有人会付出更少，有人会获得更多，有人会获得更少，大部分主体显然更愿意采取“搭便车”的行为，这样可以付出更少、获得更多。于是，全球治理中的责任

---

① 时殷弘：《全球治理前景黯淡：中国应前进还是后退?》，http：//pit. ifeng. com/a/20160708/49318444_ 0. shtml。

② 邵峰：《当前全球恐怖主义的发展现状与态势》，载《太平洋学报》，2010 年第 9 期。

赤字问题就出现了。责任赤字问题是全球治理的痼疾。

用经济学和公共政策学中的“外部性”概念能更好地解释“搭便车”及“全球公共物品提供不足”的难题。“外部性”的概念首先来自经济学领域，是指经济主体在经济行为中对旁观者产生的或正或负的效应，而该经济主体无需为此承担责任或它自身无法获得该收益。这一概念可以运用到公共政策和全球治理领域，因为公共物品具有外部性的特质，理性（自利）的行为体都会倾向于采取“搭便车”的行为，即倾向于等待其他行为体来提供公共物品的成本，自己则规避承担公共物品的成本，同时又能获得公共物品的获益。这也就是所谓“集体行动的困境”。[①] 这个集体的成员越多，覆盖面越广，集体行动的困境就越为突出。在全球治理这样一个依赖全人类的事业中，集体行动的困境最终导向了公共物品提供的严重不足。

全球治理中的“搭便车”行为异常普遍，不仅仅来自于公共物品的外部性特质，同时还来自于其他一些原因。比如，公共物品提供的能力问题。发展中国家即便有提供全球公共物品的意愿，它们也没有相应的实力来提供有效的全球公共物品，这会使得全球治理的效果打折。同时，这也会导致发展中国家即便有能力提供全球公共物品，也会以无能力提供而拒绝做出贡献。发达国家则以自身吃亏过大而不乐于提供，同时它们还需要面对国内民众的质疑。全球治理中的公共物品的提供逐渐演变成“你能，你多吃亏；我不能，我多获利”的局面。

另外，还有所谓的主权消解的问题。全球治理意味着从全人类的利益出发，意味着个体国家的主权将会面临挑战。当下仍然是主权国家为主体的国际体系，很显然，在全球治理过程中出现的侵蚀主权的现象，会引起主权国家的警惕和拒斥。更兼所谓“搭便车”现象的盛行，主权国家对全球治理的疑惧只会日益加剧。这给全球治理带来了巨大的挑战。

如今全球范围内的合法性政府都需要以“民主”作为首要的价值标准，人民当家做主是现代政体的合法性来源。但民主政体的本质也会给全球治理带来不小的挑战。全球治理中所需要的公共物品通常是以人类全体

① 曼瑟尔·奥尔森著，陈郁等译：《集体行动的逻辑》，上海：上海人民出版社 1995 年版。

利益、长远利益为根本，但是这一点要说服民众，有较大的困难，民众总是看到当下的收益和短期的效果，民主政体下有一定任期的政治家在面对连任压力时，总是倾向于立即满足民众短期期待，做立竿见影的事情。比如，太空治理，花费昂贵，与民众生活没有切身的联系，很难说服民众为了这样一种千秋万代的事业而收紧裤腰带饿肚子掏钱加以支持。在民众看来，越是功在千秋的事业，越是需要人们牺牲眼前的利益，并且这意味着有可能在死亡之前都获得不了收益。全球治理在这样一种观念和制度的影响下，越益陷入困境。

（三）全球治理不是“有效”治理

全球治理既是一种理论，同时是一种实践，更是一种价值期待。不可否认，全球化时代的到来，各种事关人类整体命运的全球性问题层出不穷，全球治理呼之欲出。同时，全球治理半个世纪以来已经在人类多个领域全面铺开，取得了一系列令人瞩目的成就。尤其是在全球经济领域内的治理，已经取得了相对稳定成熟的经验，并且在全球金融治理、气候治理、公共卫生治理、反恐治理等各个领域取得了初步的成果。但是，全球治理的效果仍然在很大程度上与人们的期待有相当的差距。总体而言，从实践上来看，全球治理并不是“有效”治理。

当前公共政策及国际关系或全球治理学科在理论和实践领域都没有一套行之有效的对全球治理效果进行评估的科学方法，甚至就制度运行的有效性评估也不存在（毕竟，全球治理在很大程度上是一套制度性的安排）。这为准确评估全球治理的效果带来了困难，但对于一个尚处在出生阶段的事物，寻求过于精准的效果评估似乎也没有必要。

本书前面的章节就全球治理的各个问题领域进行了细致的分析，这其中包括了诸多领域的全球治理的有效性评判，因此本章仅就某些方面做出概括性的说明。相比较而言，各种问题领域的全球治理的有效性有非常明显的差异。

首先，就治理领域而论，不同领域内各国及各类行为体的利益诉求和全球治理设定的全人类利益之间的矛盾有相当大的不同。当两者更为趋向一致的时候，各国及各行为体会更愿意投入资源、做出牺牲，那么相应的，在这些领域内的全球治理就会更为落到实处，效果更为明显；而当两者趋向更为不一致的时候，各国及各行为体就会更倾向于选择“搭便车”行为或置之不理的行为，相应的，在这些领域内的全球治理就更难实现，即便实现了一定程度的全球治理，效果也并不理想。相对而言，全球治理效果较好的领域主要集中在偏经济及实务类型的非传统安全领域，比如经济、金融、贸易、气候变化、生态等领域的治理。而一旦设计到传统安全领域，或者前述领域内涉及主权之争和个体利益的情况，全球治理的效果就很差或者与预期有或大或小的差距。

其次，无论是哪个领域，全球治理的效果都不能说十分完美。仅就治理效果相对较好的全球经济治理而论，全球经济治理的分领域（贸易、金融等）的效果不一，阻碍其效果的因素仍然不少。当前治理的基本框架仍然是世界银行、国际货币基金组织和世界贸易组织，这些主要仍然是大国主导下的经济治理模式，有利于发达国家而不是发展中国家。同时，随着全球化和全球经济的发展，全球经济治理领域内的各个领域进一步细化，制度性的建构越来越多，越来越繁复。这当然不仅仅是全球经济治理一个领域内的问题，但在相对成熟的全球经济治理领域内更是一个问题。一谈及全球治理，就会涉及无数连名字都几乎让人记不住的条约和制度性安排，连专家学者都难以贯通其中的复杂和繁琐，这一点在很大程度上削弱了全球治理（包括全球经济治理）的效果。

另外，全球治理的理论家和实践过程中订立的目标总是过于高远，以致于在任何情况下看待全球治理的现有效果，都会感觉过于不足。这其中最重要的原因在于，全球治理在发展中过于强调自身与国家主义的对立，无视或者故意忽视主权国家仍然是当今国际社会的最重要行为体的事实，国家自身的利益仍然是全球治理过程中最被看重的因素，以至于各领域的全球治理在设定目标时不够务实。

（四）全球治理领域太窄

全球治理发展到今天，问题领域已经拓展到了人类生活的方方面面，用一本重要的全球治理教科书中的概括，全球治理已经囊括了全球经济治理、全球发展治理、全球生态环境治理、全球公共安全治理、全球通信媒体与文化治理、全球公域治理、全球传统安全领域治理、大国关系治理、全球区域治理等各个领域。[①] 从这个角度来说，说全球治理的领域太窄是全球治理的重大挑战，似乎有问题。

但仔细考察的话，各个领域都只是大类的概括，并没有细化。比如相对成熟的全球经济治理中，包括了全球贸易治理、全球金融治理、全球会计治理、全球经济犯罪治理等各种方面，每一个方面之下都有无数需要进一步细化的小领域，都必须纳入全球经济治理的范围，而一些非传统的经济治理领域（比如能源、粮食等与经济密切相关的领域）和一些带有区域利益色彩的多边机制与全球治理的协调问题，等等，都直接影响到全球治理，但都亟待纳入和细化。另外，比如全球公域治理中常见的公海治理、网络治理、极地治理和太空治理，这四种治理中，公海治理相对比较常见和为公众所熟知（但因为有时候涉及主权之争而经常陷于困顿），其他几种治理更是初步和参与者少，很多时候仅仅停留在条约层面，在落实过程中争议颇多，效果难显。甚至公海治理中，还包括了公海资源治理、公海环境治理、公海安全治理等各个方面，都亟待细化。全球治理的实践扩大和细化了自身的议题和范围，凸显出全球治理领域的诸多空白。

随着全球化和全球治理的进一步发展，已经有越来越多的新的领域进入全球治理的范围，但毫无疑问全球治理的理论和实践并没有完全跟上时代的变化。除了前述问题领域大类及细化的分领域，现在有诸多崭新的领域开始进入全球治理的视野，但这些领域要么过于专业，要么过于有争议，比如全球人权治理、全球犯罪治理、全球核走私治理、全球网络治理、东亚治理、全球武装组织治理等。这些治理领域越来越深刻地介入国家主权的范围，一方面它们对各国而言都有切身的利益联系并急需各国的通力合作才能完成治理，但另一方面它们对各国主权的侵蚀使得各国大多不愿意过于主动地、过深地介入其中。因此这些领域基本上要么仅限于表面的一些协议的签订，要么基本上处于空白状态。这里面其实有一个根本悖论：越是危及全人类利益的全球性问题，越是需要全球治理，同时，越是需要为了全人类的共同利益而做出牺牲的领域，全球治理就越难形成。

---

① 蔡拓、杨雪冬、吴志成主编：《全球治理概论》，北京：北京大学出版社 2016 年版。

（五）全球治理面对全球化负效应

全球化的发展是一个不可否认的事实，但全球化本身并不代表政治正确。在国内的理论界，赞同全球化和全球治理的学者呈压倒性态势，即便认为全球化是一把双刃剑的学者，在总体态度上仍然是支持全球化和全球治理的，只不过认为全球化中的问题需要得到妥善的处理。他们或多或少会忽视或者无视全球化的巨大负效应，忽视个体、国家及区域对全球化的拒斥和反感，忽视全球治理可能给人类带来的灭顶之灾（比如，消灭主权，以“弱”的全球利益来替代“强”的国家利益，全球合法性下的压迫，冲击民族文化，疆域过大带来的治理不稳定和执行力不够，以全球利益为借口的经济侵略、政治侵略、军事侵略，等等）。但这些并不在本章探讨的范围内，但毫无疑问，全球治理必须要面对全球化进程中的负效应，光要求“狠斗私字一闪念”式地与国家主义观念做斗争，不现实也不合理。全球治理面对全球化负效应，既是全球治理的关键性挑战，也是全球治理未来能否持续健康发展的根本保证。这里只提两个重要的方面。

首先，民族主义和民粹主义抬头，这是全球治理面临的最大困境。中国人民大学国际关系学院时殷弘教授将这一点描述为：“美国特朗普——桑德斯孤立主义潮流的强劲凸显，英国脱欧公投的多少惊人的结果，比冷战后头20年远为广泛和频发的经济保护主义，俄罗斯与西方在战略和军事上的激烈对抗态势，台湾地区的政治大变动等，都显示民粹主义——民族主义在世界范围的风行倾向，那与世界广泛和深刻的经济、社会、技术、文化和地缘政治动能密切关联，而相关各国的‘自由国际主义’传统精英对此的准备大为不足，应付起来捉襟见肘，甚至颓势显然。”① 一方面，民族主义和民粹主义抬头是全球治理的重大阻碍因素，但另一方面，很多学者不愿意承认的一点：它们本质上也是全球化发展中所激化矛盾的一次大爆发。全球治理要求用全球利益来替代或者压制国家利益或者群体利益，这在主权国家仍然是最重要行为体的国际社会中根本上是一个相对过高的道德和行为要求，面对当前日益下滑的全球经济形势，最终以民族主义和

---

① 时殷弘：《全球治理前景黯淡：中国应前进还是后退?》，http：//pit. ifeng. com/a/20160708/49318444_ 0. shtml。

民粹主义的抬头作为矛盾爆发的焦点，并非出人意料。

其次，全球治理可“同富贵”，不可“共患难”。虽然全球治理的问题领域都是与全人类休戚相关的领域，但是相对于国家利益，各国对全球治理关心的全人类利益永远只是第二位的或者是辅助性的。任何外部的环境大变和内部的变革，都会使得原先对全球治理的关心边缘化，比如这几年的全球性经济危机。而在诸多的解释中，有一类解释认为全球性经济危机形成的关键性因素被认定为全球化的发展。同时，无论对于全球性经济危机的原因解释有何争议，对于经济危机形成之后为何如此难解的解释则争议相对较少：全球化的发展使得各国的依赖程度加深，全球性经济危机变得不可逃避和极难化解。[①] 特朗普经由民意合法地当选为美国总统，跌破了全球精英的眼镜，但它无疑更深刻和直接地反映了当前经济下滑压力下的世界和美国，正面临巨大的变化：“全球政治文化正在颇为显著甚至急剧地发生朝本土主义—民粹主义—民族主义方向变更。”[②] 正是在这个意义上说，全球治理是异常脆弱的，它经不起任何大风大浪的考验，很容易就会被民族主义——民粹主义冲垮。而在当下世界，这一挑战尤为强烈。

二、全球治理困境的根源

前文总结的全球治理面临的挑战，都指向了其根本困境，这种困境的形成本质上是由于我们身处的这个时代。因此，本章另起一节，略做阐释。这种困境来自于一个悖论：一方面，全球化的发展，使得各国面临各种事关自身的全球性问题，这使得全球治理变得必要；另一方面，越是需要在事关自身的全球性问题上做出牺牲，全球治理就越难形成。我们是要在一个主权国家占主体地位的国际社会，为了全人类的现实和长远利益，做出“狠斗私字一闪念”的全球性的制度或非制度的安排和妥善处理。这是一个野心勃勃的宏大课题。

① 李慎明、张宇燕：《国际形势黄皮书》，北京：社会科学文献出版社 2016 年版。

② 时殷弘：《预兆不祥——特朗普当选美国总统对世界和中国的含义》，http：//www. aisixiang. com/data/102414. html。

（一）全球治理的首要前提：全球公意（General Will）的形成

现代世界是各自为政的现代主权国家构成的，国家利益是主权国家行动的首要目标。从这种功利主义角度出发，只要承认全球现在还是主权国家为主体，那么全球治理的首要前提就必须是全球公意的形成。全球公意就意味着“个人”或者单个的国家或行为体在进行全球治理的过程中，“不可能只是为别人效劳而不是同时也在为自己效劳”①，“公意必须从全体出发，才能对全体都适用；并且，但它倾向于某种个别的、特定的目标时，它就会丧失它的天然的公正性，因为这是我们判断的便是对我们陌生的东西，于是便不能有任何真正公平的原则在指导我们了”②，因此“公意只能着眼于公共的利益”③。卢梭本质上是在谈论他的现代国家理论，这个国家某种意义上是次优的更接近于“自然”的政治社会，但他的公意概念尤为适合用来解释全球治理中的困境。

换一句话说，全球治理得以形成，首先要求“我为人人、人人为我”，当我在付出的时候，我必须同时也在为我自己进行付出，我在为所有人做出牺牲的时候，同时也在为我自己做出牺牲。这意味着，全球治理要求小“我”做出奉献，那么它的目标中必须是一个包含了小“我”的大“我”。这也就意味着，全球治理首先要求形成“全球共同利益”，这种全球共同利益的要求非常严格，它必须囊括所有的成员，不是一个国家的利益，不是一群国家的利益，甚至也不是大多数国家的利益，在理论上它必须是所有国家和全人类的利益。只有全人类有了利益一致的地方，才会有真正的全球治理出现。

不同领域的全球治理意味着形成了或强或弱的共同体，这个共同体必须毫无偏私地为共同体内的所有成员的利益服务。因此，如果没有形成至少某个领域的毫无偏私的共同利益，全球治理就将变成一句空话。全球化的发展为某些领域的共同利益的形成提供了重要的前提，也就是为全球公意的形成提供了必要的基础。

---

① 卢梭著，何兆武译：《社会契约论》，北京：商务印书馆2003年版，第38页。
② 卢梭著，何兆武译：《社会契约论》，北京：商务印书馆2003年版，第39页。
③ 卢梭著，何兆武译：《社会契约论》，北京：商务印书馆2003年版，第35页。

（二）全球公意形成的困境

但是，全球公意的要求非常严格，它要求毫无偏私，它要求共同利益之中没有任何个体的利益，这样才能在全球治理的目标中找到自己，否则全球治理就会变成一部分人或者是大部分人利益的工具。这意味着两点问题：首先，共同利益的形成困难，这种共同利益必须不存在任何的排他性而囊括全人类，这样的领域非常难以寻找到，也非常难以真正形成。其次，即便真的找寻到，这样的共同利益一定会与个体的私利有很大的差异，毕竟，越是人人都能兼顾和获益的利益，这样的利益对于私人而言的获益就越不多。分摊得越大，个人的获得自然就越少。这种共同利益的形成过程同时也是共同利益的“稀释”过程，也使得真正的全球性利益的培育和生成，极为困难。

中国政法大学的蔡拓教授作为国内著名的全球化与全球治理问题专家，他极为强调全球主义的价值基点，极为反感国家主义，一方面证明了全球治理尤为要求全球公意的形成，同时也从另一个侧面证明了全球公意和共同利益形成的巨大困难：“全球治理到底立足于国家主义、国际主义还是全球主义，这个尖锐的问题必须厘清，不能含糊，也不能回避。……如果全球治理丧失了或放弃了全球主义的价值基点，那就不能称之为全球治理。如果因为全球治理出现了低效甚至失灵的困境，就简单地认为全球治理过于理想，言之过早，试图将其束之高阁而回归于国家治理、国际治理的旧途，那是毫无出路的。”① “应该懂得，真正有效、合理的全球治理是国家与人类共同体共赢的治理，它在维护人类共同利益的同时会实现国家利益。即便在某些时段、领域和具体的问题上，国家的利益要求可能与人类共同体的要求不完全合拍，那也应该以博大的胸怀给予支持，这才是全球化时代各个行为体特别是理性国家的风范与选择。”② 全球化为这种利益的生成提供了某种希望，但这种利益的形成即便是可能的，也有可能是已然被稀释的。这是全球公意形成的内在困境。

---

① 蔡拓、杨雪冬、吴志成主编：《全球治理概论》，北京：北京大学出版社2016年版。
② 蔡拓、杨雪冬、吴志成主编：《全球治理概论》，北京：北京大学出版社2016年版。

(三) 全球公意与私意的矛盾

这一困境同时导向了一个更大的问题和困境。公意要求不能有任何的偏私，不能有任何不从全体利益出发的情况，公意全然不同于私意或者个体利益的集合，这就意味着：公意与个体利益总是“相反或者至少不同”①，卢梭特别强调公意所代表的人数必须少，他所建立的政治社会是一个人数不多的社会，人数越多，意味着公意与个体利益的相反或不同的可能性越大。卢梭特别强调：“事实上，纵使个别意志与公意在某些点上互相一致并不是不可能的，然而至少这种意志若要经常而持久却是不可能的；因为个别意志由于它的本性就总是倾向于偏私，而公意则总是倾向于平等。人们要想保证这种一致，那就更加不可能了，即使它总该是存在着的。”②

要知道，卢梭的新社会本质上就是依赖于这种公意或者共同利益的，他认为“如果所有这些利益彼此并不具有某些一致之点的话，那末就没有任何社会可以存在了。因此，治理社会就应当完全根据这种共同利益”。那卢梭为何如此强调公意与私意之间的极难一致？甚至在《社会契约论》这本书中，他从头到尾只做了一件事情，如果解决公意和私意之间的矛盾问题。正是认识到了问题的根本困境，才需要花费如此大的精力去解决它。全球治理的事业跟卢梭的事业一致，正是要在全球公意很难达成、达成之后与个体利益相比又很微弱的地方，形成和找寻全球公意，达成治理全球社会的目的。最终的目的是达到“如果整体所获得的力量等于或者优于全体个人的天然力量的总和，那么我们就可以说，立法已经达到了它可能达到的最高的完美程度了”。③

这是一项很难的工程，这意味着在全球治理的实践中，在共同利益的激励处处弱于个体利益的前提下，使得对共同利益的认知和认同高于个体利益，这需要人们做出艰苦的努力：“舍弃自己——这永远是一件苦痛的

① 卢梭著，何兆武译：《社会契约论》，北京：商务印书馆 2003 年版，第 38 页。
② 卢梭著，何兆武译：《社会契约论》，北京：商务印书馆 2003 年版，第 32 页。
③ 卢梭著，何兆武译：《社会契约论》，北京：商务印书馆 2003 年版，第 51 页。

事情”[①]，卢梭自己也承认，这是一项改造人类天性的努力，换言之，这是一项违背人性的工程：“敢于为一国人民进行创制的人，必须自己觉得有把握能够改变人性，能够把每个自身都是一个完整而孤立的整体的个人转化为一个更大的整体的一部分，这个个人就以一定的方式从整体里获得自己的生命与存在”[②]。也就是说，要告诉个体意志，共同利益是更重要的，在某种方式下，使得共同利益压过个体利益。卢梭最后的解决方法是通过神道设教和公民宗教。[③]

现行的全球治理模式下，主要依赖的是功利主义式的整体利益考量，这使得在不同全球治理领域内，各国及各类行为体的利益诉求和全球治理设定的全人类利益之间的矛盾有相当大的不同。当两者更为趋向一致的时候，各国及各行为体会更愿意投入资源、做出牺牲；而当两者趋向更为不一致的时候，各国及各行为体就会更倾向于选择“搭便车”行为或置之不理的行为。或许可以更多尝试借鉴卢梭更为柔性的解决方式，当然这种解决方式在“上帝已死”的现代公民社会的适用性似乎略低，但仍然可以做出某些努力，而且也必须做出相应的努力。卢梭的理论在运用于国家理论时常有争议，但他的理论却特别适用于全球治理领域。

三、全球治理的前景

一方面，从本章前面的分析，似乎会得出相对悲观的结论：全球治理前景十分黯淡，这种黯淡来自于全球治理的根本困境，几乎在当前主权国家占主导的国际社会中根本无法消解；但另一方面，笔者本人不愿意直接接受这样的“黯淡”结论，“事在人为”，全球治理领域也是如此，毕竟全球化的发展使得我们进入了一个全新的时代，这个时代到底未来的发展如何尚难预期，但它确实为我们提供了一个可能的全球治理的未来，同时更

---

① 孟德斯鸠著，张雁深译：《论法的精神》（下册），北京：商务印书馆 1963 年版，第 51 页。

② 卢梭著，何兆武译：《社会契约论》，北京：商务印书馆 2003 年版，第 52 页。

③ 卢梭著，何兆武译：《社会契约论》，北京：商务印书馆 2003 年版，第 67 页。

不可否认的是，全球治理当前有诸多的困境，但它是一种事实上的存在，并且发挥了日益重大的影响力。因此以下内容按照“如何务实、审慎地推进全球治理”来展开，或明或暗地指向笔者认可的、应对前文所提及的诸多挑战（全球治理的主体不够“全球”、全球治理中的责任赤字、全球治理不是“有效”治理、全球治理领域太窄、全球治理面对全球化负效应）的方式。

（一）认清形势，不盲目乐观

前文提及的诸多挑战，本质上都源自于全球治理的这个根本困境，这一根本困境不消除，全球治理的前景又不会异常乐观，真正万众期待的全球治理也不可能形成，前文提及的挑战就基本上一个也得不到真正的解决。因此首先必须认清形势，不盲目乐观。

认清形势，首先意味着认清当前国际社会仍然是主权国家占主体地位，这同时意味着承认全球公意和共同利益难以形成，意味着承认公意与私意会有抵触，意味着承认当今世界民族主义、民粹主义抬头，文明的冲突日益激烈，更意味着承认全球治理的主体必将仍旧不够全球、责任赤字依旧会长存、有效的全球治理只能在不完整的意义上实现、（有效的）治理仍旧会限制在某些与个别利益更一致的领域。

认清形势，能够帮助我们不盲目乐观，不发无意义的激愤之言，不被革命热情冲昏头脑，不对全球治理期待过高，也不放弃对全球治理的期待。这是积极应对全球治理面临的挑战和努力优化当下的全球治理模式并改变全球治理黯淡前景的重要前提。

（二）培育全球主义观念

这一点听起来很奇怪，事实上笔者是在卢梭的意义上提出培育全球主义观念，培养世界公民意识。基于公意和私意的对立，卢梭的解决方式是改造人性，通过神道设教和公民宗教来达成这样一种目的。在推进全球治理的过程中，人或者国家的观念变化至关重要，但又无法采用暴力的手段来进行变更。因此，只能采取各种舆论和教育手段。这也是蔡拓先生所说的不能含糊的问题，但这种不能含糊只能基于某种信念和观念的改变。观念的改变是很难很难的，但一旦改变之后，又是异常根深蒂固的（观念的难以变更从另一个角度证明了这一点）。[①] 我们只能从不可变更之处缓缓着手，最终期待观念的变更，才能从根本上解决全球治理的困局。或许我们真的能等到那一天。

（三）找寻共同利益，形成全球公意

相比于共同利益形成之后，公意与私意的相互冲突的困境，共同利益形成本身的困难似乎相对没有那么严重（当然只是与前者相比较而言）。全球治理受诟病甚多，但在这几年方兴未艾、发展迅速，从一个侧面也证明了全球治理的必要性和可能性，即共同利益或者至少某些领域内的共同利益是可以形成的。如果当下暂时还无法找寻到解决公意与私意冲突下的“搭便车”、外部性等一系列问题的方法，可以退而求其次，可以先尽可能多地在各个不同领域找寻人类的共同利益，将人类利益尽可能地细化和具体化，尽可能多地拓宽全球治理的领域和增加参与主体的多元性的可能。困境无法解决，先努力形成各个领域内的公意。

（四）务实推进全球治理当下可以解决的问题

如果根本性的解决方案必然姗姗来迟，当下可做的绝不是放弃，而是应该在当下可解决的范围内，做出相应的努力，尽可能地使得全球治理更为有效。比如，全球治理的主体不够“全球”，那就在更多的领域努力寻找共同利益，哪怕是从很不起眼、几乎微不足道的共同利益找起，来吸引更多主体来参与。甚至哪怕暂时吸引不了他们，至少也可以借此教育他们：还是有共同利益存在的。全球治理中的责任赤字问题是最难解的，可以慢慢通过观念革命、舆论影响来制约，哪怕当下还是无能为力，但至少要不懈地做出努力，总不至于在任何情况下都没有任何约束力。点滴进步，汇聚成河。全球治理不是“有效”治理、全球治理领域太窄，那就尽可能在相对成熟的领域内更多地守住和推进已有的成果，在难以有效的领

---

① 孟德斯鸠著，张雁深译：《论法的精神》（下册），北京：商务印书馆 1963 年版。张云雷：《法的精神、商业与全球自由》，载洪涛主编《复旦政治哲学评论》第 6 辑，上海：上海人民出版社 2015 年版。

域至少做出努力，不丢失已有的成绩并在已有的领域进一步做出扩大，已经是天大的成就。全球治理面对全球化负效应是一个不争的事实，但这并不意味着没有任何正效应，更不意味着面对负效应时只能默默承受。在合理的范围内，做出改变的务实努力，哪怕是微小的努力。

总而言之，我们应该对全球治理的前景持谨慎的乐观态度，既不盲目乐观，也不失望鄙夷，努力为未来做出努力，同时，更重要的是做好当下可以做的事情，把坏处减少到最小，把好处增大到最多，审慎、务实地推进全球治理当下的发展。

（五）具体应对当前的“逆全球化”浪潮

即使不从学理上分析，当前愈演愈烈的“逆全球化”浪潮已经席卷全球，英国脱离欧洲，特朗普当选美国总统，德国、日本等国的极右翼势力比以往更为猖獗，以至于甚至有学者开始惊呼：“全球化已经不再是主流，反全球化才是主流。”更为重要的是，逆全球化有很深厚的群众基础，英国脱欧、特朗普当选，虽然震惊世界，且在其本国内部也有相当大的争议和反对声，但是毫无疑问，英国脱欧和特朗普当选，都是不折不扣的民意的体现。在某种意义上说，在全球化和全球治理发展迅猛的今天，确实产生了诸多负效应和一大批全球化过程中的失意者，这给全球治理带来了非常现实的具体阻碍。对于逆全球化浪潮原因的分析，国内外的研究已经非常丰富，无非是利益分配不均衡、新的规则制定产生了旧利益获得者的利益丧失、发展中国家与发达国家之间经济的不平衡，等等。

逆全球化有其合理性，不可无视，更不可攻击了事。可以说，在相当长的时间内，逆全球化浪潮与全球化和全球治理进程必然形影相随。甚至某些时刻，全球化和全球治理还会迎来倒退。这都需要各国做好心理准备。

同时，全球治理的发展不进则退，全球治理同样有深厚的推进动力，需要抓住一切可以抓住的机会和力量继续推进全球治理的发展，与逆全球化相抗衡。某种意义上说，逆全球化浪潮实际上给了全球治理一个深刻反思的机会，在不得不应对逆全球化浪潮的过程中，全球治理进程会得到进一步的加强和推进。

后 记

本书是课题组成员近几年来教学与研究的产物，也是中央财经大学“专业提升计划暨专业综合改革”项目的阶段性成果。本书的具体分工如下：江涛（中央财经大学政府管理学院副教授）负责全书的总体结构和修订统稿，并撰写第一章和第三章；耿喜梅（中央财经大学政府管理学院讲师）负责撰写第七章和第八章，张云雷（中央财经大学政府管理学院讲师）负责撰写第二章和第九章，辛平（中央财经大学政府管理学院讲师）负责撰写第四章，孙忆（中国人民大学国际关系学院博士研究生）负责撰写第五章，宋亦明（中国人民大学国际关系学院硕士研究生）负责撰写第六章。本书稿中的部分内容也曾经在相关的学术期刊上发表。

在此，特别感谢全体作者的大力支持和配合，感谢中央财经大学政府管理学院领导和教务处的大力支持，也特别感谢时事出版社高冉编辑的辛苦工作。

全球化和全球治理已经进入了一个新的时期，对其研究也在不断深化，希望本书的出版能够起到抛砖引玉的作用。由于时间仓促和能力有限，错误和谬误恐怕难以避免，希望读者给予批评和指正。

编者